DIEDERICHS GELBE REIHE

herausgegeben von Michael Günther

Śākyamuni Buddha

Geshe Lhündub Söpa
Jeffrey Hopkins

Der Tibetische Buddhismus

Mit einem Vorwort des Dalai Lama

Aus dem Englischen
von Burkhard Quessel

Eugen Diederichs Verlag

Die Originalausgabe erschien unter dem Titel
Practice and Theory of Tibetan Buddhism
bei Rider and Company, London

Die Deutsche Bibliothek – CIP-Einheitsaufnahme
Söpa, Lhündub:
Der tibetische Buddhismus / Geshe Lhündub Söpa; Jeffrey Hopkins. Mit einem Vorw. des Dalai Lama. Aus dem Engl. von Burkhard Quessel. – 9. Aufl. – München : Diederichs, 1998
(Diederichs Gelbe Reihe; 13: Tibet)
Einheitssacht.: Practice and theory of Tibetan Buddhism <dt.>
ISBN 3-424-00573-8
NE: Hopkins, Jeffrey; GT

9. Auflage 1998

Umschlaggestaltung: Zembsch' Werkstatt, München
Produktion: Tillmann Roeder, München
Gesamtherstellung: Pressedruck, Augsburg
Printed in Germany

ISBN 3-424-00573-8

INHALT

VORWORT 8

ZUR EINFÜHRUNG 10

EINLEITUNG UND ERLÄUTERUNGEN
zum Text von Teil Eins 12

TEIL EINS
DIE PRAXIS: MEDITATION IM TIBETISCHEN BUDDHISMUS 33

I. *Vorbereitung der Sitzung* 35

II. *Die Sitzung: Wie man ein Verständnis des Pfades entwickelt und verspricht, ihn zu kultivieren* 51

III. *Die eigentliche Meditation:*
1. Wie man den Gedanken entwickelt, den Existenzkreislauf zu verlassen 56
Die Mittel, keine Erwartungen mehr in die Erscheinungen dieses Lebens zu setzen 56 · Die Mittel, keine Erwartungen mehr in die Erscheinungen zukünftiger Leben zu setzen 58

IV. *Die eigentliche Meditation:*
2. Wie man das selbstlose Streben nach höchster Erleuchtung kultiviert 63
Wie man Gleichmut erreicht 63 · Wie man die Erkenntnis kultiviert, daß alle Wesen Mütter sind 64 · Wie man den Gedanken an die Freundlichkeit der Mütter kultiviert 65 · Wie man über ein Vergelten ihrer Freundlichkeit meditiert 67 · Wie man Liebe kultiviert 67 · Wie man großes Mitleid und die ungewöhnliche Haltung kultiviert 68 · Wie man das selbstlose Streben nach höchster Erleuchtung kultiviert 69

V. *Die eigentliche Meditation:*
3. Wie man die richtige Ansicht kultiviert 75
Wie man meditiert, um festzustellen, daß die Person kein Selbst hat 75 · Wie man meditiert, um festzustellen, daß andere Erscheinungen kein Selbst haben 79

VI. *Der Abschluß der Sitzung* 83

TEIL ZWEI
DIE THEORIE: SYSTEME DER LEHRMEINUNGEN 87
VORREDE 88

I. *Unsere eigenen Lehrmeinungen und die Lehrmeinungen anderer im Allgemeinen* 90

II. *Zusammenfassende Erläuterungen – Lehrmeinungen von Außenstehenden* 93
Vaiśeṣika und Naiyāyika 93 · Sāmkhya 95 · Mīmāṃsaka 100 · Nirgrantha 101 · Cārvāka 102

III. *Allgemeine Darlegung – Die buddhistischen Lehrmeinungen* 104

IV. *Die Vaibhāṣikas*
Definition, Unterschulen und Etymologie der Bezeichnung Vaibhāṣika 111 · Darstellung der Grundlage 111 · Neu-gültiges Bewußtsein 121 · Nicht Neu-gültiges Bewußtsein 123 · Darstellung der Pfade 125 · Darstellung der Früchte der Pfade 130

V. *Die Sautrāntikas* 139
Definition, Unterschulen und Etymologie der Bezeichnung Sautrāntika 139 · Darstellung der Grundlage 139 · Darstellung der Pfade 154 · Darstellung der Früchte der Pfade 156

VI. *Die Cittamātrin* 159
Definition, Unterschulen und Etymologie der Bezeichnung Cittamātrin 159 · Darstellung der Grundlage 164 · Darstellung der Pfade 172 · Darstellung der Früchte der Pfade 174

VII. Die Mādhyamikas
1. Die Svātantrikas 179
Die Definition eines Mādhyamika, die Unterschulen und die Etymologie für die Bezeichnung Mādhyamika 179 · Die Svātantrikas: Definition, Etymologie der Bezeichnung Svātantrika und die Unterschulen 180 · (A) Die Lehrmeinungen der Yogācāra-Svātantrika-Mādhyamikas 181 · Darstellung der Grundlage 181 · Darstellung der Pfade 183 · Darstellung der Früchte der Pfade 186 · (B) Die Lehrmeinungen der Sautrāntika-Svātantrika-Mādhyamika 191 · Darstellung der Grundlage 191 · Darstellung der Pfade 191 · Darstellung der Früchte der Pfade 191

VIII. Die Mādhyamikas
2. Die Prāsaṅgika 193
Definition und Etymologie der Bezeichnung Prāsaṅgika 193 · Darstellung der Grundlage 193 · Darstellung der Pfade 203 · Darstellung der Früchte der Pfade 205

ANMERKUNGEN 210

LITERATUR 212

REGISTER 215

VORWORT

Man verwirklicht Buddhaschaft – den Zustand, in dem man für alle Wesen eine Quelle der Hilfe und des Glücks ist – mit Hilfe von Methode und Weisheit. Die wichtigste Methode besteht in dem selbstlosen Streben nach höchster Erleuchtung zum Heile aller fühlenden Wesen; und die wichtigste Weisheit ist die richtige Ansicht von der Leerheit – die Erkenntnis der Tatsache, daß die Erscheinungen nicht aus sich selbst existieren.

Ein selbstloses Streben nach Erleuchtung entsteht durch Liebe und Mitleid, die wiederum dadurch bewirkt werden, daß man das Wissen um die eigene unangenehme Lage im Existenzkreislauf auf andere anwendet. Zuerst ist es notwendig, sich über die vielfachen Leiden des Existenzkreislaufs klarzuwerden – sowohl über die deutlich sichtbaren, wie zum Beispiel körperlicher und geistiger Schmerz, die aus dem Krieg entstehen, als auch über die nicht sichtbaren, wie die bloße Tatsache, einen Geist und einen Körper zu haben, die so zusammengesetzt sind, daß durch Hinzukommen sekundärer Umstände größter Schmerz entstehen kann.

Erkennt man, daß der eigene Wunsch, Leiden zu vermeiden und Glück zu erlangen, von allen Wesen gleichermaßen geteilt wird, kann man Liebe erzeugen – den Wunsch, alle Wesen im Besitz von Glück zu sehen – sowie Mitleid – den Wunsch, alle Wesen frei von Leiden zu sehen. Nun ist es möglich, sogar die Motivation eines Bodhisattva zu erzeugen, was besagt, daß man allein die Last auf sich nimmt, für alle Wesen – vom winzigsten Insekt an aufwärts – zu sorgen. Ein Bodhisattva erstrebt dann Buddha-

schaft in erster Linie als ein Mittel, anderen fühlenden Wesen zu helfen.
Um Buddhaschaft zu erreichen, muß man zuerst die Plagen der Begierde, des Hasses und der Unwissenheit beseitigen, ebenso wie die Anlagen, die sie im Geist geschaffen haben. Die Mittel, das zu tun, sind die Erkenntnis der Leerheit und darauf folgende, ausgedehnte Meditation über die Leerheit – die nicht-inhärente Existenz jeglicher Erscheinungen, von Formen an bis hin zum allwissenden Bewußtsein.
Die buddhistischen Schulen stellen auf viele Weisen die Ansichten von Leerheit und Selbst-Losigkeit dar. Dabei dienen die niedrigeren Systeme als Mittel dazu, in die höheren einzudringen. Nach und nach lernt man, wie sich Entstehen in Abhängigkeit und Leerheit in Einklang bringen lassen. So kann man schließlich ein Weisheitsbewußtsein erzeugen, das nicht bloß vermag, vorübergehend die Plagen zu unterdrücken, sondern vielmehr die angeborene falsche Auffassung von der Natur der Plagen für immer beseitigt. Indem man versteht, daß Erscheinungen nicht inhärent, sondern nur nominell oder in Form von Beilegungen existieren, wird es möglich, den Geist voll zu entwickeln und dadurch spontan zum Wohle aller Wesen zu wirken.
Die beiden Abhandlungen in diesem Band – vom Vierten Pänchen Lama und von Kon-chok-jik-mä-wang-po – dürften zusammen mit den ergänzenden Kommentaren helfen, ein Verständnis vom Aufbau dieses Pfades zu vermitteln.

Tenzin Gyatso
Der XIV. Dalai Lama

ZUR EINFÜHRUNG

Verehrung dem Mañjuśrī

Dieses Buch gibt einen Einblick in die praktischen und theoretischen Aspekte des tibetischen Buddhismus. Der erste Teil gibt einen Überblick über einen großen Teil der täglichen Praxis tibetischer Mönche und Yogīs. Obwohl der Text aus dem Gelukpa-Orden des tibetischen Buddhismus stammt, ist er in vieler Hinsicht repräsentativ für die Praxis aller tibetischen Orden – der Nyingmapa, Kagyüpa, Sakyapa und der Gelukpa. Die Abhandlung wurde vom Vierten Pänchen Lama (1781–1852/4) verfaßt als ein Kommentar zu einem kurzen Brief in Versform von Tsong-ka-pa über die drei Hauptaspekte des Pfades zur höchsten Erleuchtung. Der zweite Teil stellt eine solide Einführung dar, sowohl in die Theorie hinter der Praxis als auch in die Theorie, die in der Praxis zur Verwirklichung kommt. Diese Abhandlung, auch aus einem Gelukpa-Kommentartext, vermittelt einen Überblick über das ganze Spektrum buddhistischer Schulen und ihre Lehrmeinungen. Sie gibt dem Schüler die Grundlage für weiterführende Studien buddhistischer Philosophie und behandelt ausführlich die Darstellung von Existenzkreislauf und Selbst-Losigkeit in den vier Schulen des Vaibhāṣika, Sautrāntika, Cittamātra und des Mādhyamika. Geschrieben wurde der Text von Kön-chok-jik-mä-wang-po (dkon mchog 'jigs med dbang po), dem Autor der Lehrbuchliteratur für das Gomang-Kolleg des Klosters Drepung in Lhasa. Große Teile der sechs vorbereitenden Übungen, die in diesem Text nur erwähnt werden, sind in Teil Eins in voller Länge wiedergegeben. Ebenso wurden zwei Verse von Tsong-ka-pas Grundtext, die vom Pänchen Lama ausgelassen wurden, wiedereingesetzt.

Tsong-ka-pas Versbrief, der den Grundtext für den Kommentar des Vierten Pänchen Lama darstellt, wurde kursiv gesetzt. Was in Teil Eins in Klammern steht, wurde von den Herausgebern eingefügt, um das Verständnis zu erleichtern. Ähnlich sind im zweiten Teil kürzere Erläuterungen in Klammern gesetzt; längere Kommentare werden, kleiner gedruckt, in getrennten Abschnitten gegeben.

Wir möchten unserer Dankbarkeit Ausdruck geben gegenüber dem verstorbenen Professor Richard Robinson und gegenüber Professor Harvey Aronson für die vielen Vorschläge, die sie zur Verbesserung der Übersetzung von Teil Eins gemacht haben. Insbesondere möchten wir Anne Klein unseren Dank aussprechen, daß sie uns den Anstoß gab, die Übersetzung von Teil Zwei, der Darlegung der Lehrmeinungen, umzuarbeiten und Kommentare beizufügen, die diesen Teil vielleicht zugänglicher machen.

Geshe Lhündub Söpa
Jeffrey Hopkins

EINLEITUNG UND ERLÄUTERUNGEN ZUM TEXT VON TEIL EINS

Der erste Teil besteht aus einem Meditationshandbuch, das in allen Einzelheiten beschreibt, wie man sich auf eine Meditationssitzung vorbereitet und wie man sie durchführt. Dieses Handbuch ist in hohem Maße praktisch und bringt nichts, das nicht direkt in eine wirkliche Meditation paßt. Versenkungsebenen, Hindernisse bei der Meditation und ihre Gegenmittel oder die geistigen Kräfte, die sich in den verschiedenen Stufen der Meditation einstellen, werden hier nicht beschrieben. Es behandelt nur die Dinge, die sich direkt im Rahmen einer Sitzung anwenden lassen. Die Beweise für die Leerheit werden nicht im einzelnen erklärt, dafür wird erklärt, wie man über Leerheit meditiert. Auch die Beweise für die Vergänglichkeit werden nicht im einzelnen ausgeführt, dafür wird die Meditation über das Vergängliche und Leidvolle erklärt.
Es ist deshalb nötig, daß Leser, denen der Buddhismus neu ist, andere Werke heranziehen, wenn sie Unterweisung in Angelegenheiten der Lehrmeinungen suchen. Sie werden sehen, daß der zweite Teil dieses Buches, eine Übersetzung mit Erläuterungen von Kön-chok-jik-mä-wang-pos »Kostbarer Kranz der Lehrmeinungen«, das Handbuch ergänzt und in keiner Weise dem wörtlich ausgedrückten oder dem implizierten Sinngehalt der gegebenen Unterweisungen widerspricht. Die Praxis des tibetischen Buddhismus basiert nämlich auf einem gründlichen Studium buddhistischer Theorie, wobei die Praxis ein Mittel ist, die Theorie so weit zu verinnerlichen, daß sie schließlich spontan wird.
Infolge der anfanglosen Eingewöhnung in die Drei Gifte (Begierde, Haß und Unwissenheit) verbleibt der Geist

nicht auf dem richtigen Pfad, wenn er nicht geschult wird. Deshalb ist Übung notwendig. Am Anfang ist Praxis immer etwas Künstliches, es sei denn, daß, aufgrund von Übung in einem früheren Leben, die eigenen Anlagen geweckt werden und die angestrebten Einstellungen aus eigener Kraft entstehen, sobald man mit dem Gegenstand wieder in Berührung kommt. Für die meisten bedeutet das Anfangen jedoch eine harte Eingewöhnung in neue Vorstellungen, und deshalb ist häufige Wiederholung unerläßlich.

Dieses Handbuch gibt, mit den vollständigen Einzelheiten, die Unterweisungen, die für die tägliche Praxis nötig sind. Ein Yogī würde die ganze Meditation zumindest einmal und höchstens viermal am Tag durchführen. Ein Schüler, der anfängt, wird jedoch häufig sehen, daß er einige Zeit braucht, um mit jeder Phase der Meditation vertraut zu werden. Er wird sich so erst einmal auf einen bestimmten Abschnitt der Meditation konzentrieren, bis er ein Mindestmaß an Vertrautheit erlangt hat. Ein Anfänger wird auch die Meditation auf Perioden von zehn bis zwanzig Minuten begrenzen, um geistige Trägheit und unnötige Überreizung zu vermeiden.

Wenn auch, unter anderem, angestrebt wird, die komplizierten Visualisierungen in allen Einzelheiten durchzuführen, ist das doch für einen Anfänger unmöglich. Er wird sich der Methode bedienen, so zu tun, als würde er die ganze Visualisierung durchführen. Dies wird dann als Ursache dafür dienen, daß er in Zukunft die gesamte Visualisierung durchzuführen vermag. Jeder, der nicht in der Tradition steht und eine derartige Meditation versucht, wird davor gewarnt, ohne die passende Vorbereitung in Form von Motivation und Theorie, schwierige Meditationsübungen aufzunehmen. Ein Ziel unter anderen ist es, die Beweglichkeit des Geistes zu entwickeln. Wenn ein Schüler also beginnt, starr zu werden, bekommt er Rat, wie er den Fehler in der Praxis erkennen und ein Mittel suchen kann, das Problem zu beheben. So muß man jeden, der diesen Text als Neuling praktizieren will, warnen – der Rat eines erfahrenen Lehrers ist oft nötig.

BEMERKUNGEN ZUM TEXT

Dieses tibetische Meditationshandbuch wurde vom Vierten Pänchen Lama, Lo-sang-päl-dän-tän-pä-nyi-ma (blo bzang dpal bstan pa'i nyi ma 1781–1852/4) geschrieben und basiert auf einer, als Brief und in Versen abgefaßten Abhandlung von Tsong-ka-pa (1357–1419). In einem kurzen Brief an seinen Schüler Tsa-ko-pön-po (Tsha kho dpon po), den er im letzten Wort des Gedichtes liebevoll als »Sohn« anspricht, faßt Tsong-ka-pa die Bedeutung der *Sūtras* des Buddha zusammen. Der Text vom Pänchen Lama ist kein Kommentar in Fußnoten oder ein Kommentar zu den schwierigen Punkten in Tsong-ka-pas Werk, sondern er ist für die Praxis gedacht. Tsong-ka-pas Werk nennt sich *Die drei Hauptaspekte des Pfades zur höchsten Erleuchtung*, und mit der Verinnerlichung ebendieser drei Hauptfaktoren des Pfades befaßt sich auch der Hauptteil des Kommentars. Es sind: der Gedanke, den Existenzkreislauf endgültig zu verlassen, das Streben nach Erleuchtung zum Heile aller fühlenden Wesen und die richtige Ansicht von Leerheit. Mit den einleitenden Übungen, die dem Hauptteil vorhergehen, und mit den auf ihn folgenden, abschließenden Übungen ergibt sich dann die Grundstruktur des Buches und der behandelten Meditation. Diese drei Hauptaspekte des Pfades sind die Essenz all der nahezu zahllosen Schriften des Buddha und ihrer Kommentare. Man sollte also eine Meditation, die auf ihnen basiert, nicht als bloßes Stückwerk oder bloß als einführend betrachten. Tsong-ka-pas Buch und der Kommentar des Pänchen sind beide vom Standpunkt des Mahāyāna und, innerhalb diesem, vom Standpunkt der höchsten der philosophischen Schulen, des Mādhyamika-Prāsaṅgika aus geschrieben. Das Buch behandelt in Einzelheiten die Übungen, die gemeinsame Voraussetzung sind sowohl für den *Sūtra*- wie für den *Tantra*pfad. Es gibt zwar Übungen, die »höher« als die hier dargestellten eingestuft werden, aber alle benötigen als Voraussetzung diese drei Hauptpunkte, und keine Praxis verzichtet jemals auf diese drei. Der Gedanke, den Existenzkreislauf endgültig zu verlassen, bedeutet Verzicht, und das ist für die Praxis des *Tantra* so wesentlich wie für die des *Sūtra*; im *Tantra* ist die Disziplin sogar strenger als in den *Sūtra*systemen. Das Streben nach Erleuchtung zum Heile aller fühlenden Wesen ist das Aufsichnehmen der Last, alle fühlenden Wesen vom Leiden zu befreien und ihnen zum Glück zu verhelfen, und der daraus folgende Wunsch nach Buddhaschaft – dem Zustand, in dem man die Macht hat, das Versprechen, alle Wesen zu befreien, einzulösen. Es dient dies als Motivation sowohl für die *Tantra*- als auch für die *Sūtra*praxis. Richtige Ansicht ist das klare Erkennen der Leerheit, die Einsicht, daß alle Erscheinungen nicht inhärent existieren, daß sie einfach gedankliche Beilegungen oder Annahmen sind, nominell existent und wirksam, aber nicht aufzufinden, wenn man sie untersucht. Leerheit ist das Leben von *Sūtra* und *Tantra* selbst.

Was sich in einigen *Tantras* findet, aber nicht in diesem Text, sind gewisse schwierige und gefährliche Praktiken für im hohen Maße geübte Yogīs, die dazu dienen, in sehr kurzer Zeit das Ziel, die Buddhaschaft, zu erlangen. So hat der Pänchen Lama Tsong-ka-pas Text als Grundlage genommen, weil er das Wesentliche des Pfades zur Buddhaschaft enthält und sich nicht auf Praktiken beschränkt, die auf vorübergehende vorteilhafte Ergebnisse abzielen, wie etwa eine Wiedergeburt in höheren Bereichen. Tsong-ka-pa erhielt die Anweisungen zu den drei Hauptaspekten des Pfades von Mañjughoṣa oder Mañjuśrī selbst. Durch Hingabe und Meditation erreichte Tsong-ka-pa es, Mañjuśrī zu treffen, und diese Tatsache bietet der Pänchen Lama als Empfehlung für die Verläßlichkeit und den hohen Wert des Buches an.

Das Handbuch beginnt mit Unterweisungen, wie man sich auf die eigentliche Meditation über die drei Hauptaspekte des Pfades vorzubereiten hat. Diese Vorbereitungen sind überall im tibetischen Buddhismus gebräuchlich, nicht nur für die spezielle Meditation dieses Buches, sondern für jegliche Meditation. Man nennt sie die sechs vorbereitenden Übungen:

1. Man reinigt den Ort, an dem man meditiert, damit man den Besuch des Buddha empfangen kann, und stellt auf einem Altar ein Bild des Buddha, einen Text und, zum Beispiel, ein Reliquiar *(Stūpa)* auf, um Körper, Rede und Geist des Buddha symbolisch darzustellen.

2. Man baut Opfergaben auf, die auf ehrliche Weise beschafft wurden.

3. Der Körper wird in die richtige Stellung gebracht. Die empfohlene Haltung ist durch folgende sieben Punkte charakterisiert:

a Man sitzt in der Lotus- oder in der halben Lotusstellung auf einem weichen und bequemen Kissen.
b Die Augen werden, weder weit geöffnet noch fest geschlossen, auf die Nasenspitze gerichtet. Man sollte, ohne diese angestrengt zu fixieren, den Blick zwanglos auf die Nasenspitze lenken.
c Den Körper hält man aufrecht, mit dem Rückgrat in sich ruhend wie ein Turm von Münzen.
d Die Schultern werden in gleicher Höhe gehalten.
e Man hält den Kopf weder erhoben noch gesenkt und unbeweglich, wobei Nase und Nabel auf einer senkrechten Linie liegen sollten.
f Die Zähne und die Lippen werden gehalten wie gewohnt, wobei die Zunge gegen die Rückseite der oberen Zahnreihe gelegt wird.
g Man atmet ruhig und ohne Zwang.

Es heißt, daß die Unwissenheit zunimmt, wenn man sich nach vorne lehnt; wenn nach rechts, die Eifersucht; wenn nach links, die Begierde; wenn nach hinten, der Stolz. Deshalb ist die richtige Haltung wichtig. Nachdem man den Körper in die richtige Stellung gebracht hat, visualisiert man vor sich das, wozu man seine Zuflucht nimmt: das Versammlungsfeld der Buddhas, der Bodhisattvas, der eigenen Lehrer und so fort. Man denkt über die Motivation für die Zuflucht nach: Man nimmt Anteil an den Leiden aller gewöhnlichen Wesen im Existenzkreislauf. Man ist bekümmert zu sehen, wie sie sich einer Religion zuwenden, die zu einem Zustand des Friedens in äußerster Einsamkeit führt, was zur Folge hat, daß sie weder die Verwirklichung ihrer eigenen noch der Ziele anderer verfolgen. Man ist bekümmert über die Plagen, die ihre Befreiung aus dem Existenzkreislauf behindern, und über die Hindernisse, die sie davon abhalten, gleichzeitig alle Erscheinungen zu erkennen. Indem man sich darüber klarwird, daß die Drei Juwelen die Macht haben, sie vor diesen vier Übeln zu schützen, nimmt man daraufhin Zuflucht und bittet um Hilfe für alle Wesen.

Man nimmt Zuflucht zum Buddha, als dem Lehrer der Zuflucht, in die Lehre, als der eigentlichen Zuflucht – vor allem in dem Sinne, daß sie für das wahre Aufhören allen Leidens oder *Nirvāṇa* steht –, und in die Geistige Gemeinschaft, die Gemeinschaft derer, die zur Zuflucht verhelfen.

Damit die Zuflucht nicht nur eine Bitte bleibt, weist das Handbuch den Meditierenden an, die tatsächliche Hilfeleistung der Drei Juwelen für alle fühlenden Wesen zu vollziehen, indem er visualisiert, daß Ambrosia von ihren Körpern fällt. Wenn die Gottheiten, die man vor sich visualisiert hat, feststellen, daß man die Absicht hat, Buddhaschaft zu erreichen, um allen Wesen zu helfen, werden sie erfreut und schicken ein Doppel ihrer selbst in den Meditierenden. Plötzlich verwandelt man sich in den Lama und Buddha und vollzieht daraufhin die Hilfe für alle Wesen, indem man vom eigenen Körper ein Licht aussendet, das alle Wesen trifft, sie läutert und in die Buddhaschaft einsetzt. Diese Art der Übung ist spezifisch tantrisch in dem Sinne, daß man nicht nur nach der Buddhaschaft strebt, sondern sich, noch während man sich auf dem Pfad befindet, den Zustand der Buddhaschaft selbst vergegenwärtigt. Ebenso wie man die vor sich visualisierten Wesen nicht als bloße Visualisierungen oder Produkte der Einbildung betrachtet, sondern als die Zufluchtgewährenden selbst, genauso geht man davon aus, daß man tatsächlich für diesen Augenblick ein Buddha geworden ist. Weil diese Technik auf einer Simulierung des endgültigen Ergebnisses der Praxis beruht, wird das *Tantra*system Wirkung(-system) genannt. Das *Sūtra*system, dessen Praktiken zu einem großen Teil darauf beruhen, das Streben nach der Wirkung zu entwickeln, wird Ursache(-system) genannt. In diesem Handbuch befindet sich eine Mischung der beiden Systeme.

Der Text fordert auf, die Vier Unermeßlichen zu üben, um damit die Motivation für eine Meditation über die drei Hauptaspekte des Pfades zu schaffen. Die Vier Unermeßlichen sind: Gleichmut, Liebe, Mitleid und Freude; sie sind »unermeßlich«, weil der Bereich, in Hinsicht auf den man meditiert, der Bereich aller fühlenden Wesen im gesamten Raum ist. Jede der Vier Unermeßlichen durchläuft drei Stufen von zunehmender Stärke. Die erste ist die Feststellung, wie schön es wäre, hätten alle Wesen Gleichmut, Glück, Freiheit vom Leiden, den Hohen Stand und die Glückseligkeit der Befreiung. Die zweite ist der Wunsch, daß alle Wesen diese für sich erlangen mögen. Die dritte besteht darin, daß man die Last auf sich nimmt, allen fühlenden Wesen zu diesen Dingen zu verhelfen. Nur bei Bodhisattvas findet sich die dritte Stufe, jedoch gibt es bei den Hīnayāna-Hörern die anderen beiden Stufen, und deshalb sagt man von ihnen, daß sie begrenztes Mitleid oder sogar, daß sie großes Mitleid haben. Sie verfügen aber nicht über jenes Große Mitleid, welches bein-

haltet, daß man die Last auf sich nimmt, alle fühlenden Wesen vom Leiden zu befreien und ihnen zum Glück zu verhelfen.
Erbarmen oder Mitleid ist der Wunsch, alle Wesen, ohne Ausnahme, vom Leiden und den Ursachen des Leidens zu befreien. Liebe ist der Wunsch, allen, ohne Ausnahme, zum Glück und den Ursachen des Glücks zu verhelfen. Im Unterschied dazu sind weltliche Liebe und Erbarmen, was den Gegenstand angeht, auf den sie sich richten, begrenzt. Nicht alle Personen werden gleich bewertet – einige betrachtet man als nah, anderes als entfernt.
Nachdem er erklärt hat, daß er alle Wesen vom Leide befreien und alle Wesen zum Glück bringen will, gibt der Meditierende seinem Entschluß Ausdruck, Buddhaschaft zu erreichen, damit er seine Absichten ausführen kann. Die volle Entwicklung dieses Gedankens ist das *Bodhicitta*, das Streben nach höchster Erleuchtung zum Heile aller fühlenden Wesen. Mit dieser Motivation geht man über zur Übung der drei Hauptaspekte des Pfades zur höchsten Erleuchtung.

4. Die vierte der sechs vorbereitenden Übungen ist eine Visualisierung des Versammlungsfeldes der großen Lehrer und Meister des Buddhismus. In einem wichtigen Abschnitt der Meditation lädt man die tatsächlich anwesenden Götter ein, in die visualisierten Wesen aufzugehen. Man läßt jeglichen Gedanken daran fallen, daß es sich bei ihnen nur um Visualisierungen handelte, hört auf zu meinen, daß sie sich in Wirklichkeit anderswo befinden, und betrachtet die Visualisierungen als die wirklichen Wesen selbst.

5. Die sieben Zweige der Praxis zusammen mit der Darbringung des *Maṇḍalas* vollzieht man durch das Rezitieren von Versen aus den *Gebeten des Samantabhadra*. Die sieben Teile sind:

a Verbeugung *(phyag 'tshal ba)*

b Darbringung *(mchod pa)*
c Offenlegen der eigenen schlechten Taten *(bshags pa)*
d Hochschätzen der eigenen Tugenden und der Tugenden anderer *(rjes su yi rang)*
e Ersuchen *(bskul ba)*
f Bitte *(gsol ba)*
g Widmung *(bsngo ba)*

Das Darbringen des *Maṇḍala* beinhaltet, daß man das gereinigte Universum zusammen mit Sonne und Mond und allen vorstellbaren Wunderdingen dem Versammlungsfeld darbringt.

6. Bei der letzten Vorbereitungsübung richtet man an die Gurus für die Hauptaspekte des Pfades die Bitte, sie mögen einem beim Erzeugen der richtigen Haltung und des richtigen Verständnisses beistehen.

Als Buddha sich ans sterben machte, wurde er von seinen Begleitern gefragt, auf wen sie nach seinem Tode vertrauen sollten. Seine Antwort lautete, daß er in jeden Lehrer eingehen würde, von dem sie glaubten, er sei ein wirklicher Buddha; dieser Lehrer würde dann dem Buddha gleich. Übt man derart, dann lernt man der Lehre, die man erhält, den höchsten Wert beizumessen und nicht zu meinen, der Buddha und eine bessere Lehre seien anderswo zu finden. Um die Lehre zu praktizieren, ist es notwendig, Muße und Reichtum zu haben. Muße zu haben bedeutet, von den acht Bedingungen der Nichtmuße frei zu sein, als da sind:

1. Geburt als Höllenwesen
2. Geburt als Hungriger Geist
3. Geburt als Tier
4. Geburt in eine unkultivierte Gegend
5. In Besitz von mangelhaften Sinnesfähigkeiten sein
6. Falsche Ansichten haben
7. Geburt als ein langlebiger Gott
8. Geburt in eine Welt, in die kein Buddha gekommen ist.

Reichtum steht für die fünf inneren Reichtümer:

1. Ein Mensch sein
2. In einem Zentrum der buddhistischen Lehre geboren sein
3. Gesunde Sinnesfähigkeiten haben
4. Keine der fünf Taten begangen haben, die nach dem Tode unmittelbare Vergeltung in einer Hölle nach sich ziehen: Töten des eigenen Vaters, Töten der eigenen Mutter, Töten eines Feind-Zerstörers, in schlechter Absicht Blut aus dem Körper eines Buddha fließen lassen und das Hervorrufen von Zwietracht in der Geistigen Gemeinschaft.
5. Glauben haben in Buddhas Schriften.

Reichtum steht zudem auch für die fünf äußeren Reichtümer:

1. Der Besuch eines Buddha
2. daß er die vortreffliche Lehre lehrt
3. daß seine Lehre bis in die Gegenwart bestehengeblieben
4. daß es noch Anhänger von ihm gibt
5. daß die Leute der Gegend, in der man lebt, für andere Erbarmen und Liebe haben und andere unterweisen.

Ein Leben, in dem man vollkommene Muße und Reichtum hat, kann deshalb nur ein menschliches Leben sein. Selbst die überaus glücklichen Götter des Bereiches der Begierde lassen sich durch das Glück, in dem sie leben, zur Selbstzufriedenheit verleiten. Man wird deshalb ermahnt, die zehn Tugenden – die Ursache für das Glück – anzusammeln, solange man ein Mensch ist. Sie bestehen in dem Vermeiden der zehn Nicht-Tugenden:

1. Töten
2. Stehlen
3. Sexuelles Fehlverhalten
4. Lügen
5. entzweiende Rede

6. grobe Rede
7. dumme Rede
8. Habsucht
9. Verhalten, das anderen schadet
10. Falsche Vorstellungen.

Die ersten drei gehören zum Körper, die mittleren vier zur Rede und die letzten drei sind Nicht-Tugenden des Geistes. Man wird ermahnt, von diesen so weit wie möglich Abstand zu nehmen, da die Wirkung selbst winziger Nicht-Tugenden sehr groß sein kann. Ein Augenblick des Zorns gegenüber einem Bodhisattva kann Tugend zerstören, die über tausend Zeitalter hinweg angesammelt wurde. Ebenso kann ein Augenblick starker Reue die Nicht-Tugend von vielen Zeitaltern zerstören. Man sagt, daß die mit dem Geist verbundene Ursache und Wirkung nicht so ist, wie Ursache und Wirkung in der äußeren Welt. Zwar wächst (in der äußeren Welt) ein großer Eichbaum aus einer Eichel; doch was ihre Stärke und Dauer angeht, werden weit, weit größere Wirkungen durch Taten hervorgebracht, die auf den Einfluß der Motivation zurückgehen. Der Existenzkreislauf ist eine Anhäufung von Leiden. Selbst die glücklichsten Wesen im Bereich der Begierde befinden sich in einem Zustand des Leidens.
Bevor die Götter sterben, sehen sie sich mittels einer besonderen Hellsichtigkeit den Schrecken gegenüber, die auf sie zukommen. Überdies nehmen sie die fünf Zeichen ihres nahenden Todes wahr:

1. Staub, der sich auf dem Körper bildet
2. Schweiß, der aus den Achselhöhlen tritt
3. ihr Blumenschmuck verwelkt
4. ihr Körper beginnt zu riechen
5. Ihre Umwelt bereitet ihnen Unbehagen.

Die Kraft ihrer Taten, die diese Wesen als Götter geboren werden ließ, erlischt, und sie werden in niedrigere Wiedergeburten gezwungen, nachdem sie die großen Vorräte

an guten Taten aufgebraucht haben. Menschen leiden dagegen meist genügend, um den Antrieb zur Praxis zu bekommen, und sie haben genügend Muße, um Ergebnisse in ihr zu erzielen. Im Unterschied zu den Tieren, können Menschen neu anfangen, tugendreiche Praktiken zu üben. Deshalb ist das Leben als Mensch eine seltene und kostbare Gegebenheit, die sinnvoll genutzt werden muß. Das Üben der Tugend sollte zumindest auf die Wiedergeburt in einer glücklichen Wanderung* abzielen, damit man mit der religiösen Praxis fortfahren kann, um vollständig vom Existenzkreislauf befreit zu werden. Die beiden Flügel des Vogels, der zur Buddhaschaft fliegt, sind Weisheit und Mitleid. Entwickelt er das Mitleid nicht so umfassend, daß er die Last auf sich nimmt, alle fühlenden Wesen vom Leiden zu befreien und sie in einen glücklichen Zustand zu versetzen, dann kann ein Yogī nur die Frucht eines Hörers *(Śrāvaka)* oder eines Einsamen Verwirklichers *(Pratyekabuddha)* erlangen. Zuerst kultiviert man den Wunsch, den Existenzkreislauf wegen seines Elends zu verlassen. Dann weitet man das, was man über die eigene Situation weiß, schlußfolgernd auf die Bedingungen, in denen sich die anderen befinden, aus und entwickelt den Gedanken, alle Wesen vom Leiden zu befreien.
Der Yogī wird dazu angeleitet, *Bodhicitta* zu erzeugen. Es gibt, im allgemeinen, zwei Arten von *Bodhicitta*: das endgültige und das konventionelle *Bodhicitta.* Die Leerheitsweisheit eines Buddha oder eines Bodhisattva ist das endgültige *Bodhicitta;* es zeigt an, daß der Bodhisattva den Pfad des Sehens erlangt hat, das ist der Augenblick, in dem er zum ersten Male die Leerheit direkt erkennt. Vorher hat er sich die Leerheit durch Schlußfolgerung vergegenwärtigt, aber dies ist die erste direkte Erkenntnis. Von diesem Zeitpunkt an ist jedesmal, wenn er die Leerheit direkt erkennt, sein geistiges Bewußtsein endgültiges *Bodhicitta.*

* Eine glückliche Wanderung (im Existenzkreislauf) ist die Geburt als Mensch oder als Gott, das heißt eine Geburt, die es einem ermöglicht, die Lehre zu praktizieren. (Anm. d. Übers.)

Vom konventionellen *Bodhicitta* gibt es zwei Arten: die eine besteht in dem Streben nach höchster Erleuchtung zum Heile aller fühlenden Wesen, und die andere ist dieses Streben, verbunden mit dem Wirken des Bodhisattva. Das *Bodhicitta*, das im zweiten Teil der Meditation erzeugt wird, ist das strebende, konventionelle *Bodhicitta*. Aus diesem Grund wurde es hier mit »das Streben nach Erleuchtung«, häufig mit dem Zusatz »zum Heile aller fühlenden Wesen«, übersetzt. Für die Erzeugung dieses *Bodhicitta* gibt es die sieben Ursache-und-Wirkung-Anweisungen.*

1. Alle Wesen als die eigene Mutter ansehen
2. sich ihrer Freundlichkeit bewußt werden
3. versprechen, ihre Freundlichkeit zu vergelten
4. Liebe
5. Großes Mitleid
6. Die ungewöhnliche Haltung
7. Erzeugen des Strebens nach Buddhaschaft zum Heile aller fühlenden Wesen.

Diese Praxis, deren Überlieferungskette von Śākyamuni Buddha bis zu Maitreya und Asaṅga reicht, zielt darauf ab, ein Gefühl der Vertrautheit und Nähe zu entwickeln, das sich ausnahmslos auf alle Wesen erstreckt. Reine Liebe unterscheidet sich von weltlicher Liebe durch das Fehlen einer Vorliebe für bestimmte Wesen; weltliche Liebe hat immer Vorlieben. Wegen der äußerst großen Freundlichkeit und Hingabe einer Mutter nimmt man das Verhältnis zur eigenen Mutter als Vorbild. War es doch die eigene Mutter, die einem als Kind beibrachte, zu gehen, zu sprechen, Nahrung aufzunehmen und so fort. Ohne diesen Unterricht, heißt es, wären wir wie Käfer – hoffnungslos unfähig zu kommunizieren. Im Buddhismus soll ein Kind

* Tibetisch: »rgyu 'bras man ngag bdun«. Die Bezeichnung beruht darauf, daß die Übung der ersten sechs Anweisungen die Ursache ist für die siebente Anweisung – die Wirkung –, nämlich das angestrebte, konventionelle *Bodhicitta* selbst. (Anm. d. Übers.)

seinen Eltern gegenüber Dankbarkeit empfinden für ihren Schutz, ihre Ernährung und Unterweisung. Es ist falsch zu meinen, daß Eltern ihren Nachkommen irgendwie ein gutes Leben schulden, weil sie sie geschaffen haben. Vielmehr hat die sexuelle Vereinigung der Eltern dem eigenen Bewußtsein, das sich im Zwischenzustand nach dem Tode und vor der Wiedergeburt befand, einen passenden Aufenthaltsort verschafft. Im Vergleich zu den vielen anderen Arten von Geburt, kann man für das, was die Eltern getan haben, nur dankbar sein. Aller Ungemach, der einem widerfährt, ist die Frucht früherer schlechter Taten. Diese Früchte sollte man akzeptieren, ohne das Problem zu verkomplizieren, indem man neue schlechte Absichten schafft.

Hat jemand Schwierigkeiten, sich auf die Freundlichkeit seiner Mutter zu besinnen, raten ihm die Lamas oft, für den Augenblick das Gewirr von schlechten Gedanken beiseite zu lassen und sich auf die Freundlichkeit, den großartigen Schutz und die Liebe, die sie aufgewendet hat, zu konzentrieren. Ist das Verhältnis zur eigenen Mutter entweder nicht klar oder zu kompliziert, so raten sie, das Verhältnis zu dem, mit dem man am engsten befreundet ist, als Vorbild zu nehmen. Die siebente Stufe der sieben Ursache-und-Wirkung-Anweisungen schließlich ist das Erzeugen des Strebens nach Erleuchtung. Der Yogī steht nun fest in seinem Entschluß, die Last auf sich zu nehmen, alle Wesen zu befreien, und er überlegt, ob er die Befähigung hat, das durchzuführen. Indem ihm klar wird, daß es ihm sogar schwerfällt, zu wissen, was er selbst tut, sieht er, daß nur ein vollkommen vollendeter Buddha über die nötigen Fähigkeiten verfügt. Er stellt fest, daß er Buddhaschaft erreichen muß.

Man sagt, Menschen von sehr scharfem Verstand würden erst einmal feststellen, daß Buddhaschaft das beste Mittel wäre, anderen zu helfen. Dann aber, bevor sie den Entschluß fassen, Buddhaschaft zu erreichen, denken sie darüber nach, ob der Geist soweit gereinigt werden kann, daß

Buddhaschaft wirklich möglich ist. Sie erkennen, daß der Geist einem Kristall gleicht, welcher schmutzig geworden ist, und daß man den Kristall von Schmutz reinigen kann, ohne ihn zu zerstören. Mit anderen Worten, sie erkennen durch Schlußfolgerung die Leerheit des Geistes. Ihnen wird klar, daß der geplagte Geist nicht von Natur aus existiert, sondern aus Ursachen und Bedingungen entsteht und deshalb umgewandelt werden kann. Auf diese Weise stellen sie fest, daß es möglich ist, Buddhaschaft zu erreichen, und sie fassen den Entschluß, Buddhaschaft zu erreichen. Wird das *Bodhicitta* auf diese Weise erzeugt, nennt man das das goldgleiche Erzeugen des Strebens nach höchster Erleuchtung. Denn genauso wie Gold »unvergänglich« ist, so wird auch der Bodhisattva nie von seinem Streben abfallen. Mit der Erzeugung des konventionellen *Bodhicitta* beginnt der Ansammlungspfad des Bodhisattva. Über drei zahllose Zeitalter hinweg sammelt er einen Vorrat von Verdienst und Weisheit an, insbesondere dadurch, daß er die Sechs Vollkommenheiten* übt. Außerdem übt er innerhalb jeder einzelnen der Vollkommenheiten alle sechs Vollkommenheiten. Er vollzieht zum Beispiel das Geben des Gebens, die Ethik des Gebens, die Geduld des Gebens, die Anstrengung des Gebens, die Konzentration des Gebens und die Weisheit des Gebens; ebenso vollzieht er das Geben der Ethik, die Ethik der Ethik und so fort, insgesamt sechsunddreißig Vollkommenheiten. Die Weisheit des Gebens bezieht sich auf die Erkenntnis, daß Geber, Geben, Geschenk und Empfänger des Geschenks nicht inhärent oder in Wahrheit, sondern nur in Form von gedanklichen Beilegungen oder Annahmen existent sind. Das bedeutet, daß man den Geber und so fort nicht auffinden kann, wenn man Untersuchungen anstellt. Es bedeutet aber nicht, daß der Geber völlig nicht existent wäre oder, daß man kein Geben üben müßte. Vielmehr übt man das Geben intensiv im vollen Wissen

* Die sechs Vollkommenheiten sind: Geben, Ethik, Geduld, Anstrengung, Konzentration und Weisheit. Siehe auch S. 70f. (Anm. d. Übers.)

um die bloß nominelle Existenz von Handelndem, Handeln und Objekt der Handlung. Will man die Wurzel des Existenzkreislaufs herausreißen, ist es notwendig, die Leerheit zu erkennen, zuerst begrifflich durch Schlußfolgerung und dann durch vollkommen nicht-dualistische, direkte Erkenntnis. Leerheit, das ist im höchsten buddhistischen philosophischen System, dem Prāsaṅgika, das Fehlen von inhärenter Existenz, natürlicher Existenz, Existenz durch sich oder wirklicher Existenz. Das bedeutet, man legt die Objekte den Grundlagen für die Beilegung, oder Benennungsgrundlagen, lediglich bei. Zum Beispiel legt man »Stuhl« einer Ansammlung von vier Beinen, einer Lehne und einer Sitzfläche bei. »Stuhl« ist aber nicht einer der Teile für sich, noch ist er getrennt von diesen Teilen, noch ist er die Ansammlung der Teile. Wäre »Stuhl« die Ansammlung der Teile eines Stuhls, würde das bedeuten, daß jeder Teil ein Stuhl wäre, oder daß die Ansammlung keine Teile hätte. Deshalb existiert ein Stuhl nur als Beilegung oder als Bezeichnung. Es ist nicht abzuleugnen, daß es scheint, als ob die Erscheinungen ihre Beilegungsgrundlage *sind*, daß ein Stuhl die Ansammlung seiner Teile zu *sein* scheint. Dieser Eindruck ist aber falsch, selbst wenn er von einem Sinnesbewußtsein aufgenommen wird. Er muß zuerst in bezug auf die »Person« und dann in bezug auf andere Erscheinungen beseitigt werden, indem man in der Meditation kritisch untersuchend danach trachtet, eine »Person« oder einen »Stuhl« aufzufinden, und entdeckt, daß sie innerhalb der Grundlagen für die Beilegung »Person« oder »Stuhl« nicht aufgefunden werden können. Zuerst ist es notwendig, deutlich zu sehen, was in der Theorie der Selbst-Losigkeit negiert wird. Selbst-Losigkeit negiert nicht etwas Existentes, sondern zeigt, daß etwas, das man irrtümlicherweise für existent gehalten hat, nicht existiert. So existieren, obwohl es keine wahre oder inhärente Existenz gibt, wohl ein Begriff oder Bild von wahrer Existenz, seine Vorstellung und der Vorstellende.

Der erste Schritt in der Meditation ist die Betrachtung des in Wahrheit existierenden oder unabhängigen oder eigenständigen Selbstes, so wie es unserem gewöhnlichen, nicht-untersuchenden Verstand erscheint. Eine Methode besteht darin, daß man zuerst sehr ruhig sitzt, den Geist beruhigt und dann »Ich« denkt und beobachtet, was geschieht. Eine andere Methode ist, sich zu beobachten, wenn man ungerechterweise beschuldigt wird. Man sieht dann, wie das Gefühl eines eigenständigen Ich erzeugt wird, welches zum Mittelpunkt der eigenen Reaktion wird.

Man unterscheidet die angeborene, gewohnheitsmäßige Falsche Auffassung von einem Selbst von der beigelegten oder angelernten Falschen Auffassung eines Selbstes. Die letztere ist eine Auffassung, die man durch falsche Lehren, Schriften oder Beweisführung erworben hat. Die angeborene Falsche Auffassung dagegen muß man nicht lernen. Sie ist das Ergebnis anfangloser Gewöhnung. Es ist schwierig, kurz und treffend auszudrücken, in welcher Weise die angeborene Falsche Auffassung von einem Selbst die Person auffaßt. Es ist nicht so, daß sie die Person wahrnimmt, als sei sie ganz getrennt von den geistigen und physischen Anhäufungen.* Ist ein Körperteil wie etwa der Magen krank, denken wir zum Beispiel: »Ich bin krank« und identifizieren uns scheinbar mit dem Magen. Jedoch nimmt man das »Ich« auch nicht so wahr, als wäre es genau das gleiche wie die Anhäufungen. Sehen wir, zum Beispiel,

* Buddha hat einmal, als er die verschiedenen Kategorien aufzeigte, in die sich die Konstituenten der Persönlichkeit ordnen, verschiedene Arten von Getreide in fünf Gruppen aufgehäuft. Mit diesen fünf »Anhäufungen« *(skandha)* hat er Kategorien gegeben, in die man *alle* vergänglichen Erscheinungen – nicht nur die, aus denen die Persönlichkeit besteht – einordnen kann. Es sind: (1) Form (Sanskrit *rūpa*, tib. *gzugs*), (2) Gefühl *(vedanā, tshor ba)*, (3) Unterscheidung *(saṃjñā, 'du shes)*, (4) produkthafte Faktoren *(samskāra, 'du byed)* und (5) Bewußtsein *(vijñāna, rnam shes)*.
(1) ist die physische Anhäufung und (2) bis (5) sind Anhäufungen von geistigen Erscheinungen. (Anm. d. Übers.)

jemanden, der besonders hübsch ist, denken wir vielleicht: »So möchte ich sein« und sind sogar bereit, den Körper mit dieser Person zu tauschen – wären wir aber völlig identisch mit unserem Körper, könnten wir uns so etwas nicht einmal vorstellen. Das »Ich«, wie es in der angeborenen Vorstellung von einem Selbst aufgefaßt wird, ist in unserer Sicht weder vollkommen gleich mit, noch vollkommen verschieden von den Anhäufungen. Und doch kann und muß man die Erscheinung des scheinbar eigenständigen »Ich« durch den unverfälschten Begriff der Person als einer Beilegung ersetzen, die von Fleisch und Knochen abhängig ist, aber weder bei ihnen noch von ihnen getrennt aufzufinden ist.

Im gleichen Sinne wird die Erscheinung eines eigenständigen Körpers als »ganzer, schattenhafter Körper« beschrieben.

»Schattenhaft« ist gebraucht in dem Sinn, wie man einen großen schwarzen Gegenstand im Dunkeln zu sehen meint, der sich dann als Nichts herausstellt. Der Körper aus Fleisch und Knochen wird im selben Satz als »blasengleich« beschrieben. Damit ist gemeint, daß Fleisch und Knochen – genauso wie Blasen – substantielle Erscheinungen zu sein scheinen, man aber schnell sehen kann, wie sie zerstört werden. Und so, wie Blasen im Wasser aufsteigen und aus der Wasseroberfläche herauswachsen, so erscheinen Fleisch und Knochen in »Klumpen«. Man untersucht, ob etwas, das Teile hat, selbst etwas Ganzes ist, oder ob es nur als Ganzes bezeichnet wird. Weil weiterhin jeder Teil ein Ganzes ist, muß man sehen, daß auch Teile nur als Beilegungen existent sind. Diese Theorie sagt, daß alle gewöhnlichen Wahrnehmungen sich bezüglich der Natur der Objekte im Irrtum befinden: die Dinge erscheinen so, als wären sie existent, sind es aber nicht. Durch Eingewöhnung in die Leerheit können die falschen Vorstellungen und Wahrnehmungen völlig beseitigt werden.

Schließlich ist der Yogī (in der Leerheit) so versiert, daß die Wahrnehmung der Erscheinungen ihm hilft, Leerheit zu begreifen: er begreift, daß die Objekte nur als Beilegungen und nicht inhärent existieren. Diese Abwesenheit inhärenter Existenz ist Leerheit. Ebenso hilft ihm die Besinnung auf Leerheit, die Erscheinungen zu verstehen, weil Leerheit die Negation von inhärenter Existenz und nicht von nomineller Existenz ist. So halten ihn die Erscheinungen vom Extrem der Existenz fern, und Leerheit hält ihn fern vom Extrem der Nicht-Existenz. Das zeigt, welch hohen Grad an Kenntnis und Erfahrung man benötigt, um abzugrenzen, was nun in der Theorie der Selbst-Losigkeit negiert wird – eben nur die inhärente Existenz und nicht die nominelle Existenz (der Erscheinungen). Leerheiten* sind endgültige Wahrheiten oder Wahrheiten des höchsten Objekts *(paramārtha-satya)*, weil sie Objekte der höchsten Weisheit sind und in direkter Einsicht genauso erscheinen, wie sie sind. Alle anderen Erscheinungen *(dharma)*, vergängliche und unvergängliche, sind Wahrheiten für einen Verberger *(saṃvṛti satya)*. Ein unwissendes Bewußtsein, welches der Verberger der Wirklichkeit der Leerheit ist, weil es die Dinge als inhärent existierend auffaßt, nimmt nämlich an, daß die Dinge genauso existieren, wie sie erscheinen. Mit anderen Worten, der direkten Wahrnehmung erscheinen alle Objekte, außer den Leerheiten, fälschlicherweise so, als existierten sie inhärent und nicht bloß als Beilegungen, welche innerhalb der Grundlagen dieser Beilegungen unauffindbar sind. Die Unwissenheit, hier insbesondere das, was die Natur der Dinge falsch auffaßt, hält diese Dinge für wahr. Deshalb sagt man, daß konventionelle Objekte für die Unwissenheit Wahrheiten sind.

Das besagt, daß Unwissenheit fälschlicherweise feststellt, die Objekte existierten inhärent; es heißt nicht, daß Unwissenheit die Existenz der Objekte feststellt, denn konventionell gesehen, sind alle Erscheinungen gültig existent

* Wenn man unter Leerheit den individuellen Fall der Leerheitsqualität *einer* Erscheinung versteht, läßt sich dieser Begriff auch im Plural verwenden. (Anm. d. Übers.)

(pramāṇa-siddha). Lediglich die Weise, in der sie existieren, wurde falsch interpretiert. Das ist ein Grund, warum man unter den Erscheinungen des Universums zwei Wahrheiten unterscheidet: Man zeigt damit, daß in der Sicht von Nicht-Buddhas die konventionellen Objekte, also alle Objekte außer den Leerheiten, nur für Unwissenheit Wahrheiten sind. Sie existieren nicht in der Weise, in der sie erscheinen. Wir werden aufgefordert, nach der Leerheit zu forschen, dem Objekt höchster Weisheit.
Die Sitzung schließt mit der Widmung. Man trachtet, durch die Widmung niemals von den zwei Stufen des *Tantra* und den vier Rädern des Mahāyāna getrennt zu werden. Die beiden Stufen des *Tantra* sind:

1. Die Stufe, auf der man eine Reifung des Geist-Kontinuums von gewöhnlichen zu höheren Wahrnehmungen herbeiführt, und zwar dadurch, daß man sich selbst als eine Gottheit und die eigene Umgebung als den Aufenthaltsort der Gottheit vorstellt.

2. Die Stufe, auf der man die Weisheit der Nicht-Unterscheidung von Leerheit und Glückseligkeit vollendet und wirklich zu einer Gottheit wird.

Die vier Räder des Mahāyāna sind:

1. Man lebt an einem Ort, an dem man ohne Schwierigkeiten die notwendigen Voraussetzungen für die Praxis des Mahāyāna findet,
2. man stützt sich auf ein heiliges Wesen, welches das Mahāyāna praktiziert und lehrt,
3. man hat ein starkes Verlangen nach der Praxis des Mahāyāna,
4. man hat in der Vergangenheit großes Verdienst geschaffen.

Trachtet man danach, mit dem Mahāyāna in Verbindung zu bleiben, so deshalb, weil man durch die Praxis des Mahāyāna Buddhaschaft erreichen kann, und wenn man über die Kräfte eines Buddha verfügt, wird man auch im Stande sein, anderen zu helfen. Deshalb zielt die Widmung am Ende der Sitzung auf die eigene Erleuchtung zum Heile aller Wesen. Man sagt, die Wirkung der Sitzung könne nicht verlorengehen, weil der Bereich, auf den sich die Widmung richtet, so groß ist und alle Wesen umfaßt. Der Gewinn aus den Übungen geht häufig durch auftretenden Zorn verloren; wenn man aber die Wirkung der Sitzung dem Heile aller Wesen widmet, geht der Gewinn, den man aus ihr gezogen hat, niemals verloren und übersteht selbst Zorn. Es ist also wichtig, nach dem Abschluß einer jeglichen tugendhaften Tätigkeit, diese sofort der Erleuchtung der Buddhaschaft zu widmen, die allein uns befähigt, allen fühlenden Wesen zu helfen.

TEIL EINS

DIE PRAXIS: MEDITATION IM TIBETISCHEN BUDDHISMUS

Eine Übersetzung der *Unterweisungen zu [Tsong-ka-pas] »Drei Hauptaspekte des Pfades«, die Essenz aller Schriften, Die Quintessenz der Hilfe für andere* vom Vierten Pänchen Lama

Dieser Teil zerfällt in drei übergeordnete Abschnitte: Vorbereitung einer Sitzung (Kapitel I), die eigentliche Sitzung (Kapitel II bis V) und Abschluß der Sitzung (Kapitel VI)

Der vierte Pänchen Lama

I. VORBEREITUNG DER SITZUNG

Om svasti. Ich verbeuge mich vor den Füßen der hervorragenden heiligen Lamas und nehme Zuflucht zu ihnen. Ich bete, daß sie sich meiner jederzeit mit großer Liebe annehmen.
Dieses Buch enthält Übungen zu den Unterweisungen über die drei Hauptaspekte des Pfades. Es sind dies die außergewöhnlichen Anweisungen, welche der Beschützer Mañjughoṣa tatsächlich dem großen Tsong-ka-pa gegeben hat, dem König der Lehre in den drei Bereichen. Es enthält den wesentlichen Sinngehalt all der Schriften des Siegers Buddha mit ihren Kommentaren und ist für die Praxis der einzelnen in Stufen zusammengestellt. Es behandelt ausführlich, wie man sich in der eigentlichen Meditationssitzung verhält und wie man zwischen den Sitzungen handelt.

VORBEREITUNG
Vollziehe, zum Beispiel, die sechs Vorbereitungsübungen: Reinige gründlich den Raum, in dem du übst. Stelle zweitens Opfergaben, die ohne Betrug [beschafft wurden] schön anzusehend auf. Nimm drittens auf einem bequemen Kissen eine Haltung ein, die die sieben Charakteristika von Vairocana[-s Sitzweise] hat. Dann solltest du, um aus einer besonderen, tugendhaften Haltung heraus eine Haltung der Zuflucht und so fort zu erschaffen, zuerst die Zufluchtsobjekte [visualisiert vor dich] stellen:
Direkt vor dir befindet sich ein hoher und breiter Thron aus Juwelen, der von acht großen Löwen getragen wird. Auf diesem thront, auf einem Kissen von einem vielfarbigen Lotus und Sonne- und Mondscheiben darüber, tat-

sächlich dein freundlicher Grund-Lama*, aber in der Erscheinungsform des Siegers Śākyamuni mit reinem goldenen Körper und mit der Kronenerhebung auf dem Kopf. Die rechte Hand legt er auf die Erde [in der Geste, die die Erdgöttin aufruft, seine erlangte Vollendung zu bezeugen]. Seine linke Hand, in der Stellung des meditativen Gleichgewichts, hält eine Schale, die mit Ambrosia gefüllt ist. Er trägt die safranfarbenen religiösen Gewänder. Eine Fülle von Licht geht von seinem Körper aus, der mit den größeren und den geringeren Zeichen geschmückt ist und die Natur reinen, klaren Lichtes hat. Inmitten der Flut von Licht sitzt er, mit den Beinen in der diamantenen Stellung. Um ihn herum sitzen in Ansammlungen deine unmittelbaren und deine indirekten Lamas, Gottheiten, Buddhas und Bodhisattvas, Helden, Himmelsgeher und Beschützer der Lehre. Auf prächtigen Tischen vor jedem von ihnen befinden sich die von ihnen gesprochenen Lehren in Form von Büchern, welche die Natur des Lichtes haben.

Die Mitglieder des Versammlungsfeldes sind erfreut über dich. Indem du in größtem Glauben ruhst, denke, eingedenk der Tugenden und der Freundlichkeit des Versammlungsfeldes:

Ich und alle fühlenden Wesen, die Mütter, haben seit anfangloser Zeit bis jetzt die verschiedenen Leiden des Existenzkreislaufs im allgemeinen und die der drei schlechten Wanderungen im besonderen durchgemacht. Es fällt mir jedoch immer noch schwer, die Tiefe und die Grenzen des Leidens zu begreifen. Ich habe nun den besonderen Körper eines Menschen erlangt, der Muße und Reichtum hat, der schwer zu finden und – wenn gefunden – äußerst bedeutungsvoll ist. Wenn ich bei dem diesmaligen Zusammentreffen mit Buddhas kostbarer Lehre nicht den Zu-

* Der Grund-Lama (*rtsa ba'i bla ma*) ist der eigene Lehrer, von dem man die Einweihung und die Unterweisungen für die eigene Meditationspraxis erhält. Er ist das letzte Glied in der ununterbrochenen Überlieferungskette, die für die hier behandelte Meditationspraxis von Mañjuśrī und Tsong-ka-pa bis in die Gegenwart reicht. (Anm. d. Übers.)

stand vollkommen vollendeter Buddhaschaft erlange, die höchste Befreiung, die alles Leiden ausrottet, dann muß ich von neuem zumindest das Leiden des Existenzkreislaufs im allgemeinen und vielleicht auch das der drei schlechten Wanderungen im besonderen durchmachen. Die Macht, die vor diesen Leiden schützt, ist in den Lamas und den Drei Juwelen vor mir vorhanden. Ich will zum Heile aller fühlenden Wesen, der Mütter, den Zustand vollkommener Buddhaschaft erreichen. Um das zu tun, will ich Zuflucht nehmen zu den Lamas und den Drei Juwelen. Ich nehme Zuflucht zu den Lamas. Ich nehme Zuflucht zu den Buddhas. Ich nehme Zuflucht zur Lehre. Ich nehme Zuflucht zur geistigen Gemeinschaft.
Sprich die verkürzte Zuflucht: »Ich nehme Zuflucht zum Buddha, zur Lehre und zur höchsten Gemeinschaft bis zur vollkommenen Erleuchtung.«
Denke:
Aus den Körpern all der Objekte der Zuflucht fällt zusammen mit Lichtstrahlen ein Strom der fünf Arten von Ambrosia [weiß, rot, blau, gelb und grün] und tritt ein in den Körper und Geist aller fühlenden Wesen, meiner selbst und anderer. Er reinigt alle Krankheit, Besessenheit, Sünde und alle Hindernisse mit ihren Verborgenheiten, die seit anfangloser Zeit angehäuft wurden. Er entwickelt und mehrt die Verdienste, die Lebensdauer und alle Eigenschaften des sprachlichen und erkenntnismäßigen Verständnisses. Insbesondere reinigt er auch Sünden, Hindernisse und widersprüchliche Bedingungen zusammen mit ihren Verborgenheiten, die in bezug auf die Lamas und die Drei Juwelen bestehen. Mögen alle Wesen, ich selbst und die anderen, sich unter die Zuflucht der Lamas und der Drei Juwelen begeben.
Sei überzeugt, daß alle Wesen sich unter die Zuflucht der Drei Juwelen begeben haben.
Dann sage, um ein Streben nach Erleuchtung für alle Wesen zu erzeugen: Möge ich durch welchen Verdienst auch immer, den ich durch meine Geschenke und so fort er-

worben habe, die Buddhaschaft zum Heile aller Wesen vollenden.
Denke jetzt:
Durch die Wurzeln der Tugend, die entstehen aus dem Geben, dem ethischen Verhalten und der Meditation, die ich vollziehe, die zu vollziehen ich andere auffordere oder die andere zu meiner Freude vollziehen, möge ich zum Heile aller fühlenden Wesen den Zustand vollkommen vollendeter Buddhaschaft erreichen. Ich *werde* den Zustand vollkommen vollendeter Buddhaschaft zum Heile aller fühlenden fühlenden Wesen erreichen. Um Buddhaschaft zu erlangen, will ich, entsprechend dem Weg des Buddha, die [mitleidvollen] Taten der Söhne des Siegers Buddha lernen.
Ich bete darum, daß die Lamas und Götter mich dazu befähigen, dies zu tun.
Bete mit äußerster Kraft. Dadurch wird die Versammlung der Lamas und Götter [die vor dir im Raume visualisiert sind] erfreut; ein Doppel ihrer selbst trennt sich von jedem ihrer Körper und geht in dich auf. So verwandelt sich dein Körper augenblicklich in den Körper des Lama und Buddha. Von deinem Körper, der verwandelt ist in den Lama und Buddha, gehen Lichtstrahlen aus. Indem sie auf alle Wesen treffen, die um dich herum leben, reinigen sie ihre Sünden und Hindernisse. Denke, daß die Wesen in den Zustand eines Lama und Buddha eingesetzt sind.
Dies nennt man die außergewöhnliche Überlieferung von En-sa (dbEn sa), eine Meditation, in der man sich, noch während man sich auf dem Pfad befindet, das Ergebnis der Erzeugung des Strebens nach Erleuchtung vergegenwärtigt.
Daraufhin denke:
Was verursacht, daß alle fühlenden Wesen, die alten Mütter, ohne frei zu sein, im Existenzkreislauf herumwandern?
Durch die Macht der beiden – Begierde und Haß – [die darin bestehen, daß man andere Wesen als] vertraut oder fremd

[auffaßt], wandern sie im Existenzkreislauf und erfahren dadurch Leiden.
Wie schön wäre es deshalb, würden alle Wesen in unermeßlichem Gleichmut verweilen, der frei ist von Begierde und Haß, Vertrautheit und Fremdheit. Möge es dazu kommen, daß sie in diesem Zustand verweilen. Ich will dafür sorgen, daß sie in diesem Zustand verweilen. Ich bitte darum, daß die Lamas und Götter mich dazu befähigen, dies zu tun.
Hätten alle fühlenden Wesen Glück und die Ursachen des Glücks, wie schön wäre das. Möge es dazu kommen, daß sie es haben. Ich will dafür sorgen, daß sie es haben. Ich bitte darum, daß die Lamas und Götter mich dazu befähigen, dies zu tun.
Wären alle fühlenden Wesen frei von Leiden und den Ursachen des Leidens, wie schön wäre das. Möge es dazu kommen, daß sie davon frei sind. Ich will dafür sorgen, daß sie davon frei werden. Ich bitte darum, daß die Lamas und Götter mich dazu befähigen, dies zu tun.
Wenn keinem fühlenden Wesen der hohe Stand [als Mensch oder Gott] sowie die hervorragende Glückseligkeit der Befreiung fehlen würden, wie schön wäre das. Möge es dazu kommen, daß ihnen diese nicht fehlen. Ich will dafür sorgen, daß sie ihnen nicht fehlen. Ich bitte darum, daß die Lamas und Götter mich dazu befähigen, dies zu tun.
Trage diese Bitte mit großer Kraft vor und stelle dir vor, wie alle Wesen durch das herabfallende Ambrosia gereinigt werden.
[Die Erzeugung des Strebens nach Erleuchtung im allgemeinen besteht im Entwickeln des folgenden Gedankens:] »Ich muß zum Heile aller fühlenden Wesen, der Mütter, unter allen Umständen, schnell, schnell den kostbaren Zustand eines vollkommen vollendeten Buddha erlangen.«
[Die Erzeugung der selbstlosen Erleuchtungshaltung im besonderen] besteht in diesem Buch in der Entwicklung des Gedankens: »Damit ich Buddhaschaft erlange, will ich

anfangen, über die Unterweisungen zu den drei Hauptaspekten des Pfades zu meditieren.« Halte beständig in deinem Geist das Versprechen, daran festzuhalten, und sage es auch viele Male.

Dann lösen sich die Objekte der Zuflucht [die sich visualisiert vor dir im Raum befinden] stufenweise von außen her [zum Inneren der Gruppe hin] in Licht auf und verschmelzen mit [Tsong-ka-pa], dem Meister-Lama im Zentrum. Auch der Meister-Lama löst sich in Licht auf und fließt zwischen deinen Augenbrauen in deine Stirn ein. Betrachte das als Befähigung deines Geist-Kontinuums.

[Die vierte der sechs Vorbereitungsübungen besteht darin, daß man] das Versammlungsfeld deutlich in einer Visualisierung vor sich stellt. Direkt vor dir im Raum befindet sich der breite und ausladende Stamm eines wunscherfüllenden Baumes. Sein oberer Teil hat Blätter, Blumen und Früchte. Auf seiner Spitze von einhunderttausend Blütenblättern tragen acht große Löwen einen hohen und breiten Thron aus Juwelen. Auf diesem, auf Kissen aus einem vielfarbigen Lotus und Sonne und Mond darüber, befindet sich tatsächlich dein freundlicher Grund-Lama, aber in der Form des großen Tsong-ka-pa, des Königs der Lehre, dessen Körper klar und weiß ist und dessen Mund freundlich lächelt. Er trägt die drei religiösen Gewänder und den goldenen Hut des *Paṇḍita*. Seine beiden Hände vollziehen an seinem Herzen die Geste des [Drehens des] Rades der Lehre und halten Lotusstengel, die sich über seine Schultern hinaus erstrecken. Auf dem blühenden Lotus über seiner rechten Schulter erstrahlt die Weisheit aller Buddhas in Form eines Schwertes. Das Licht erfüllt alle Welten. Alle Ansammlungen des Dunkels der Unwissenheit [insbesondere die Auffassung von inhärent existierenden Wesenheiten] werden durch das Feuer, das von seiner Spitze ausgeht, verzehrt. Auf dem blühenden Lotus über seiner linken Schulter befindet sich ein Band der *Vollkommenheit der Weisheit* in einhunderttausend Strophen, der einzigen Mutter aller Buddhas der drei Zeiten [Vergangenheit, Gegenwart und Zukunft]. Von den saphirenen Seiten leuchten Buchstaben von flüssigem Gold; das von den Buchstaben ausstrahlende Licht beseitigt das Dunkel der Unwissenheit der fühlenden Wesen. Auch sind die Buchstaben nicht einfach nur Formen – sie verkünden deutlich den Vorgang von der Erzeugung des Strebens nach Erleuchtung an, bis hin zu dem Punkt, an dem man schließlich durch die siebenundzwanzig Tätigkeiten eines Buddha das Wohl der Wanderer bewirkt. Sie umfassen die Erden, Pfade und Früchte. Denke, daß die Anlagen, die dich für den Mahāyānapfad geeignet machen, nur einfach dadurch gelegt werden, daß diese Laute in den Geist gelangen.

Im Herzen des Meister-Lamas sitzt der Sieger Śākyamuni Buddha. Im Herzen von Śākyamuni Buddha sitzt der Sieger Vajradhara. In jeder Haarpore des Körpers des Meister-Lamas befinden sich zahllose Buddhabereiche. Jeder Teil seines Körpers sendet Lichtstrahlen in die zehn Richtungen. Aus den Spitzen dieser Strahlen treten unfaßbar viele magische Schöpfungen hervor – ebenso viele, wie es fühlende Wesen gibt – und vollführen Tätigkeiten zum Heile dieser Wanderer.

Der Meister-Lama sitzt in der Mitte eines fünffarbigen Regenbogens, von diesem eingefaßt, mit den Beinen in der diamantenen Stellung. Auf einem Lichtstrahl, der von seinem Herzen aus nach oben scheint, sitzen übereinander die Wesen [der Überlieferungsreihe] vom Sieger Vajradhara bis zum Grund-Lama, der dir diese Lehre tatsächlich gegeben hat. Den Sieger Vajradhara ausgenommen, sind sie alle, von Mañjuśrī an bis zu deinem eigenen Grund-Lama, in Wirklichkeit der Lama selbst in der Form eines orangefarbenen Mañjuśrī. Dessen rechte Hand hält ein Schwert hoch; seine linke Hand hält ein Buch an seinem Herzen. Meditiere darüber, daß sie lediglich Lichtnatur besitzen.

An der Spitze des Lichtstrahls, der vom Herzen des Mei-

ster-Lamas nach rechts hin ausstrahlt, sitzen auf Lotus-und-Mond-Kissen die Lamas der Überlieferungskette der ausgreifenden [-mitleidvollen] Taten.
Auf der Spitze des Lichtstrahls, der vom Herzen des Meister-Lamas nach links hin ausstrahlt, sitzen auf Lotus-und-Mond-Kissen die Lamas der Überlieferungskette der tiefen Ansicht [die besagt, daß die Erscheinungen nicht kraft ihrer selbst existieren].
Auf der Spitze des Lichtstrahls, der vom Herzen des Meister-Lamas nach vorne hin ausstrahlt, sitzen auf Lotus-und-Mond-Kissen die Lamas, die als Lehrer tatsächlich eine Verbindung zu dir haben.
Auf Löwenthronen sitzend, umgeben Ansammlungen von Gottheiten, Buddhas, Bodhisattvas, Helden, Himmelsgehern und Beschützern der Lehre den Meister-Lama. Auf prächtigen Tischen vor den Mitgliedern des Versammlungsfeldes befinden sich die von ihnen gesprochenen Lehren in Form von Büchern, die Lichtnatur haben. An dem Scheitel eines jeden Mitgliedes des Versammlungsfeldes erscheint ein weißes *Om* ཨོཾ ; an der Kehle ein rotes *Āḥ* ཨཱཿ ; am Herzen ein blaues *Hūm* [sprich Hung] ཧཱུྃ . Von dem *Hūm* im Herzen gehen Lichtstrahlen aus in die zehn Richtungen. [Du hast dir bisher die Weisheitswesen im Himmel vor dir vorgestellt.] Nun lade die wirklichen Weisheitswesen, die denen gleichen, die du dir vorgestellt hast, ein, von ihrem gewöhnlichen Aufenthaltsort herzukommen [Amitābha etwa kommt aus Sukhāvatī]. Alle kommen und gehen in jedes der vorgestellten Wesen ein. Betrachte so mit fester Überzeugung jedes von ihnen als eine Weisheit, die alle drei Zufluchten umfaßt [den Buddha, die Lehre und die geistige Gemeinschaft].
Dann erzeuge dich selbst als Gottheit [das heißt visualisiere, fühle usw. dich als Gottheit] und bringe [den Weisheitswesen] rituelle Waschungen, Kleidung und so fort dar. Dadurch wird sich vieles ändern – in bezug auf die Reinigung des Geistes zur Kultivierung des Pfades und in

bezug auf ein Beruhigen von Unreinheiten, Verschmutzungen und so fort. Doch selbst wenn die Waschung nicht vollzogen wird, heißt es, bleibt kein Fehler, der [die Übung] zunichte machen würde.
Erschaffe ein Badehaus:

In einem Badehaus von angenehmstem Duft
Mit einem Boden aus Kristall, funkelnd und rein,
Mit reizvollen Pfeilern aus flammendem, kostbarem Stein
und überdacht mit einem Baldachin aus strahlenden Perlen:

Bringe die Waschung dar:

So wie die Götter, gleich nach der Geburt,
[dem Buddha] Waschung darbrachten,
so bringe auch ich Waschung dar
mit reinem, göttlichem Wasser.
Oṃ sarva tathāgata abhiṣekata samaya śrīye āḥ hūṃ

Ich bringe Waschung dar dem König der Sieger, Vajradhara,
dessen Körper gestaltet ist aus zehn Millionen vollkommen guter Eigenschaften,
dessen Rede die Hoffnungen unbegrenzt vieler Wanderer erfüllt,
dessen Geist alle Objekte des Wissens so sieht wie sie sind.
Oṃ sarva tathāgata abhiṣekata samaya śrīye āḥ hūṃ

Der Überlieferung der ausgreifenden Taten bringe ich Waschung dar.
Der Überlieferung der tiefen Anschauung bringe ich Waschung dar.
Der Überlieferung der befähigenden Praxis bringe ich Waschung dar.
Den Lamas der Überlieferungskette bringe ich Waschung dar.
Oṃ sarva tathāgata abhiṣekata samaya śrīye āḥ hūṃ

Reinige ihren Körper:

Ich reinige ihren Körper mit einem Tuch, das mit Duft durchtränkt und unvergleichlich ist.
Oṃ hūṃ traṃ hrīḥ āḥ kāya viśodhanaye svāhā

Salbe ihren Körper:

So wie ein Goldschmied reines Gold poliert,
so salbe ich die leuchtenden Körper dieser Könige,
der Sieger mit dem besten der Düfte, mit starken Wohlgerüchen,
die die Billionen [Welten dieses Weltsystems] durchdringen.

Bringe Kleidung dar:

Mit unzerstörbarem Glauben bringe ich feine,
weiche, leichte, göttliche Kleidung denen dar,
die einen unzerstörbaren diamantenen Körper erlangt haben.
Möge ich dadurch einen diamantenen Körper erlangen.

Bringe Schmuck dar:

Weil die Sieger den natürlichen Schmuck der größeren
und der geringeren Zeichen [eines Buddha] besitzen,
kann man sie nicht mit anderem Schmuck verzieren, aber mögen,
wenn ich den besten, kostbaren Schmuck darbringe, alle Wanderer
einen Körper erlangen, der verziert ist mit den größeren und den geringeren Zeichen.

Bitte sie zu bleiben:

O Sieger, weil ihr mich und alle Wanderer liebt,
bitte ich euch, durch eure magischen Emanationen hierzubleiben,
solange ich Opfergaben darbringe.

[Für die fünfte Vorbereitungsübung] vollziehe die sieben Zweige der Praxis mit der Darbringung des *Maṇḍalas*. Das dient dazu, die Sünden und Übertretungen zur Ruhe zu bringen – die Bedingungen, welche der Kultivierung des Pfades entgegenstehen – und dazu, die Verdienste zu vermehren – Bedingungen, welche der Kultivierung des Pfades entsprechen. Diese sieben enthalten die wesentlichen Faktoren für die Anhäufung von Verdienst und für die Reinigung von Hindernissen.

Für die ausführliche Fassung dieser Übung verbeugt man sich und sagt sämtliche Namen von Buddhas, Bodhisattvas und Lamas der Überlieferungskette, die man kennt. Für die kurze Fassung sprich folgendermaßen:

Voll Respekt verbeuge ich mich vor den geistigen Führern,
den Augen, die all die zahllosen Schriften sehen,
den besten Furten für die glückhafte Fahrt zur Befreiung.
Klar handeln sie durch von Liebe hervorgerufene Kenntnis der Mittel.

1. VERBEUGUNG

Ich verbeuge mich mit reinem Körper, Rede und Geist
vor ausnahmslos all den Löwen
unter den Menschen, den Tathāgatas der drei Zeiten
in den Welten der zehn Richtungen.

Mit all den Siegern deutlich vor mir
nehme ich, mittels der Kraft meines Trachtens nach guten Taten,
Formen an, so zahlreich wie die kleinsten Teilchen der Welt
und verbeuge mich vor den Siegern mit größtem Respekt.

Ich denke daran, daß in jedem der Teilchen sich Buddhas befinden,
inmitten von Buddhasöhnen sitzend und so zahlreich wie die Teilchen aller Welten,
und daß die Sieger, ohne Ausnahme alle erscheinenden Dinge erfüllen.

Ich preise die Sugatas und lobe die Eigenschaften all der Sieger
mit den Ozeanen von Klängen, hervorgebracht von dem was Wohlklang hervorbringt [der Zunge].
Unerschöpfliche Ozeane preisen sie.

2. DARBRINGUNG

Vortreffliche Blumen, vortreffliche Kränze,
angenehme Klänge, duftende Salben,
erlesene Schirme, erlesene Leuchten und vortrefflichen Weihrauch
bringe ich all den Siegern dar.

Vortreffliche Kleidung, erlesene Düfte,
duftenden Puder, Berge von Weihrauch so hoch wie der Berg Meru
und alle großartig dargebotenen Wunderdinge
bringe ich all den Siegern dar.

Alle Darbringungshandlungen, ausgreifend und ohnegleichen,
betrachte ich als Geschenk für die Sieger.
Durch die Kräfte des Vertrauens in gute Taten,
verbeuge ich mich und verehre all die Sieger.

Sage dies sanft und ruhig, indem du das Versammlungsfeld vor dir visualisierst, und verbeuge dich. Bevor du mit dem nächsten Punkt beginnst, bekenne [deine Übertretungen] von jedem der drei Gelübde [dem der persönlichen Befreiung, das Bodhisattva-Gelübde und das tantrische Gelübde]. Insbesondere rezitiere das *Bekenntnis von Übertretungen* und verbeuge dich so oft wie möglich. Sage sanft und ruhig, indem du die Visualisierung des Versammlungsfeldes und des herabfallenden Ambrosia aufrechterhältst, das folgende Gebet:

3. BEKENNEN
Ich bekenne einzeln jede Sünde,
die von mir mit Körper, Rede
oder Geist durch die Macht von
Begierde, Haß und Unwissenheit begangen wurde.

4. HOCHSCHÄTZEN
Die verdienstvollen Handlungen all der Sieger-Buddhas der zehn Richtungen,
der Buddhasöhne, der einsamen Verwirklicher,
derer, die noch lernen, derer, die nicht mehr lernen, und
aller Wanderer schätze ich hoch und will sie nachahmen.

5. ERSUCHEN
All die Beschützer, die Nicht-Haften erreicht haben,
und nach und nach zur Erleuchtung erwacht sind,

die die Lichter sind in den Weltsystemen der zehn Richtungen,
ersuche ich, das unübertroffene Rad [der Lehre] zu drehen.

6. BITTE
Die, welche die Absicht haben, der Welt das *Nirvāṇa* zu zeigen,
bitte ich mit zusammengelegten Handflächen hierzubleiben,
so viele Zeitalter, wie es in den Bereichen Teilchen gibt,
damit sie allen Wanderern helfen und ihnen Glück bringen.

7. WIDMUNG
Das wenige an Tugend, was ich
durch Verbeugen, Darbringung, Bekennen,
Hochschätzen, Ersuchen und Bitten erlangt habe,
widme ich der vollendeten Erleuchtung.

Dann bringe ausführlich *Maṇḍalas* dar:

Oṃ vajra bhūmi āḥ hūṃ. Boden aus höchst machtvollem Gold.
Oṃ vajra rekhe āḥ hūṃ. In der Mitte, außen umgeben von einem Ring von eisernen Gebirgen, Meru – der König der Berge. Nach Osten hin Videha mit Deha und Videha. Nach Süden hin Jambudvīpa mit Cāmara und Aparacāmara. Nach Westen hin Godānīya mit Śāthā und Uttaramantrina. Nach Norden hin Kuru mit Kuruva und Kaurava. Berge von Juwelen, wunscherfüllende Bäume, wunscherfüllende Kühe, von selbst gewachsener Mais, kostbare Wagen, kostbare Juwelen, kostbare Gemahlinnen, kostbare Minister, kostbare Elefanten, kostbare Pferde, kostbare Generäle, Gefäße mit großen Schätzen, die Schönheitsgöttin, die Kranz-Göttin, die Liedgöttin, die Tanzgöttin, die Blumengöttin, die Weihrauchgöttin, die Lichtgöttin, die Wohlgeruchgöttin, Sonnen, Monde, kostbare Schirme, Siegesbanner und in der Mitte der wunderbare Reichtum von Göttern und Menschen.
Dies bringe ich den strahlenden, hervorragenden Lamas dar – den freundlichen Grund-Lamas und ihrer Überlieferungskette und Tsong-ka-pas göttlicher Gesellschaft, dem König der Überwinder – Śākyamuni Buddha sowie Vajradhara zusammen mit ihrem Gefolge. Bitte nehmt dies an, aus Mitleid zum Heile der Wanderer! Habt ihr es genommen, bitte befähigt mich mit eurem Segen!

Diesen Boden, der mit wohlriechendem Wasser getränkt ist
und mit Blumen bestreut, der geschmückt ist mit Meru, den vier Kontinenten,
Sonne und Mond, und den ich als Buddhaland visualisiert habe,
bringe ich dar.
Mögen alle Wanderer dieses reine Land genießen.

In meiner Vorstellung opfere ich den Lamas, den Göttern und den Drei Juwelen Körper, Rede und Geist
meinen eigenen Reichtum und den anderer, unsere Ansammlungen von Verdienst in Vergangenheit, Gegenwart und Zukunft
und das wundervoll kostbare *Maṇḍala* mit der Fülle von
Samantabhadras Opfergaben. Nehmt sie aus Mitleid an und bitte
befähigt mich mit Segen.
Idaṃ guru ratna maṇḍalakaṃ niryātayāmi

Äußere eine Bitte, indem du folgendes Gebet, *Die drei großen Ziele*, rezitierst. Es wurde vom Meister-Lama [Tsong-ka-pa] selber verfaßt:

Ich bete um die Befähigung, all den verschiedenen falschen Gedanken Einhalt zu gebieten, von der Mißachtung des geistigen Führers an bis zur Auffassung von Personen und Erscheinungen als inhärent existent. Ich bitte um die Befähigung, mit Leichtigkeit all die verschiedenen Haltungen zu erzeugen, vom Respekt dem geistigen Führer gegenüber bis hin zur Erkenntnis der Wirklichkeit der Selbst-Losigkeit. Ich bete um die Befähigung, sofort innere und äußere Hindernisse zur Ruhe zu bringen.

[Die sechste Vorbereitungsübung besteht in einer Bitte.] Richte die Bitte an die Überlieferungskette der Lamas, welche die Hauptaspekte des Pfades verkünden, indem du sagst:

Ich bitte den Sieger Vajradhara, den Beschützer weltlicher Existenz und des Friedens in Einsamkeit,
der nicht in den Extremen der weltlichen Existenz und des Friedens in Einsamkeit verweilt
und der durch Mitleid die Vorliebe für den Frieden in Einsamkeit abgetan hat.

Ich bitte den Beschützer Mañjuśrī,
den, der die Schätze der Weisheit
zahlloser Buddhas vereinigt, deren
Menge selbst die der Teilchen
der Bereiche übersteigt.

Ich bitte zu den Füßen von Pa-wo-dor-je [dPa' bo rdo rje],
dessen sämtliche Zweifelsgewebe von Mañjuśrī offensichtbar
durch die Kraft seiner Gebete beseitigt wurden,
wie durch eine große Welle, die vor langer Zeit ins Rollen gebracht wurde.

Ich bitte zu den Füßen des ruhmreichen Lama Tsong-ka-pa,
der die Drei Buddhakörper offenbarte
durch seine vortreffliche logische Erkenntnis dessen,
was es mit den beiden Wahrheiten tatsächlich auf sich hat,
und durch seine Übung in der Einheit von Methode und Weisheit.

Ich bitte zu den Füßen des Gelehrten der Welt, Gen-dün-drup [dGe 'dun grub],
einem Löwen, der den guten Pfad auslegt, strahlend mit seiner
Mähne der hunderttausend Bücher,
Im Wald der Schriften des Sugata.

Möge ich befähigt werden, ohne Anstrengung, zu jeder Zeit
Glauben und Respekt zu erzeugen, nur dadurch, daß ich mich
der freundlichen Meister erinnere, die die Grundlage sind aller Eigenschaften,
glückverheißender Tugend – weltlicher wie überweltlicher.

Möge ich befähigt werden, Zufriedenheit des Geistes hervorzubringen,
sowie wenig Begierde, das Verweilen in der Disziplin, das aufrichtige Streben nach Befreiung,
ehrliche Rede, immerwährende Gewissenhaftigkeit, Bekanntschaft mit höheren Freunden,
die Wahrnehmung, welche alles als rein sieht, und das Fehlen von Vorurteil.

Möge ich befähigt werden, in meinem Geist-Kontinuum
die unbeeinträchtigte Erkenntnis zu erzeugen von der Kürze der Zeit,

und die tiefe Abneigung gegen Güter und Ansehen,
indem ich mehr als nur die Worte vergegenwärtige,
daß der Tod gewiß und die Zeit des Todes ungewiß ist.

Möge ich befähigt werden, ohne Anstrengung Mitleid zu erzeugen
und eine Abneigung dagegen, nur mein eigenes Glück zu vollenden,
indem ich alle verkörperten Wesen als freundliche Mütter erkenne
und so des Leidens der geplagten Wesen gewahr werde.

Möge ich dazu befähigt werden, in Übereinstimmung mit den Gedanken des Höheren, des »Vaters« Nāgārjuna und
seines geistigen Sohnes [Āryadeva] die tiefe Bedeutung zu verstehen
des Entstehens in Abhängigkeit, frei von Extremen, die einzige Medizin,
die all die Krankheiten extremer Begriffe heilt.

Die Tugend dieses Gebetes als Beispiel nehmend,
mögen keine Tugendwurzeln von mir und anderen,
in Vergangenheit, Gegenwart und Zukunft,
auch nur einen Augenblick zu etwas reifen,
das ungünstig ist für die höhere Erleuchtung:

Gier nach Gewinn, Ruhm, Gefährten,
Genüssen, Gütern und Ansehen bei anderen.
Mögen alle meine Tugendwurzeln, Geburt für Geburt,
nur Ursachen werden für die höchste Erleuchtung.

Durch die wunderbare Befähigung durch die Sieger und ihre Söhne,
durch die universelle Wahrheit des Entstehens in Abhängigkeit
und durch meine reinen, außergewöhnlichen Gedanken
mögen die Formen dieser reinen Wünsche vollendet werden.

Äußere diese Bitte mit äußerster Kraft, damit in deinem Geist-Kontinuum schnell ein Verständnis der drei Hauptaspekte des Pfades zur höchsten Erleuchtung erzeugt wird.

II. DIE SITZUNG

WIE MAN EIN VERSTÄNDNIS DES PFADES ENTWICKELT UND VERSPRICHT, IHN ZU KULTIVIEREN

Meditiere ohne Unterbrechung über die vor dir im Raum visualisierten Ansammlungen von Lamas und Göttern und denke:

Im allgemeinen ist der Glaube die Grundlage aller guten Eigenschaften. Im besonderen ist das rechte Vertrauen in einen hervorragenden geistigen Führer die Grundlage aller Anhäufung von Tugend in diesem Leben und in Zukunft, die grundlegende Stütze aller erreichten Ergebnisse – der höheren und der allgemeinen – die hervorragende Ursache für das Hervorbringen, Erhalten, Vermehren und Zur-Vollendung-Bringen aller Stufen und Pfade. Deshalb muß ich zu Anfang das Vertrauen in den geistigen Führer erfahren. Dieses Vertrauen ist die Grundlage des Pfades.

Es gibt zwei Arten des Vertrauens in einen geistigen Führer: Vertrauen im Denken und Vertrauen in der Tat. Für die erste Art – wie man im Denken auf einen geistigen Führer vertraut – setze [visualisiere] im Raum vor dir deutlich die tugendhaften geistigen Führer, die dich belehren, und halte beständig folgenden Gedanken im Geist:

Diese meine geistigen Führer sind tatsächlich Buddhas. In den kostbaren *Tantras* sagt der vollkommen vollendete Buddha, daß sich der Sieger Vajradhara in diesem Zeitalter des Niedergangs in der physischen Form tugendhafter geistiger Führer zeigt und Taten zum Heile der Wanderer im Existenzkreislauf vollbringt. Diese meine tugendhaften geistigen Führer zeigen also lediglich eine Körperform, die anders ist [als der übliche Körper Vajradharas]. Sie sind, davon abgesehen, der Sieger Vajradhara, der in diesem Zeitalter des Niedergangs die physische Form tugend-

hafter geistiger Führer zeigt, damit er sich derer annehmen kann, die nicht das Glück hatten, den Buddha in Wirklichkeit zu sehen.
Diese meine freundlichen Grund-Lamas sind nicht nur eigentlich wirkliche Buddhas; ihre Freundlichkeit ist sogar größer als die aller Buddhas. Wenn alle früheren Sieger und ihre Söhne mich aufgeben würden, weil sie nicht imstande sind, mich zu zähmen, würden die freundlichen Grund-Lamas – aus Mitleid unfähig, das zu ertragen – das Werk des Siegers tun. Selbst wenn der Buddha tatsächlich käme, könnten die von ihm gegebenen Lehren nicht besser ausgedrückt sein.
In der Vergangenheit hat unser Lehrer Buddha, der König der Sieger, um einer einzigen Strophe der Lehre willen tausend eiserne Nägel in seinen Körper getrieben und auf seinem Körper tausend Lichter brennen lassen. Ohne Bedauern gab er alles auf, was er hatte: seinen Sohn, seine Frau, seinen eigenen Körper und alles, was ihm angenehm war. Er mußte schwierige Dinge tun, wie sie von Gedanken nicht erfaßt werden können. Ohne daß ich selbst solche schwierigen Dinge tun müßte, geben mir diese freundlichen Grund-Lamas, so wie ein Vater seinen Sohn belehrt, freigebig und ohne Fehler tiefe Anweisungen – die Mahāyānalehren. Vermag ich über ihre Belehrung zu meditieren, dann kann mir das leicht zu Zuständen wie dem Hohen Stand und sogar zur Befreiung aus dem Existenzkreislauf sowie zur Allwissenheit verhelfen. Solche Freundlichkeit kann man nicht vergelten.

Meditiere in dieser Weise, bis die Körperhaare sich sträuben und Tränen aus den Augen treten.
Durch Taten in einen geistigen Führer Vertrauen zu setzen bedeutet, daß man ihn mit den drei Freuden erfreut. Die drei Freuden bestehen darin, daß man ihm Dinge darbringt, ihn mit Körper und Rede verehrt und daß man das von ihm Gelehrte erreicht. Von diesen dreien ist das Wichtigste, das von ihm Gelehrte zu erreichen. Denke deshalb:

Entsprechend der Belehrung meines Lehrers muß ich den Sinngehalt all der Schriften, zusammen mit ihren Kommentaren praktizieren, der in den drei Hauptaspekten des Pfades enthalten ist.

Gib in deinem Geist das Versprechen, daran festzuhalten.
Welcher Art ist der Sinngehalt der Schriften mit ihren Kommentaren, der in den drei Hauptaspekten des Pfades enthalten ist?
Der Hauptinhalt all der Schriften mit ihren Kommentaren besteht ausschließlich in Mitteln, Lernende von einer schlechten Wanderung im allgemeinen und vom Existenzkreislauf im besonderen zu befreien und sie in den Zustand der Buddhaschaft einzusetzen. Für die Erlangung von Buddhaschaft ist es notwendig, ihre beiden Ursachen – Methode und Weisheit – zu erlernen. Weiter ist die Hauptmethode das Streben nach höchster Erleuchtung zum Heile aller fühlenden Wesen, und die Hauptweisheit ist die richtige Ansicht [die besagt, daß keine Erscheinung kraft ihrer selbst existiert].
Damit du diese beiden Pfade in deinem Geist-Kontinuum erzeugen kannst, mußt du zuerst alle charakteristischen Punkte des Gedankens, daß du den Existenzkreislauf endgültig verlassen willst, erzeugen. Dieser Gedanke besteht in einem Verlangen nach Befreiung aus dem Existenzkreislauf. Wenn du nicht die Befreiung aus dem Existenzkreislauf willst, kannst du auch nicht das Streben nach Erleuchtung, Liebe und Mitleid erzeugen, die das Verlangen sind, andere fühlende Wesen aus dem Existenzkreislauf zu befreien.
Das Hauptmittel, um den Formkörper eines Buddha zu erlangen, ist die Ansammlung von Verdienst. Das Herz, die Wurzel und das vor allem Wesentliche bei allen Ansammlungen von Verdienst ist ebendas Streben nach höchster Erleuchtung.
Die Hauptursache für das Erlangen des Weisheitskörpers eines Buddha, des Geistes des Siegers, ist die Ansammlung von Weisheit. Das Herz, die Wurzel und das vor allem Wesentliche bei allen Ansammlungen von Weisheit ist ebendie richtige Ansicht [die besagt, daß keine Erscheinung kraft ihrer selbst existiert]. Deshalb sind alle wesent-

lichen Punkte des Pfades eingeschlossen in den folgenden drei: Der Gedanke, den Existenzkreislauf endgültig zu verlassen; das selbstlose Streben nach höchster Erleuchtung und die richtige Ansicht. Diese drei zu praktizieren, ist der vortreffliche Kern der wesentlichen Unterweisungen. So hat der Beschützer Mañjuśrī es auch Tsong-ka-pa, dem König der Lehre, mit Nachdruck nahegelegt.

Die Wurzel aller Anhäufungen von Tugend entstammt also zuallererst dem Vertrauen in einen geistigen Führer. Deshalb ist es am Anfang notwendig, die praktische Erfahrung des Vertrauens in einen geistigen Führer zu machen.

Im Grundtext, Tsong-ka-pas *Drei Hauptaspekte des Pfades zur höchsten Erleuchtung*, heißt es:

Ich verbeuge mich vor den heiligen Lamas.

[Ohne sie ausdrücklich zu erwähnen] spricht Tsong-ka-pa damit die ganzen anderen, umgebenden Vorbereitungsübungen an, die gerade erklärt wurden.

Wenn man anfängt, den Pfad zu kultivieren, muß man eine ungefähre Vorstellung vom Pfad im Ganzen haben. Fasse in deinen Gedanken den Entschluß: »Ich muß diese Anzahl und Folge von Pfaden kultivieren!« Es ist nötig, das feste Versprechen zu geben, an einer bestimmten Meditation festzuhalten und nicht von ihr zu anderen zu wechseln. Tsong-ka-pas Grundtext sagt:

Der Sinngehalt der Essenz sämtlicher Schriften des Siegers,
den Pfad, der vom hervorragenden Sieger und seinen Söhnen gepriesen wird,
und die Pforte für die Glücklichen, die Befreiung suchen,
will ich erläutern, so gut ich kann.
Die an den Freuden weltlicher Existenz nicht haften,
die sich bemühen, Muße und Reichtum einen Sinn zu geben,
die an den Pfad glauben, der den Sieger Buddha erfreut,
diese Glücklichen sollen zuhören, ohne ihren Geist zu zerstreuen.

Tsong Ka pa

III. DIE EIGENTLICHE MEDITATION

1. WIE MAN DEN GEDANKEN ENTWICKELT, DEN EXISTENZKREISLAUF ZU VERLASSEN

Tsong-ka-pas *»Drei Hauptaspekte des Pfades«* sagt:
Ohne den vollendeten Gedanken, den Existenzkreislauf endgültig zu verlassen, gibt es keine Möglichkeit aufzuhören,
nach angenehmen Ergebnissen im Ozean der Existenz zu suchen.
Auch bindet das Sehnen nach dem Existenzkreislauf vollständig die Verkörperten; man sollte sich deshalb zuerst um den Gedanken bemühen, den Existenzkreislauf zu verlassen.

Dieser Abschnitt zerfällt in zwei Teile: Wie man über die Mittel meditiert, mit deren Hilfe man aufhört, Erwartungen in die Erscheinungen dieses Lebens zu setzen; und wie man über die Mittel meditiert, mit deren Hilfe man keine Erwartungen mehr in die Erscheinungen zukünftiger Leben setzt.

DIE MITTEL, KEINE ERWARTUNGEN MEHR IN DIE ERSCHEINUNGEN DIESES LEBENS ZU SETZEN

Tsong-ka-pas *»Drei Hauptaspekte des Pfades«* sagt:
Muße und Reichtum sind schwer zu finden
und das Leben hat keine Dauer.
Ist man damit vertraut, kehrt man sich ab davon,
auf die Erscheinungen dieses Lebens Gewicht zu legen.

Dieser Abschnitt zerfällt in zwei Teile: Das Erwägen der Bedeutsamkeit von Muße und Reichtum und das Erwägen der Schwierigkeit, Muße und Reichtum zu finden.

Die Bedeutsamkeit von Muße und Reichtum

Meditiere ohne Unterbrechung über die Lamas und Götter vor dir und denke:

Muße bedeutet, die Zeit zu haben, Buddhas vortreffliche Lehre zu vollenden. Reichtum bedeutet, alle inneren und äußeren Bedingungen zu haben, die zur Verwirklichung der Lehre führen. Deshalb ist dies Leben der vollkommenen Muße und des Reichtums, das wir erlangt haben, so äußerst lohnend. Wenn wir ein solches Leben benutzen, können wir Geben, Ethik, Geduld, Anstrengung und so fort vervollkommnen, die die Ursache sind für den wunderbaren Körper und Hilfsquellen für den Hohen Stand. Insbesondere können wir in einem Leben der Muße und des Reichtums die drei Gelübde erzeugen und mit Leichtigkeit während eines kurzen Lebens in diesem Zeitalter des Niedergangs, den Stand vollkommener Buddhaschaft erreichen. Dieses Leben der lohnenden Muße und des Reichtums ist schwer zu finden, und wenn es gefunden ist, sollte man benutzen, was es wesentlich macht, und es nicht ziellos verschwenden. Ich bete darum, daß die Lamas und Götter mich befähigen, dies zu tun.

Die Schwierigkeit, Muße und Reichtum zu finden

Visualisiere vor dir deutlich die Versammlung der Lamas und Götter und denke:

Dieses Leben der vollkommenen Muße und des Reichtums ist nicht nur bedeutungsvoll, sondern es ist auch äußerst schwer zu finden. Die meisten Wesen – auch die menschlichen – sind zum größten Teil mit den zehn nicht tugendhaften Tätigkeiten beschäftigt, welche Hindernisse für das Erlangen von Muße und Reichtum sind. Damit man alle Aspekte der Stütze »Leben« erlangt, welche vollkommene Muße und Reichtum bringt, braucht man insbesondere die [vollkommene Tätigkeit der] Ethik als Basis [welche die Hauptwirkungsfähigkeit im Geiste schafft, die, wenn sie wirksam wird, ein Leben als Mensch mit sich bringt]. Man braucht helfende Ursachen – Geben und so fort – [die die

Wirkungsfähigkeiten schaffen, welche die Hauptwirkungsfähigkeit ergänzen]. Ebenso braucht man die Verknüpfung von einem Leben mit dem anderen durch ein fleckenloses Gelübde [zum Heil der anderen Erleuchtung zu erlangen]. Es gibt äußerst wenige, die Ursachen dieser Art aufzuweisen haben. Für alljene, die sich auf schlechter Wanderung befinden – als Tiere, Hungrige Geister und Höllenwesen – scheint es keine Hoffnung zu geben, auch nur eine glückliche Wanderung zu erlangen. Auch ist der Erwerb einer Stütze »Leben«, die Muße und Reichtum mit sich bringt, in einer glücklichen Wanderung [als Mensch oder Gott im Bereich der Begierde] so selten wie ein Stern am Mittag. Deshalb muß das, was an diesem Leben der vollkommenen Muße und des Reichtums wesentlich, schwer zu finden und – wenn gefunden – bedeutungsvoll ist, benutzt und nicht ziellos verschwendet werden.

Folgendermaßen wird das, was an diesem Leben der Muße und des Reichtums wesentlich ist, benutzt:

Ich werde dauernd auf den Lama vertrauen, der untrennbar vom Buddha ist, und ich werde die wesentlichen Dinge der Mahāyānavorschriften, die von ihm gelehrt wurden, praktizieren. Dadurch werde ich, in nur einem Leben, vollendete Buddhaschaft erreichen. Ich bete darum, daß die Lamas und Götter mich befähigen, dies zu tun.

DIE MITTEL, KEINE ERWARTUNGEN MEHR IN DIE ERSCHEINUNGEN ZUKÜNFTIGER LEBEN ZU SETZEN

Tsong-ka-pas *»Drei Hauptaspekte des Pfades«* sagt:
Wenn du wieder und wieder nachdenkst
über die Taten und ihre unvermeidbaren Wirkungen
und über die Leiden des Existenzkreislaufs,
wirst du dich abkehren davon, auf die Erscheinungen zukünftiger Leben Gewicht zu legen.

Dieser Abschnitt hat zwei Teile: Der Gedanke an die Taten und ihre unvermeidbaren Wirkungen und der Gedanke an die Leiden des Existenzkreislaufs.

Taten und ihre Wirkungen

Visualisiere vor dir deutlich die Ansammlung der Lamas und Götter und denke:

In den Schriften des Siegers Buddha wird gesagt: »Aus tugendhaften Taten als Ursache entsteht als Wirkung nur Glück, Leiden entsteht nicht. Aus nicht-tugendhaften Taten als Ursache entsteht als Wirkung nur Leid, Glück entsteht nicht. Selbst wenn man nur winzige Ursachen schafft – Tugenden oder Sünden –, entstehen doch äußerst große Wirkungen in Form von Glück und Leiden. Wenn man keine tugend- oder sündhaften Dinge tut, erfährt man auch kein Glück oder Leiden als Wirkung. Wenn die begangenen Taten nicht auf den Widerstand bereits geschaffener tugendhafter oder sündhafter Taten stoßen, werden sie nicht ohne Ergebnis bleiben; mit Sicherheit werden – in Form von Glück oder Leiden – Wirkungen entstehen.«
Ich werde einen festen Glauben entwickeln, der auf das vertraut, was über die größere Kraft gesagt wurde, die Taten, je nach ihrem Tätigkeitsfeld, Gedanken, Objekt und Handelnden*, besitzen. Dann werde ich lernen, wie man in der richtigen Weise Tugenden annimmt und Nicht-Tugenden fallenläßt. So viele wie möglich und auch die winzigsten der zehn Tugenden will ich erreichen und von den zehn Nicht-Tugenden soll auch nicht die geringste mir die drei Tore – Körper, Rede und Geist – beschmutzen. Ich bete darum, daß die Lamas und Götter mich hierzu befähigen.

Die Leiden des Existenzkreislaufs

Dieser Abschnitt zerfällt in zwei Teile: erstens der Gedanke an die Leiden des Existenzkreislaufs im allgemeinen und zweitens der Gedanke an die Leiden der individuellen Existenz im Existenzkreislauf.

* Wenn man zum Beispiel Geben übt, hat die Tat eine mehr oder weniger große Wirkung je nachdem wem man gibt (Tätigkeitsfeld), was man gibt (Objekt), mit welcher Motivation man gibt (Gedanke) und wer gibt (Handelnder). Besonders groß ist die Wirkung zum Beispiel, wenn das Tätigkeitsfeld ein Bodhisattva ist oder ein besonders stark leidendes Wesen, das im hohen Maße der Hilfe bedarf; wenn das Objekt etwas für den Empfänger besonders notwendiges ist oder für den Gebenden einen besonders großen Wert darstellt; wenn man durch selbstlose Gedanken geleitet ist und wenn der Geist des Handelnden klar ist, das heißt er sich bewußt zum Geben entschließt. (Anm. d. Übers.)

Die Leiden des Existenzkreislaufs im allgemeinen

Visualisiere vor dir deutlich die Versammlungen der Lamas und Götter und denke:

Wenn man einmal, aufgrund von [früheren unreinen Taten] und wegen der Plagen [Begierde, Haß und Unwissenheit] im Existenzkreislauf seine Geburt genommen hat, kommt man über Leidhaftes nicht hinaus. Weil Feinde Freunde werden und Freunde Feinde, gibt es keine Sicherheit, ob jemand einem hilft oder Schaden zufügt. Auch wenn ich noch so sehr das Glück des Existenzkreislaufs genieße, gibt es doch in ihm nicht nur keine endgültige Befriedigung, es nimmt auch das Anhaften zu und zieht unerträgliches Leiden an. Auch wenn der Körper, den man bekommt, noch so gut ist, muß er doch immer wieder aufgegeben werden. Es gibt keine Sicherheit, daß man eine bestimmte Art von Körper bekommt. Weil die Lücke zwischen den Leben seit anfangloser Zeit immer wieder geschlossen wird, sind keine Grenzen der Geburten zu sehen. Egal, welchen Wohlstand man im Existenzkreislauf erlangt, weil er schließlich für immer aufgegeben werden muß, gibt es keine Sicherheit, was das Erlangen von Wohlstand angeht. Weil man alleine zum nächsten Leben gehen muß, gibt es keine Sicherheit, was Freunde angeht. So will ich dieses Mal, wo ich ein Leben der vollkommenen Muße und des Reichtums erlangt habe, das schwer zu finden und, wenn gefunden, äußerst lohnend ist, alles tun, was ich kann, um den Zustand eines Lama und Buddha zu erlangen, der alle Leiden des Existenzkreislaufs aufgegeben hat. Ich bete darum, daß die Lamas und Götter mich befähigen, dies zu tun.

Die Leiden der individuellen Existenz im Kreislauf

Visualisiere vor dir deutlich die Versammlungen der Lamas und Götter und denke:

Ist man einmal im Besitz der verunreinigten Anhäufungen von Körper und Geist*, geht man über Leidhaftes nicht hinaus. Welchen Sinn hat es also, darüber Betrachtungen anzustellen, ob die drei schlechten Wanderungen [als Tier, Hungriger Geist oder

* *(Nye bar len pa'i phung po)* Das sind die geistigen und physischen Anhäufungen *(phung po)*, die man sich durch Unwissenheit und schlechte Taten *(karma)* »angeeignet« *(nye bar len pa)* hat, und durch die man sich im Existenzkreislauf verkörpert. (Anm. d. Übers.)

Höllenwesen] Leiden mit sich bringen! Mit den verunreinigten Anhäufungen eines Menschen als Grundlage erfährt man Hunger, Durst, Hitze, Kälte und so fort. Man erfährt Trennung von anziehenden Freunden, Zusammentreffen mit wenig anziehenden Feinden, Suche nach Begehrtem, ohne es zu finden, Unerwünschtes, das einen befällt, Geburt, Altern, Krankheit, Tod und so weiter. Mit den verunreinigten Anhäufungen von Halbgöttern als Grundlage erfährt man geistiges Leiden durch eine unerträgliche Eifersucht auf das strahlende Geschick der Götter, und [durch dauerndes Kriegführen] erfährt man physisches Leiden. Mit den verunreinigten Anhäufungen von Begierde-Göttern (Göttern, die im Bereich der Begierde leben) als Grundlage erfährt man im Kampf mit den Halbgöttern das Abgeschlagenwerden von Gliedern, den Verlust des Körpers, Mord und so fort. Ebenso erfahren sie, indem ihnen Todeszeichen erscheinen, das nicht wünschenswerte Vorwissen, daß man sich vom strahlenden Geschick eines Gottes trennen und das schreckliche Leiden einer schlechten Wanderung erfahren muß. Mit den verunreinigten Anhäufungen der formhaften und der formlosen Bereiche als Grundlage erfährt man das unermeßliche Leiden des Falls in eine schlechte Wanderung, nachdem der Antrieb der vorherigen guten Tätigkeiten [die die Geburt in den höheren Bereichen verursacht hatten] aufgebraucht ist. Die Freiheit, in diesen Bereichen zu verbleiben, hat man nämlich nicht erlangt. Kurz, sobald es diese verunreinigten Anhäufungen gibt, wirken sie als Grundlage von Geburt, Altern, Krankheit, Tod und so fort in diesem Leben. Das Leiden, das im Schmerz besteht, und das Leiden, das im Wechsel besteht, wird sowohl von diesem, als auch vom künftigen Leben angezogen. Kurz, das bloße Vorhandensein von verunreinigten Anhäufungen bedeutet, daß es sich bei ihnen um Dinge handelt, die mittels einer von ihnen verschiedenen Kraft gebildet sind – nämlich durch die früheren [unreinen] Tätigkeiten und Plagen. Deshalb werde ich alles was mir möglich ist tun, um den Zustand eines Lama und Buddha zu erlangen, der mich aus dem Leiden des Existenzkreislaufs befreit, welcher das Wesen von verunreinigten Anhäufungen hat. Ich bete darum, daß die Lamas und Götter mich befähigen, dies zu tun.

Verweile bei dem Gedanken über den Existenzkreislauf im Allgemeinen und die speziellen Existenzen im Kreislauf ohne an den spezifischen Vorteilen irgendeiner Art von Wohlstand im Existenzkreislauf begierig zu haften – wie ein Gefangener, der sich vor seinem Gefängnis ekelt. Tag und Nacht wird die starke Absicht entstehen, Befreiung zu suchen. Wenn das geschieht, nimmt man es als Zeichen, daß der Gedanke, den Existenzkreislauf endgültig verlassen zu wollen, erzeugt wurde.

Tsong ka pas *»Drei Hauptaspekte des Pfades«* sagt:
Wenn du, nachdem du so meditiert hast,
nicht einen Augenblick Bewunderung erzeugst
für den Wohlstand im Existenzkreislauf, und wenn
(bei dir) Tag und Nacht
eine Haltung entsteht,
die nach Befreiung sucht,
dann hast du den Gedanken entwickelt,
den Existenzkreislauf endgültig zu verlassen.
Wenn dieser Gedanke,
den Existenzkreislauf endgültig zu verlassen,
nicht auch mit der Erzeugung eines vollkommenen Strebens nach höchster Erleuchtung verbunden wird,
wird er nicht zur Ursache der wunderbaren
Glückseligkeit der unübertroffenen Erleuchtung.
Deshalb sollten diejenigen, die Verstand haben,
das höchste, selbstlose Streben nach Erleuchtung erzeugen.

IV. DIE EIGENTLICHE MEDITATION

2. WIE MAN DAS SELBSTLOSE STREBEN NACH HÖCHSTER ERLEUCHTUNG KULTIVIERT

Nachdem man zuerst Gleichmut gegenüber allen Wesen erreicht hat, beginnt man, das Streben nach höchster Erleuchtung zu kultivieren, indem man alle fühlenden Wesen als Mütter erkennt.

WIE MAN GLEICHMUT ERREICHT

Stelle dir zuerst deutlich ein neutrales fühlendes Wesen vor, also eines das dir weder geholfen noch geschadet hat. Dann denke:

Alle wollen Glück und kein Leiden; deshalb darf ich nicht einigen helfen, weil ich sie für vertraut halte, und anderen, weil ich sie für fremd halte, Schaden zufügen. Ich muß allen fühlenden Wesen gegenüber einen Gleichmut schaffen, der frei ist von Begierde und Haß, Vertrautheit und Fremdheit. Ich bete darum, daß die Lamas und Götter mich dazu befähigen, dies zu tun.

Wenn du einem neutralen Wesen gegenüber gleichmütig bist, stelle dir deutlich ein fühlendes Wesen vor, das deinem Geist ausgesprochen angenehm ist. Kultiviere dann einen Gleichmut, [der frei ist von Begierde und Haß]. Wenn jetzt der Geist nicht gleichmütig wird, ist das zurückzuführen auf die Kraft der Begierde. Denke, daß du dadurch, daß du in der Vergangenheit das Angenehme begehrt hast, in den anfanglosen Existenzkreislauf geboren wurdest; mache so dem Anhaften ein Ende und meditiere. Wenn du einem angenehmen Wesen gegenüber gleichmütig wirst, stelle dir ein fühlendes Wesen vor, das du kennst und das dir ausgesprochen unangenehm ist. Kultiviere dann einen Gleichmut [der frei ist von Begierde und Haß].

Wenn du nicht gleichmütig wirst, ist das zurückzuführen auf den Zorn, den du erzeugst, indem du diese Person von ganzem Herzen für unangenehm hältst. Wenn du ihr gegenüber nicht gleichmütig wirst, denke, daß das keine gute Voraussetzung ist, ein selbstloses Streben nach Erleuchtung zu erzeugen; mache so dem Zorn ein Ende und meditiere. Wenn du einem wenig angenehmen Wesen gegenüber gleichmütig wirst, stelle dir deutlich sowohl ein Wesen vor, das dir sehr angenehm ist – wie deine Mutter –, als auch ein Wesen, das dir sehr unangenehm ist – wie etwa einen Feind. Dann denke:

Darin, daß sie von sich aus Glück wollen und kein Leiden, sind diese beiden gleich. Von mir aus gesehen, war dieser, den ich jetzt als einen Freund begreife, zahllose Male im anfanglosen Existenzkreislauf mein größter Feind. Dieser, den ich jetzt als einen Feind begreife, war unbegrenzt viele Male im anfanglosen Existenzkreislauf meine Mutter. Wen sollte man also begehren? Wen sollte man hassen? Ich werde einen Gleichmut schaffen, der frei ist von Begierde und Haß, Vertrautheit und Fremdheit. Ich bete darum, daß die Lamas und Götter mich dazu befähigen, dies zu tun.

Wenn du einem anziehenden Wesen zusammen mit einem wenig anziehenden gegenüber gleichmütig wirst, kultiviere einen Gleichmut, der sich auf alle Wesen erstreckt. Tue das, indem du denkst:

Darin, daß sie von sich aus Glück wollen und kein Leiden, sind alle fühlenden Wesen Freunde. Deshalb werde ich in mir ihnen allen gegenüber einen Gleichmut schaffen, der frei ist von Begierde und Haß, Vertrautheit und Fremdheit. Ich will nicht einigen helfen, weil ich sie für vertraut halte, und anderen, weil ich sie für fremd halte, Schaden zufügen. Ich bete darum, daß die Lamas und Götter mich dazu befähigen, dies zu tun.

WIE MAN DIE ERKENNTNIS KULTIVIERT, DASS ALLE WESEN MÜTTER SIND

Danach kommt die Meditation, die beginnt mit der Erkenntnis aller fühlenden Wesen als Mütter und durchgeht bis zum selbstlosen Streben nach höchster Erleuchtung. Meditiere ohne Unterbrechung über die Lamas und Götter vor dir und denke:

Warum sind alle fühlenden Wesen meine Freunde? Der Existenzkreislauf ist ohne Anfang, deshalb haben auch meine Geburten keinen Anfang. In der ununterbrochenen Folge von einer Geburt zur nächsten gibt es nicht ein Land oder einen Ort, an dem ich nicht geboren wurde. Meine Geburten sind nicht zu zählen. Es gibt auch nicht ein fühlendes Wesen, das nicht meine Mutter war. Die Male, die jedes meine Mutter war, sind nicht zu zählen, und jedes wird in Zukunft meine Mutter sein. Sie sind deshalb natürlich meine Mütter, die mich voll Freundlichkeit beschützt haben.

WIE MAN DEN GEDANKEN AN DIE FREUNDLICHKEIT DER MÜTTER KULTIVIERT

Wenn du die Erkenntnis aller fühlenden Wesen als Mütter erfährst, dann denke an ihre Freundlichkeit. Meditiere ohne Unterbrechung über die Lamas und Götter vor dir und stelle dir deutlich die Erscheinungsform deiner eigenen Mutter in diesem Leben vor – nicht in ihrer Jugend sondern im Alter. Dann denke:

Diese meine Mutter war nicht nur in diesem Leben meine Mutter, sondern sie war es auch immer wieder, unzählige Male in der anfanglosen ununterbrochenen Folge von Leben. Insbesondere beschützte sie mich in diesem Leben liebevoll in ihrem Mutterschoß. Als ich dann geboren wurde, legte sie mich auf ein weiches Kissen, sie wiegte mich auf ihren Fingerspitzen hin und her. Sie hielt mich in der Wärme ihres Fleisches, sie erfreute mich mit ihrem liebenden Lächeln, sie sah mich an mit glücklichen Augen. Mit ihrem Mund reinigte sie den Schleim in meiner Nase und mit der Hand wischte sie meinen Kot weg. Wenn ich ein wenig krank war, litt meine Mutter mehr als sie etwa gelitten hätte, wenn sie selbst gestorben wäre. Liebevoll gab sie mir Nahrung und Reichtümer, die sie durch Anstrengung ihrer Muskeln erwarb, ohne auf ihr eigenes Leben achtzugeben und ohne sich um Sünden, Leiden und das ganze schlechte Gerede anderer zu kümmern, dem sie sich aussetzte. Sie gab mir unermeßliche Hilfe und Glück – entsprechend dem, was ihr möglich war. Sie schützte mich vor unermeßlichem Schaden und Leiden; deshalb ist ihre Freundlichkeit äußerst groß.

Wenn du so die Freundlichkeit der Mutter erfährst, meditiere ebenfalls über die Freundlichkeit anderer Verwandten und Freunde, wie etwa deines Vaters. Stelle dir deutlich deinen Vater und so weiter vor und denke:

In der anfanglosen, ununterbrochenen Folge von Leben war er unzählige Male meine Mutter. Als er meine Mutter war, beschützte er mich, wie mich in diesem Leben meine Mutter voll Freundlichkeit beschützte. Deshalb ist seine Freundlichkeit äußerst groß.

Wenn du die Freundlichkeit aller Verwandten erfährst, meditiere über alle neutralen fühlenden Wesen. Stelle sie dir deutlich vor; denke:

Tatsächlich scheint es so, als ob diese keine Verbindung zu mir hätten, aber sie sind unzählige Male meine Mütter gewesen in der anfanglosen ununterbrochenen Folge von Leben. Als sie meine Mütter waren, beschützten sie mich voll Freundlichkeit, so wie mich in diesem Leben meine Mutter beschützte. Ihre Freundlichkeit ist also äußerst groß.

Wenn du die Freundlichkeit von allen neutralen Wesen erfährst, meditiere über Wesen, die Feinde oder diesen ähnlich sind. Stelle dir deutlich die Erscheinungsform der Feinde vor und denke:

Was ist daran vollkommen, diese hier für Feinde zu halten? Sie sind zahllose Male in der anfanglosen, ununterbrochenen Folge von Leben meine Mütter gewesen. Als sie meine Mütter waren, gaben sie mir unermeßliche Hilfe und Glück. Sie beschützten mich vor unermeßlichem Schaden und Leiden. Insbesondere hätte ich nicht einmal eine kurze Zeit ohne sie leben wollen [weil ich sie so sehr liebte]. Auch sie hätten nicht einmal eine kurze Zeit ohne mich leben können [weil sie mich so liebten]. Unzählige Male hegten sie eine solche Empfindung der Vertrautheit für mich. Daß sie bei der gegenwärtigen Gelegenheit meine Feinde geworden sind, ist auf schlechte Taten zurückzuführen. Im übrigen sind sie nur meine Mütter, die mich voll Freundlichkeit beschützten.

Wenn bei dir eine Erfahrung entsteht von der Freundlichkeit der Feinde, stelle über die Freundlichkeit aller fühlenden Wesen Betrachtungen an.

WIE MAN ÜBER EIN VERGELTEN IHRER FREUNDLICHKEIT MEDITIERT

Nachdem du, wie vorher beschrieben, über ihre Freundlichkeit nachgedacht hast, meditiere darüber, ihre Freundlichkeit zu vergelten. Meditiere ohne Unterbrechung über die Lamas und Götter vor dir und denke:

Die Mütter, die mich seit anfanglosen Zeiten freundlich beschützt haben, sind in ihrem Geist aufgewühlt, weil sie besessen sind von den Plagen der Begierde, des Hasses und der Unwissenheit. Da ihr Geist keine Unabhängigkeit erlangt hat, ist er gestört. Ihnen fehlt das Auge, das die Pfade des Hohen Standes und wirklicher Tugend sieht.. Sie haben keinen tugendhaften Führer, einen, der die Blinden führt. Sie bewegen sich am Rande des Abgrundes des schrecklichen Existenzkreislaufs im allgemeinen und der schlechten Wanderungen im besonderen, und die Strafe für schlechte Taten läßt sie jeden Augenblick stolpern. Würde ich sie aufgeben, wäre das äußerst schamlos. Ich will sie deshalb, um ihre Freundlichkeit zu vergelten, aus den Leiden des Existenzkreislaufs befreien und ihnen zu der Glückseligkeit der Befreiung verhelfen. Ich bitte darum, daß die Lamas und Götter mich dazu befähigen, dies zu tun.

WIE MAN LIEBE KULTIVIERT

Stelle dir jemanden vor, der dir nahesteht, etwa deine Mutter, und denke:

Wie könnte sie Glückseligkeit besitzen, die nicht verunreinigt ist [von dem Gedanken an ein inhärent existierendes Selbst]? Sie besitzt nicht einmal das von diesem Gedanken verunreinigte Glück.

Sie hält sich weiter an dem fest, was sie jetzt für Glück hält und was zu Leiden wird. Weil sie Verlangen hat nach Glück, müht und müht sie sich, sehnt sie und sehnt sie, schafft aber nur die Ursachen für schlechte Wanderungen und zukünftige Leiden. Sie erschafft nur Leiden in diesem Leben, ist erschöpft und müde und erlebt nicht im mindesten wirkliche Glückseligkeit. Wie schön wäre es deshalb, wenn sie im Besitz von Glück und allen Ursachen des Glücks wäre. Möge es dazu kommen, daß sie es erhält. Ich will dafür sorgen, daß sie es erhält. Ich bete darum, daß die Lamas und Götter mich dazu befähigen, dies zu tun.

Wenn du die Erfahrung dieses Liebesgedankens machst, dann stelle dir andere Verwandte und Freunde, zum Beispiel deinen Vater vor; danach stelle dir neutrale fühlende Wesen vor, dann Feinde und schließlich alle fühlenden Wesen und meditiere wie zuvor.

WIE MAN GROSSES MITLEID UND DIE UNGEWÖHNLICHE HALTUNG KULTIVIERT

Denke:

Die freundlichen Väter und Mütter im ganzen Raum sind, ohne Unabhängigkeit zu haben, durch ihre unreinen Tätigkeiten und Plagen gebunden. Ohne über sich Macht zu haben, werden sie im Fluß des ununterbrochenen Existenzkreislaufs mitgerissen von den Strömungen der Begierde, der Existenz [der Begierde in den formhaften und den formlosen Bereichen], Unwissenheit und falschen Ansichten. Sie werden arg mitgenommen von den stürmischen Wogen von Geburt, Krankheit und Tod. Wie sie durch Körper, Rede und Geist handeln, wird vollkommen bestimmt durch die starken Fesseln verschiedener Tätigkeiten, denen Widerstand zu leisten schwer ist. Seit anfangloser Zeit begeben sie sich in den Käfig der Auffassung von einem inhärent existierenden Selbst und dessen Habe, dieser Käfig befindet sich in der Mitte des Herzens und er kann schwer von jemandem geöffnet werden. Was soll man also darüber sagen, ob sie sich auf dem Pfad befinden, der zur Befreiung und Allwissenheit führt? Noch nicht einmal den Pfad, der zeitweise zu glücklichen Wanderungen führt, suchen sie, und die große, dicke, schwarze

Wolke der Unwissenheit, die das Aneignen des Guten und das Fallenlassen des Bösen verdunkelt, hat sie eingehüllt. Wenn ich diese heimgesuchten Wesen nicht befreie, die unaufhörlich gequält werden von den drei Leiden – dem Leiden des Schmerzes, dem Leiden des Wechsels und dem alles durchdringenden Leiden, so bedingt zu sein, daß man immer Schmerz erleben wird – wer wird sie dann befreien? Wenn ich die so heimgesuchten Wesen, die freundlichen Mütter, aufgeben würde und zusehen würde, wie sie im Ozean des Existenzkreislaufs ertrinken, wäre ich schamlos und gemein. Ich würde mich unter den Augen der Buddhas und Bodhisattvas schämen, und auch mein Wunsch, das Mahāyāna zu erlernen, würde sich in Worten erschöpfen. Deshalb will ich nun alles tun, was ich kann, um die Fähigkeit zu erzeugen, diese heimgesuchten Wesen, die freundlichen Mütter, aus dem Existenzkreislauf zu befreien und in den Zustand der Buddhaschaft einzusetzen.

In dieser Weise sollte man mit äußerster Kraft und in Vollständigkeit die mitleidvolle Haltung erzeugen, die ungewöhnlich ist [dadurch, daß man die Last auf sich nimmt, alle Wesen zu befreien].

WIE MAN DAS SELBSTLOSE STREBEN NACH HÖCHSTER ERLEUCHTUNG KULTIVIERT

Denke:

Habe ich die Fähigkeit, alle fühlenden Wesen in den Zustand der Buddhaschaft einzusetzen? Wo ich mir jetzt nicht sicher bin, wohin ich selbst gehe, habe ich auch nicht die Fähigkeit, auch nur ein fühlendes Wesen in den Zustand vollendeter Buddhaschaft einzusetzen. Auch wenn ich den Zustand eines [Hörer- oder Verwirklicher-]Feindzerstörers erlange, werde ich – davon abgesehen, daß ich die Ziele der fühlenden Wesen ein klein wenig fördere – nicht die Fähigkeit haben, alle Wesen in den Stand der Buddhaschaft einzusetzen. Wer hat die Macht dazu? Ein vollkommen vollendeter Buddha hat sie. Deshalb will ich alles tun, was ich kann, um zum Heil aller fühlenden Wesen, der Mütter, den Zustand eines vollkommen vollendeten, unübertroffenen Buddha zu erlangen. Ich bete darum, daß die Lamas und Götter mich befähigen, dies zu tun.

Nachdem du das Streben nach höchster Erleuchtung erzeugt hast, solltest du die Tätigkeiten eines Bodhisattva erlernen. Wenn die Bodhisattvatätigkeiten auch unbegrenzt viele Formen von Praxis beinhalten, liegt ihre Bedeutung jedoch, kurz gesagt, darin, daß man im Rahmen der Motivation durch das kostbare Streben nach Erleuchtung zum Heile aller fühlenden Wesen und indem man auf richtige Beweisführung zurückgreift, eine tiefe, durchdringende Sicherheit erzeugt, was das Wesen der beiden Wahrheiten angeht. Wenn bei dir eine Erfahrung entsteht dadurch, daß du die Aufmerksamkeit deines Geistes einer jeden der sechs Vollkommenheiten zuwendest, und wenn die Kraft deines Verstandes fortwährend zunimmt, dann vollziehe alle sechs Vollkommenheiten – Geben, Ethik, Geduld, Anstrengung, Konzentration und Weisheit – innerhalb jeder einzelnen Vollkommenheit. Der ganze Sinngehalt der Mahāyānaschriften und ihrer Kommentare ist in den sechs Vollkommenheiten enthalten. Wisse, daß keine der Tätigkeiten eines Bodhisattva über die sechs Vollkommenheiten hinausgeht. Die sechs Vollkommenheiten enthalten auch die vier Weisen, Schüler um sich zu sammeln. »Schüler sammeln, indem man Geschenke gibt« ist leicht zu verstehen [es ist in der Vollkommenheit des Gebens enthalten]. »Angenehmes Sprechen« ist enthalten im Geben der Lehre, das ein Teil des Gebens ist. Von den drei Arten der Ethik – Ethik in den Gelübden; Ethik, die sich aus tugendhaften Praktiken zusammensetzt, und Ethik, welche die Ziele der fühlenden Wesen unterstützt – ist ›andere belehren, wie sie ihre Ziele erreichen‹ und ›selber entsprechend dieser Belehrung handeln‹ in der Ethik des Unterstützens der Ziele der fühlenden Wesen enthalten. [Die Hauptziele der fühlenden Wesen sind die Erlangung des Hohen Standes – als Menschen oder Götter –, Befreiung aus der Kreislaufexistenz und Buddhaschaft]. Man kann andererseits die vier Weisen, Schüler um sich zu sammeln, auch getrennt von den Vollkommenheiten darstellen, weil Bodhisattvas zuerst ihr eigenes Geist-Kontinuum zu kon-

trollieren lernen, und erst nachdem sie dieses Geist-Kontinuum einmal zur Reife gebracht haben, für die Ziele anderer arbeiten. Deshalb werden die vier Weisen, wie man Schüler um sich sammelt, oft getrennt von den sechs Vollkommenheiten gelehrt, weil man lehren will, daß es notwendig ist [zuerst die Vollkommenheiten zu verwirklichen und später Schüler um sich zu sammeln].
Sprich mit äußerster Kraft folgende kurze Bitte:

Ich will alles tun, was ich kann, um schnell, schnell zum Heile aller fühlenden Wesen den kostbaren Zustand eines vollkommen vollendeten Buddha zu erlangen. Ich werde das Streben nach höchster Erleuchtung erzeugen und, entsprechend dem Weg des Buddha, die Ermahnungen [über das selbstlose Streben nach höchster Erleuchtung] lernen. Dann werde ich das Streben nach höchster Erleuchtung in Verbindung mit den Bodhisattvataten erlernen, und ich werde, dem Weg entsprechend, alle Bodhisattvataten erlernen, die in den sechs Vollkommenheiten und den vier Weisen, Schüler um sich zu sammeln, enthalten sind. Ich bete darum, daß die Lamas und Götter mich hierzu befähigen.

So häufig du kannst, solltest du in der eigentlichen Sitzung die Hinwendung des Geistes auf das selbstlose Streben nach höchster Erleuchtung und die entsprechenden Ermahnungen erfahren. Auch zwischen den Sitzungen solltest du lernen, alle Tätigkeiten der drei [Arten des Handelns, – des körperlichen, sprachlichen und geistigen], mit dem Streben nach höchster Erleuchtung zum Heile aller Wesen zu verbinden. Wieder und wieder solltest du Liebe, Mitleid und das Streben nach höchster Erleuchtung für alle Verhaltensweisen als Grundlage nehmen. Wenn man so auch bloß ein bemühtes Streben nach Erleuchtung hervorbringt [und keines, das spontan und ohne Anstrengung entsteht], werden doch alle Taten, die man tut und mit diesem Streben verbindet, ein Mittel werden für die Vollendung der Ansammlung von Verdienst.
Vor Zeiten fragte einmal der König Prasenajit Buddha, den Gesegneten: »Wenn ich zu vielen Tätigkeiten nachgehe, bin ich unfähig, zielstrebig in der Übung der Tugenden zu

verbleiben. Ich möchte gerne fähig sein, das Mahāyāna zu praktizieren, ohne daß meine Tätigkeiten als König Schaden nehmen. Wie kann ich das bewerkstelligen?«
Buddha antwortete: »Könige sind nicht fähig, in Hinblick auf die Tugenden jederzeit zielstrebig zu bleiben, weil sie zu vielen Tätigkeiten nachgehen. Sie sollten dieses Streben nach Erleuchtung zum Heile aller Wesen in Verbindung mit allen Verhaltensweisen kultivieren. In allem, was sie tun, sollten sie durch dieses Streben motiviert werden. Dann wird alles, was sie tun, zu einem Mittel, Buddhaschaft zu erlangen, ohne daß ihre königlichen Pflichten vernachlässigt werden.« Weil es also so äußerst wichtig ist, daß Bodhisattvas lernen, alles, was sie tun, mit dem Streben nach Erleuchtung zu begleiten, wurde es auch in [Śāntidevas] *Kompendium der Unterweisungen (Śikṣa-samuccaya)* gelehrt, das als Quelle diese Passage aus dem *»Rat an den König Prasenajit Sūtra«* zitiert.
Darüber hinaus meditiere, wenn physischer Schmerz und geistiges Leiden entstehen, darüber, daß du anderen die Freude gibst und den Schmerz selbst auf dich nimmst. Denke:

Mögen die physischen Beschwerden und das geistige Leiden aller fühlenden Wesen im gesamten Raum sie verlassen und meinen physischen Beschwerden und geistigen Leiden hinzugefügt werden.

Wenn deinem Körper und Geist Glück und wunderbar freudvolle Umstände widerfahren, meditiere über Geben und Nehmen und denke:

Ich werde dieses Glück und die glücklichen Umstände allen fühlenden Wesen geben [und ihr Unglück und ihre Glücklosigkeit nehmen].

Wenn du Nahrung zu dir nimmst, denke:

Ich werde diese Speise zu mir nehmen, um meinen Körper zum Heile aller Wesen zu nähren. Darüber hinaus sagt man, daß es vierundachtzigtausend Bakterien in meinem Körper gibt, und wenn ich diesen Nahrung gebe, bin ich für sie jetzt durch Dinge anziehend, in Zukunft werde ich für sie anziehend sein, weil ich ihnen die Lehre gebe.

Erzeuge Gedanken dieser Art; verbinde, egal was du ißt, trinkst oder tust, mit der Erzeugung des selbstlosen Strebens nach höchster Erleuchtung und verschwende nicht stumpfsinnig deine Tätigkeiten. Selbst wenn du dich hinlegst, solltest du mit dem Streben nach Erleuchtung schlafen gehen. Denke:

Ich will, zum Heile aller fühlenden Wesen, meinen Körper mit Schlaf nähren. Ich will die verschiedenen Kreaturen in meinem Körper, der mit Schlaf versorgt wird, mit Schlaf nähren und vermehren.

Wenn du das Haus reinigst, erzeuge folgende Gedanken:

Ich will den Schmutz der Taten und Plagen aller fühlenden Wesen beseitigen.

Wenn du badest, erzeuge, während du deine Hände und so fort reinigst, den Gedanken:

Ich will die verunreinigenden Plagen in allen fühlenden Wesen fortwaschen.

Wenn du eine Tür öffnest, erzeuge folgenden Gedanken:

Ich will das Tor zur Befreiung öffnen, um alle fühlenden Wesen aus den schlechten Wanderungen und zur Stufe der Buddhaschaft zu führen.

Wenn du einem Buddhabild Lichter darbringst, erzeuge den Gedanken:

Ich will in allen fühlenden Wesen des gesamten Raumes das Dunkel der Unwissenheit beseitigen.

Lerne aus diesen Beispielen, alle Handlungen der drei Arten [körperlicher, sprachlicher und geistiger] Tätigkeit mit dem Streben nach Erleuchtung zu verbinden. Lerne vom Mund eines hervorragenden Lamas der Überlieferungskette und lies ausführlich in den Mahāyānaschriften, denn die Ermahnungen zum Streben nach Erleuchtung sind so ausgreifend und grenzenlos wie der Raum. Tsong-ka-pas *»Drei Hauptaspekte des Pfades«* sagt über die Wege, das Erzeugen eines selbstlosen Strebens nach höchster Erleuchtung zu kultivieren:

Wenn dieser Gedanke, den Existenzkreislauf
endgültig zu verlassen, nicht verbunden wird
mit der Erzeugung eines vollkommenen Strebens
nach höchster Erleuchtung,
wird er nicht zur Ursache für die wunderbare Glückseligkeit der unübertroffenen Erleuchtung.
Deshalb sollte, wer Verstand hat, das höchste,
selbstlose Streben nach Erleuchtung erzeugen.
[Alle gewöhnlichen Wesen] werden getragen
vom Fluß der vier mächtigen Strömungen,
sie sind gebunden in den starken Fesseln
der Taten, denen zu widerstehen schwer ist,
sind eingetreten in den eisernen Käfig
der Auffassung von einem [inhärent existierenden] Selbst,
sind vollständig umwölkt
vom undurchdringlichen Dunkel der Unwissenheit,
sind ohne Grenzen in den Existenzkreislauf geboren,
werden in ihren Geburten unaufhörlich
von den drei Leiden gequält.
Wenn du so denkst über die Daseinszustände der Mütter,
die in einen solchen Zustand geraten sind,
erzeuge das höchste, selbstlose Streben.

Das ist das System der Praxis, wie sie in den wesentlichen Unterweisungen der mündlichen Überlieferungskette erscheint.

V. DIE EIGENTLICHE MEDITATION

3. WIE MAN DIE RICHTIGE ANSICHT KULTIVIERT

Dieser Abschnitt hat zwei Teile: die Meditation, mit der man feststellt, daß die Person kein Selbst hat, und die Meditation, mit der man feststellt, daß andere Erscheinungen kein Selbst haben.

WIE MAN MEDITIERT, UM FESTZUSTELLEN, DASS DIE PERSON KEIN SELBST HAT

In den Schriften des Siegers Buddha wurden endlose Arten der Beweisführung zur Feststellung der Selbst-Losigkeit dargelegt. Diese wird jedoch leicht klar, wenn man sich ihrer mit Hilfe der vier, für den Anfänger wesentlichen Dinge vergewissert.

Der erste wesentliche Punkt: Feststellen, auf welche Weise das erscheint, was von der Theorie der Selbst-Losigkeit geleugnet wird.

Selbst in tiefem Schlaf halten wir in der Mitte unseres Herzens fest, ganz fest den Gedanken »Ich, Ich«. Das ist die angeborene, falsche Auffassung von einem Selbst. Klagt dich zum Beispiel ein anderer, ohne daß du etwas Schlechtes getan hast, folgendermaßen an: »Du hast die und die schlechte Tat getan!« so denkst du fest, ganz fest in deinem Herzen: »Ich, Ich« – du überlegst: »Ohne daß ich in dieser Weise schlecht gehandelt habe, klagt er mich so an.« Bei dieser Gelegenheit wird offensichtlich, auf welche Weise die angeborene falsche Auffassung eines Selbst das »Ich« begreift.

Deshalb sollte man zu dieser Zeit mit einem subtilen Teil des Geistes untersuchen, wie und als was der Geist das

Selbst auffaßt. Wenn die anschließende untersuchende Aufmerksamkeit zu stark ist, wird das zuerst kommende Bewußtsein, welches ›Ich, Ich‹ denkt, aufgegeben, und es wird überhaupt nicht erscheinen [und kann also auch nicht beobachtet werden]. Erlaube deshalb dem allgemeinen Geist, fest und ungebrochen jene Art von Bewußtsein hervorzubringen, welche »Ich« denkt, und untersuche sie mit einem anderen, subtilen Teil des Bewußtseins.

Wenn du auf diese Art untersuchst, ist der erste wesentliche Punkt, daß du verstehst, wie die angeborene falsche Auffassung von einem inhärent existierenden Selbst das »Ich« wahrnimmt:

Dieses »Ich« ist nicht etwas anderes als meine eigenen fünf Anhäufungen oder mein Körper und Geist. Das »Ich« ist nicht eine der fünf Anhäufungen allein, noch ist es entweder Körper oder Geist für sich alleine. Auch ist das »Ich« nicht einfach bloß der schillernden Ansammlung der fünf Anhäufungen begrifflich beigelegt oder der Ansammlung von Körper und Geist. Deshalb gibt es ein von Anfang an eigenständiges »Ich«.

Diese verblendete Vorstellung eines von Anfang an eigenständigen »Ich« ist die angeborene falsche Auffassung eines inhärent existierenden »Ich«. Ihr Objekt, das »Ich«, ist das, was [in der Theorie der Selbst-Losigkeit] geleugnet wird. Diese Art der Identifizierung dessen, was geleugnet wird, solltest du in deinem Geist-Kontinuum unmittelbar verwirklichen. Es sollte nicht bloß eine von anderen erklärte Idee oder ein allgemeines Bild sein, das durch Worte hervorgebracht wird. Das ist der erste wesentliche Punkt, durch den man feststellt, auf welche Weise das erscheint, was [in der Theorie der Selbst-Losigkeit] geleugnet wird [– ein eigenständiges »Ich«].

Der zweite wesentliche Punkt: Das stets vorhandene Zusammenbestehen feststellen

Da dieses »Ich«, das von einem Geist wahrgenommen wird, der im Zentrum des Herzens fest, ganz fest »Ich« denkt, in Beziehung zu den fünf Anhäufungen existiert, ist dieses »Ich« stets entweder eins mit den fünf Anhäufungen oder von ihnen verschieden. Außer diesen beiden Existenzweisen gibt es keine dritte Weise des Existierens. Alle Erscheinungen müssen stets in einer von beiden Formen existieren. Denke und komme mit dir überein, daß es für die Existenz der Erscheinungen keine dritte Kategorie außer diesen beiden Existenzweisen gibt.

Der dritte wesentliche Punkt: Das Nichtvorhandensein wahren Gleichseins feststellen.
Wenn man denkt, das »Ich« sei das gleiche wie die fünf Anhäufungen, dann würde, ebenso wie eine Person fünf Anhäufungen hat, auch das »Ich« in fünf Kontinuen bestehen. Oder andererseits müßten, so wie das »Ich« eins ist, auch die fünf Anhäufungen eine Einheit ohne Teile sein. Es gibt viele solcher Irrtümer. Denke deshalb, daß ein solches »Ich« [nämlich ein eigenständiges »Ich«] nicht das gleiche ist wie die fünf Anhäufungen.

Der vierte wesentliche Punkt: Das Nichtvorhandensein wahrer Verschiedenheit feststellen
Ein solches »Ich« ist nicht eins mit den fünf Anhäufungen, aber vielleicht könntest du denken, daß es von den fünf Anhäufungen verschieden ist.
Beseitigt man jede der Anhäufungen – Form und so fort –, so kann man die Bewußtsein-Anhäufung getrennt identifizieren: »Dies ist die Bewußtsein-Anhäufung.« Ebenso sollte man das »Ich« getrennt identifizieren können, nachdem man alle Anhäufungen hat ausscheiden lassen: »Dies ist das ›Ich‹.« Dem ist jedoch nicht so. Denke deshalb, daß ein »Ich« nicht getrennt von den fünf Anhäufungen existiert.
Verweile so bei der Untersuchung der vier wesentlichen Punkte und treffe die Entscheidung, daß das »Ich«, so wie das Gefühl eines inhärent existierenden Selbst es auffaßt, nicht existent ist. Ohne sich ablenken zu lassen, sollte man das Kontinuum dieser Überzeugung ohne Trägheit und ohne Überreizung aufrechterhalten. Anfänger sollten weiterhin, wenn die Kraft dieser Überzeugung abnimmt,

auf ihre Untersuchung der vier wesentlichen Punkte, wie sie oben aufgeführt wurden, zurückgreifen und so von neuem die Überzeugung von der Unwirklichkeit [eines »Ich«, das natürlich existiert und nicht bloß eine gedankliche Beilegung ist] erzeugen.

Diejenigen von höher entwickeltem Verstand [haben unmittelbar festgestellt, wie ein eigenständiges »Ich« tatsächlich erscheint]. Im Vertrauen darauf, daß sie untersucht haben, ob das »Ich«, so wie es von der angeborenen Auffassung eines »Ich« wahrgenommen wird, existiert oder nicht, sollten sie eine Überzeugung von der Unwirklichkeit [eines natürlich existierenden »Ich«] entwickeln – ähnlich der Untersuchung der vier wesentlichen Punkte.

Zu diesem Zeitpunkt solltest du, ohne dich ablenken zu lassen, die beiden folgenden Aspekte des Begreifens der Leerheit aufrechterhalten: Vom Standpunkt der Feststellung aus gesehen, ist durch festes, eindeutiges Wissen entschieden, daß ein »Ich« nicht inhärent existiert. Zum zweiten gibt es, vom Standpunkt der Erscheinung aus gesehen, eine völlige, klare Leere, die allein im Nichtvorhandensein dessen besteht, was geleugnet wird, nämlich der wahren Existenz eines »Ich«. Indem man, ohne sich ablenken zu lassen, diese beiden Aspekte aufrechterhält, erhält man das raumgleiche meditative Gleichgewicht aufrecht.

Hat man das meditative Gleichgewicht erlangt, so sollte man, vom »Ich« angefangen, über alle Erscheinungen als ein Spiel [der Leere] meditieren, das der Illusion eines Zauberers gleicht. Mit anderen Worten, stütze dich darauf, während des meditativen Gleichgewichts die starke Überzeugung von der Unwahrheit zu entwickeln [das Wissen, daß Erscheinungen nicht inhärent existieren]. Lerne ebenso nachher, alles Erscheinende – obwohl es erscheint [als wäre es inhärent existent] – als das Spiel [der Leere] anzusehen, das wie die Illusion eines Zauberers ist – unwahr und täuschend.

WIE MAN MEDITIERT, UM FESTZUSTELLEN, DASS ANDERE ERSCHEINUNGEN KEIN SELBST HABEN

Dieser Abschnitt hat zwei Teile: die Meditation, mit der man feststellt, daß Produkte nicht inhärent existieren, und die Meditation, mit der man feststellt, daß Nicht-Produkte nicht inhärent existieren.

Das Nichtvorhandensein der inhärenten Existenz von Produkten feststellen

Nimm den Körper als ein Beispiel für ein Produkt. Uns [die wir nicht wissen, daß Erscheinungen nicht inhärent existieren] erscheint der Körper, als wäre er ein ganzer, schattenhafter Körper, der eigenständig ist und nicht nur jenem Körper beigelegt, der lediglich aus einer Ansammlung von fünf Gliedern und blasengleichem Fleisch und Knochen besteht [welche die Grundlage für diese Erscheinung eines ganzen Körpers abgeben]. In dieser Weise erscheint das, was [in der Theorie der Selbst-Losigkeit] negiert wird.

Wenn ein solcher ganzer Körper in Beziehung zu dem Körper existiert, der nur eine Ansammlung aus fünf Gliedern und blasengleichem Fleisch und Knochen ist, ist er eins mit ihm oder verschieden von diesem Körper, der nur eine Ansammlung von fünf Gliedern und blasengleichem Fleisch und Knochen ist.

Wäre er eins mit ihm, dann würde [absurderweise] daraus folgen, daß der Tropfen von Samen und Blut, welcher die Grundlage für den Eintritt des Bewußtseins darstellt, der Körper ist, der in einer bloßen Ansammlung von fünf Gliedern und blasengleichem Fleisch und Knochen besteht – weil dieser Körper, der eine bloße Ansammlung von fünf Gliedern und blasengleichem Fleisch und Knochen ist, aus dem Samen und Blut von Vater und Mutter entsteht. Und, ebenso wie es fünf Glieder gibt, würde der Körper zu fünf Körpern werden, die aus einer Ansammlung von fünf Gliedern bestünden.

[Dann magst du glauben, daß ein solcher Körper] verschieden ist [von diesem Körper, der nur eine Ansammlung von fünf Gliedern und Fleisch und Knochen ist. In diesem Fall] sollte man, nachdem man die Glieder, den Kopf und so fort, einzeln hat ausscheiden lassen, zeigend sagen können: »Das ist der Körper« – aber das ist nicht möglich. Entwickle deshalb eine Überzeugung, die auf dem Wissen beruht, daß es einen solchen, inhärent existierenden Körper überhaupt nicht gibt, und halte diese Erkenntnis, ohne dich ablenken zu lassen, aufrecht.

Das Nichtvorhandensein inhärenter Existenz von Nicht-Produkten feststellen

Nimm als Beispiel den Raum. Raum hat viele Teile, Richtungen und Zwischenrichtungen. Untersuche, ob er mit diesen eins ist oder von ihnen verschieden existiert. Meditiere wie zuvor und entwickle die eindeutige Überzeugung von der Unwirklichkeit [eines natürlich existierenden Raums].

Kurz gesagt, erhalte wohl die beiden Yogas aufrecht.

Der erste ist der Yoga des raumgleichen meditativen Gleichgewichts: in ihm hält man, ohne sich ablenken zu lassen, die Überzeugung aufrecht, daß es auch nicht das kleinste Teilchen irgendeiner Erscheinung des Existenzkreislaufs und des *Nirvāṇa* gibt – sei es ein Ich, eine Anhäufung, ein Berg, ein Zaun oder ein Haus –, welches durch sich existiert und nicht bloß eine gedankliche Beilegung ist. Der zweite ist der Yoga der Illusion, das ist die anschließende Erkenntnis, die von allen Wahrnehmungsobjekten weiß, daß sie täuschende Wesenheiten sind, deren Unwirklichkeit darin besteht, daß sie in Abhängigkeit von einer Ansammlung von größeren und geringfügigeren Ursachen entstanden sind. Dieses meditative Gleichgewicht, das sich auf die Aufrechterhaltung der beiden Yogas stützt, geht einher mit einer Glückseligkeit von geistiger und körperlicher Flexibilität, die durch die Kraft des Untersuchens herbeigeführt wird. Das wird als eigentlicher, besonderer Klarblick *(vipaśyanā)* bezeichnet.

Tsong-ka-pas *Drei Hauptaspekte des Pfades* sagt über das Kultivieren der richtigen Ansicht:

Wenn dir die Weisheit fehlt, welche die Dinge begreift wie sie sind,
kann die Wurzel des Existenzkreislaufs nicht abgeschnitten werden,
selbst wenn du den Gedanken, den Existenzkreislauf endgültig zu verlassen, entwickelt hast
und das selbstlose Streben nach höchster Erleuchtung.
Bemühe dich deshalb um die Mittel,
das Entstehen in Abhängigkeit zu begreifen.

Wenn irgend jemand, der die Ursachen und Wirkungen
aller Erscheinungen des Existenzkreislaufs
und des Nirvāṇa als unvermeidlich sieht,
die falsche Auffassung dieser Objekte [als inhärent existent]
gründlich zerstört, so ist er damit auf den Pfad getreten,
welcher dem Buddha wohlgefällt.

Solange die beiden: Erkenntnis der Erscheinungen oder
die Unvermeidbarkeit des Entstehens in Abhängigkeit
und die Erkenntnis der Leerheit oder
die Nicht-Bestätigung [inhärenter Existenz],
getrennt zu sein scheinen,
gibt es kein Begreifen
der Gedanken des Buddha Śākyamuni.

Wenn [die beiden Erkenntnisse] gleichzeitig,
ohne sich abzuwechseln [existieren],
und wenn, nur dadurch, daß man das Entstehen in Abhängigkeit

als allgemeingültig erkennt, eindeutiges Wissen all die Objekte der Vorstellung [von inhärenter Existenz] zerstört,
dann ist das Untersuchen der Ansicht von Leerheit vollkommen.

Weiter wird das Extrem [inhärenter Existenz]
ausgeschlossen [durch das Wissen von der Natur]
der Erscheinungen [die nur als weltliche Bezeichnugen existieren]
und das Extrem [vollkommener Nichtexistenz]
wird ausgeschlossen [durch das Wissen um die Natur]
der Leeerheit [dem Fehlen inhärenter Existenz und nicht dem Fehlen nomineller Existenz].

Wenn du im Rahmen der Leerheit [von inhärenter Existenz]
die Erscheinungsweisen von Ursache
und Wirkung kennst, bist du nicht
eingenommen von den extremen Ansichten.

Der Inhalt der Worte Tsong-ka-pas übermittelt die Art der Praxis, wie sie in den Anweisungen der mündlichen Überlieferung erscheint.

VI. DER ABSCHLUSS DER SITZUNG

In der eigentlichen Sitzung hast du soweit wie möglich eine Erfahrung in der Umwandlung des Geistes durch untersuchende und stabilisierende Meditation entwickelt. Sage nun, um die Sitzung abzuschließen, viele Male:

Ich verbeuge mich zu den Füßen des Lamas, der nicht verschieden ist von Mañjuśrī, ich verehre ihn und nehme Zuflucht zu ihm.

Denke, daß, wenn du dies Gebet mit Kraft an die Versammlungen der Lamas und Götter richtest, alle Mitglieder des Versammlungsfeldes von außen her nach und nach in Licht verschmelzen und in Mañjuśrī und den Meister-Lama [Tsong-ka-pa, der eins ist mit Mañjuśrī] aufgehen. Mañjuśrī geht zusammen mit dem Meister-Lama in dich auf. So werden alle physischen Unreinheiten – Krankheit und so fort – und alle Sünden und Hindernisse des Geistes gereinigt, und du erscheinst plötzlich im Körper von Mañjuśrī. Dein Körper wurde strahlend in den Körper von Mañjuśrī umgewandelt, und die von ihm ausgehenden Lichtstrahlen treffen auf alle fühlenden Wesen im gesamten Raum und setzen sie ein in den Zustand von Mañjuśrī. Betrachte auch die Unreinheiten aller unbelebten Objekte als gereinigt und denke, daß alle unbelebten Dinge wie wunderbare Wohnsitze werden [die Lichtnatur besitzen]. Kontempliere soweit wie möglich die Billionen von gereinigten, unbelebten Dingen und belebten Wesen. Erschaffe in deinem Herzen und in den Herzen aller Wesen, die strahlend in Mañjuśrī verwandelt sind, eine Mantrakette, indem du so oft du kannst rezitierst: *Om a ra pa tsa na di* [drei-, sieben-, einundzwanzigmal oder mehr; das letzte Mal wiederhole so oft wie möglich *di di di di di di*. . .].

Sage zum Schluß:

Möge ich durch die Tugend dieser Sitzung
schnell den Zustand von Mañjuśrī erreichen
und darauf allen Wanderern
zu diesem Zustand verhelfen.
Ich widme die Tugend, die ich in der
Sitzung gesammelt habe, und betrachte sie als
die Ursache für die Vollendung
all der Gebete der Sugatas
und ihrer Söhne in Vergangenheit, Gegenwart und
Zukunft, und als all die Ursachen der Vollendung
der hervorragenden Lehren, der sprachlichen und
der erkenntnismäßigen [in der Welt].
Möge ich kraft dieser Tugend
das Ende erreichen von diesem Pfad
des Gedankens, endgültig den Existenzkreislauf zu verlassen,
des selbstlosen Strebens nach höchster Erleuchtung,
der richtigen Ansicht und der beiden Stufen des *Tantra*,
und möge ich im ununterbrochenen Strom meiner Leben
niemals
die vier Räder des Mahāyāna verlieren.

Ich will meinem Lama folgen, wie ein Sohn seinem Vater folgt, und ehrliche Anstrengungen unternehmen, die Drei Hauptaspekte des Pfades zu erlangen, die das Wesentliche all der Schriften enthalten.

Im Grundtext, Tsong-ka-pas *Drei Hauptaspekte des Pfades*, heißt es:

Wenn du das Wesentliche der drei Hauptaspekte des Pfades so begriffen hast, wie es ist,
begib dich in die Einsamkeit und erzeuge die Kraft der Anstrengung.
Vollende schnell dein letztes Ziel, mein Sohn.
So hat der Lama Mañjunātha [Tsong-ka-pa] voll Mitleid uns, die wir ihm nachfolgen, geraten. Wenn dein Geist im Pfad des allgemeinen Fahrzeuges gut geübt ist, solltest du den unverrückbaren Pfad, das Vajrayāna, betreten, den unübertroffenen Pfad, für den du nicht drei zahllose Zeit-

alter benötigst, sondern der Läuterung in einem kurzen Leben dieses Zeitalters des Niedergangs bewirkt. Auch solltest du einen mit allen Attributen versehenen tantrischen Guru mit den Drei Freuden erfreuen, und dein Geist-Kontinuum wird durch die reinen Kräfte der Initiation zur Reife gebracht werden. Halte den Schutz der Versprechen und Gelübde, die du bei der Initiation auf dich genommen hast, lieber als dein Leben. Suche mit diesen als Grundlage gründlich nach den wesentlichen Dingen der beiden Stufen des tiefen Pfades, dem wesentlichen Sinn des Ozeans der *Tantras*. Wenn du dir, was ihren Sinn angeht, eindeutige Sicherheit verschafft hast, beschäftige dich mit dem Yoga der vier Sitzungen. Es gibt keine größere Praxis, als in dieser Weise die Gesamtheit der *Sūtra*- und *Tantra*pfade zu erlernen. Dies ist der endgültige Kern der wesentlichen Unterweisungen, welche die Essenz aus dem Geist Lama Mañjunāthas herausziehen. Aus dem Munde von Lama Mañjunātha selbst wurde [in seiner *Gekürzten Darlegung der Stufen des Pfades*] gesagt:

Erzeuge so, in der rechten Weise, den allgemeinen Pfad,
der notwendig ist für die beiden höheren Mahāyānapfade:
das Vollkommenheitsfahrzeug – die Ursache – und das *Tantra*fahrzeug – die Wirkung.
Trete ein in den großen Ozean des *Tantra*.
Verlasse dich auf einen Beschützer, einen erfahrenen Kapitän
und erlange die vollständigen Anweisungen.
Gib dem Besitz von Muße und Reichtum einen Sinn.
Ich, ein Yogī, habe so praktiziert,
Du, der du Befreiung suchst, handele bitte auch so.

Du solltest die Praktiken, angefangen mit dem rechten Respektieren eines geistigen Führers in Gedanken und Tat bis zum Erlernen der beiden Stufen des tiefen Pfades, im Geiste hin- und herwenden. Übe jeden Tag in vier Sitzungen oder zumindest in einer Sitzung. Wenn du das tust, wirst du die hervorragende Essenz aus diesem Leben der Muße ziehen. Die kostbare Belehrung des Siegers Buddha kann deines und das Geist-Kontinuum anderer fördern.

WIDMUNG DES AUTORS:
Ich bringe jegliche höchst heilsame Tugend – die, wie eine Muschel und ein Jasmin, dadurch erlangt wird, daß man sich in dieser Weise anstrengt – dar, damit die Belehrung des Siegers Buddha, die einzige Grundlage eines Auskommens für alle Wesen, lange Zeit erhalten bleiben möge. Möge die Leuchte der Lehre, die unter zahllosen Schwierigkeiten von Mañjunātha [Tsong-ka-pa] gut vollendet wurde, bestehenbleiben, solange diese Erde besteht, und möge sie die Dunkelheit im Geiste aller Wanderer beseitigen. Möge der hervorragende König der Lehre, Damchän [dam can] mit seinem Gefolge, der versprochen hat, niemals aufzuhören, Mañjunāthas Lehre zu beschützen und zu erhalten, immer ein Freund der Vollendung dieser Lehre sein.

WIDMUNG DES DRUCKERS:
Diese *Unterweisungen zu den drei Hauptaspekten des Pfades, die Essenz aller Schriften, die Quintessenz der Hilfe für Andere*, wurde geschrieben von dem ruhmreichen und guten Sieger über alle Seiten, dem Śākyamönch Lo-sang-päl-dän-tän-pä-nyi-ma [blo bZang dPal lDan bsTan pa'i Nyi ma] in einem Raum des Kadam- [bka' gdams-] Wohnsitzes. Möge durch diesen Druck Buddha Śākyamunis Lehre zunehmen und sich in alle Richtungen ausbreiten.

WIDMUNG DES STIFTERS:
Oṃ svasti. Damit alle Wesen aus diesem weit ausladenden Baum – der besteht aus der Lehre des Siegers Buddha, einer Quelle der Hilfe und des Glücks – Nutzen ziehen für die gute Frucht der höheren Befreiung, habe ich diesen endlosen Fluß des Gebens von Lehre an der großen Fakultät von Tra-shi-lhün-drup [bKra shis-lhun grub] gestiftet.
Sarvajagataṃ

TEIL ZWEI

DIE THEORIE: SYSTEME DER LEHRMEINUNGEN

Eine mit Anmerkungen versehene Übersetzung von Kön-chok-jik-wang-pos

Kostbarer Kranz der Lehrmeinungen

Mitherausgeber: Anne Klein

Von den Herausgebern hinzugefügte Erläuterungen sind klein gedruckt, beziehungsweise in Klammern gesetzt worden.

VORREDE

Die schneebedeckten Berge von Buddhas beiden Ansammlungen von Verdienst und Weisheit schmolzen durch die Wärme seines Mitleids hinweg. Der Strom sammelte sich in einem Kreis auf der Erde des spontanen Wahrheitskörpers und spaltete sich auf in die vier Schulen von Lehrmeinungen.

Die nachfolgenden Wellen seiner Taten breiteten sich in den Raum hin aus, und die kindergleichen Furtler *[Tīrthika]* wurden in Schrecken versetzt. Möge das Haupt der Überwinder, der große See Manasarowar, der Hafen von Millionen von Söhnen des Siegers, welche haubentragende Drachen sind, den Sieg davontragen.

Verehrung dem Herrscher der Sieger, dem furchtlosen Maitreya; der Vereinigung der gesamten Weisheit der Sieger – Mañjughoṣa; dem ehrwürdigen Nāgārjuna und Asaṅga, die vom Sieger vorausgesagt wurden, und dem zweiten Sieger Tsong-ka-pa mit seinen geistigen Söhnen – Gyäl-tsap und Kä-drup [rGyal tshab und mKhas grub].

Versteht man eine Darstellung der Lehrmeinungen, so sieht man all die Merkmale der äußeren [nicht-buddhistischen] und der inneren [buddhistischen] Lehren und nimmt die Disziplin der Besten der Verkünder unter den zahlreichen Gelehrten an. Welcher Weise würde sich die Anstrengung versagen, die Unterschiede in einer Zusammenstellung unserer eigenen Lehrmeinungen und der Lehrmeinungen anderer zu ermitteln? Sie ist ein weißes Banner, als wunderbar bekannt, gehißt von einem Wesen, das ohne Vorurteil ist.

Alle guten Darlegungen vortrefflicher Wesen zusammenfassend, will ich deshalb eine knappe Darstellung der Lehrmeinungen geben, um für die zu sorgen, deren

Schicksal meinem ähnlich ist. Wer ein klares Verständnis erstrebt, sollte voller Respekt zuhören.
Außerdem müssen Menschen, die in diesem Leben nicht auf weltliche Güter und Ansehen, noch auf Dichtkunst aus sind, sondern die aus der Tiefe ihres Herzens Befreiung suchen, sich um Mittel bemühen, die zu einem Verständnis der richtigen Ansicht von Selbst-Losigkeit verhelfen. Denn, gleich wie sehr du Liebe, Mitleid und das selbstlose Streben nach Erleuchtung verinnerlicht hast, bist du doch nicht imstande, die Wurzel des Leidens zu beseitigen, wenn dir die tiefe Ansicht der Selbst-Losigkeit fehlt.

Liebe ist der Wunsch, alle fühlenden Wesen im Besitz von Glück zu sehen. Mitleid ist der Wunsch, alle Wesen frei von Leiden zu sehen. Das selbstlose Streben nach Erleuchtung ist der Wunsch, Buddhaschaft zu erlangen, um allen Wesen zu helfen. Damit man diese drei Wünsche verwirklichen kann, muß man die Ursache des Leidens überwinden, die in jener Unwissenheit besteht, welche die Vorstellung von einem Selbst hegt.

Der große, verehrungswürdige Tsong-ka-pa sagt in seinem *Die drei Hauptaspekte des Pfades*:

Wenn dir die Weisheit fehlt, welche die Dinge so begreift, wie sie sind,
dann kann die Wurzel des Existenzkreislaufs nicht abgeschnitten werden –
selbst wenn du den Gedanken, den Existenzkreislauf endgültig zu verlassen,
und das selbstlose Streben nach höchster Erleuchtung entwickelt hast.
Bemühe dich also um die Mittel,
das Entstehen in Abhängigkeit zu begreifen.

Deshalb will ich, um falsche Ansichten zu beseitigen und um die Abstufungen von groben und feinen Selbst-Losigkeiten [Leerheiten] klar zu umreißen, eine knappe Darstellung davon geben, wie wir selbst und wie andere die Lehrmeinungen darlegen.
Diese Erklärung zerfällt in zwei Teile: eine allgemeine Belehrung und eine eingehende Erläuterung.

I. UNSERE EIGENEN LEHRMEINUNGEN UND DIE LEHRMEINUNGEN ANDERER IM ALLGEMEINEN

Der Ausdruck »Lehrmeinung« *(siddhānta)* ist nicht meine eigene Schöpfung, denn schon in den *Sūtras* des Buddha wurde er erwähnt. [*Sūtras* sind Belehrungen, die vom Buddha selbst gesprochen wurden.] Das *Sūtra vom Hinabstieg nach Laṅkā (Laṅkāvatārasūtra)* sagt:

Meine Lehre ist von zwei Arten:
Rat und Lehrmeinungen.
Kindern gebe ich Rat
und Yogīs Lehrmeinungen.

Weiter gibt es zwei Arten von Personen: jene, deren Geist nicht von Lehrmeinungen beeinflußt ist, und jene, deren Geist durch Lehrmeinungen beeinflußt ist. Mit dem ihnen eingeborenen Verstand, der – weil er niemals ein Lehrsystem studiert hat – weder Untersuchungen noch Nachforschungen anstellt, suchen jene, deren Geist nicht durch Lehrmeinungen beeinflußt ist, nur nach den Annehmlichkeiten dieses Lebens. Die, deren Geist durch Lehrmeinungen beeinflußt ist, sind alle, die irgendein System studiert haben. Indem sie Schriften zitieren und Beweisführung heranziehen, verkünden sie die Darstellungsweise von Grundlage, Pfaden und Früchten, welche ihrem Wissen entspricht.
Die Etymologie für »Lehrmeinung« *(siddhānta)* lautet: eine Lehrmeinung [wörtlich eine feststehende Schlußfolgerung] ist eine Meinung, die unter Rückgriff auf Schriften und/oder Beweisführung festgesetzt wurde, zu der man sich entschlossen hat, die feststeht und die man nicht zugunsten von etwas anderem aufgeben wird. Dharmamitras

Klare Worte, ein Kommentar zu [Maitreyas] Schmuck für die Erkenntnisse (Abhisamayālaṃkārakārikāprajñāpāramitopadeśaśāstraṭīkā) sagt:
»›Feststehender Schluß‹ [Lehrmeinung] bezeichnet die feststehende Behauptung, die durch Schriften und Beweisführung vollkommen bestätigt wird. Es ist ein ›Schluß‹, weil man über diese Behauptung nicht hinausgehen wird.«
Schulen von Lehrmeinungen werden in zwei Arten geteilt:
Außenstehende [Nicht-Buddhisten] und Innenstehende [Buddhisten]. Es gibt folgenden Unterschied zwischen Innenstehenden und Außenstehenden: Jemand, der aus der Tiefe seines Herzens Zuflucht zu den Drei Juwelen nimmt, ist ein Innenstehender, und jemand, der aus der Tiefe seines Herzens Zuflucht zu einem Gott der vergänglichen Welt nimmt und seinen Geist nicht den Drei Juwelen zuwendet, ist ein Außenstehender.

Die Drei Juwelen sind: 1. der Buddha, 2. der *Dharma* oder die Dinge, die man verwirklicht und die man aufgibt, welche einen vor dem Leiden schützen, sowie die Belehrungen über diese und 3. der *Saṃgha* oder die Gemeinschaft derer, die Buddha nachfolgen. Es sind Juwelen *(ratna, dkon mchog)*, weil sie kostbar sind und schwer zu finden. Der tibetische Ausdruck *(dkon mchog)* bedeutet wörtlich: »höhere Seltenheit«. Die Drei Juwelen sind ›höher‹, weil sie im Besitz von vollkommenen Merkmalen sind und einem wunscherfüllenden Juwel gleichen; sie sind ›selten‹, weil diese vollendeten Merkmale nur von jemandem gesehen werden, der über eine große Menge Verdienst verfügt. In Maitreyas *Erhabene Wissenschaft (Uttaratantra)* wird die Bezeichnung Juwel folgendermaßen erklärt:
Weil ihr Erscheinen selten ist,
weil sie der Schmuck der Wesen sind,
weil sie höher sind,
weil sie sich nicht verändern
werden sie höhere Seltenheiten [Juwelen] genannt.
Die eigentlichen Objekte der Zuflucht sind die Verwirklichung, beziehungsweise das Aufgeben gewisser Dinge, insbesondere das

Wahre Aufhören und der Wahre Pfad – die dritte und die vierte der Edlen Wahrheiten. Sie sind es nämlich, die man praktiziert, um Befreiung und Allwissenheit zu erreichen.
Der Buddha ist der Lehrer der Zuflucht, und die Gemeinschaft – was sich hier auf zumindest vier ordinierte Mönche und Nonnen oder auf einen Höheren *(Ārya)* bezieht – sind die Freunde, die einem zur Zuflucht verhelfen.

Zwischen innen- und außenstehenden Verkündern einer Lehrmeinung besteht weiter ein Unterschied in Hinsicht auf drei Punkte: in Hinsicht auf den Lehrer, die Lehre und die Ansicht. Unsere eigenen, buddhistischen Schulen haben drei, für sie charakteristische Eigenschaften:

1. Sie haben einen Lehrer, der alle Mängel ausgelöscht und seine guten Eigenschaften zur Vollkommenheit gebracht hat.
2. Ihre Lehren schaden keinem fühlenden Wesen.
3. Sie vertreten die Ansicht, das Selbst sei leer davon, unvergänglich zu sein, keine Teile zu besitzen und unabhängig zu sein.

Die Schulen der anderen haben drei für sie charakteristische Eigenschaften, die im Gegensatz zu den obigen stehen:

1. Ihre Lehrer haben Mängel, und sie haben ihre guten Eigenschaften nicht zur Vollendung gebracht.
2. Ihre Lehren fügen fühlenden Wesen Schaden und Leid zu.
3. Sie vertreten die Ansicht, daß ein unvergängliches, Teile besitzendes und unabhängiges Selbst existiert.

Das bedeutet nicht, daß alle Lehren von Außenstehenden für fühlende Wesen schädlich sind, sondern daß einige Lehren aus jeder ihrer Schulen schädlich sind. Die Lehre von Tieropfern, zum Beispiel, fügt fühlenden Wesen ebenso Schaden zu, wie extreme asketische Praktiken das tun. Außerdem verstärkt die Lehre von einem Selbst das angeborene Gefühl von einem Selbst, das eine Befreiung aus dem Existenzkreislauf verhindert.

II. ZUSAMMENFASSENDE ERLÄUTERUNG. LEHRMEINUNGEN VON AUSSENSTEHENDEN

Ein Verkünder von äußeren Lehrmeinungen ist laut Definition: Jemand, der Lehrmeinungen verkündet, seine Zuflucht nicht zu den Drei Juwelen nimmt und behauptet, daß es einen [vollendeten] Lehrer außer den Drei Juwelen gibt.

Es gibt unbegrenzt viele Einteilungen der Lehrmeinungen von Außenstehenden. Man weiß jedoch weithin, daß sie sich, kurz gesagt, aus den fünf Philosophenschulen zusammensetzen:

den Vaiśṇava, Aiśvara, Jaina, Kāpila [Sāṃkhya] und Bārhaspatya [Cārvāka]. Sie werden auch als die sechs grundlegenden Schulen: Vaiśeṣika, Naiyāyika, Sāṃkhya, Mīmāmsaka, Nirgrantha und Lokāyata [Cārvāka], gelehrt. Die ersten fünf von ihnen vertreten Ansichten, die einen Ewigkeitsglauben beinhalten, die letzte vertritt nihilistische Ansichten.

VAIŚEṢIKA UND NAIYĀYIKA

Die Vaiśeṣikas [Besonderheitler] und die Naiyāyikas [Logiker] sind die Anhänger des Weisen Kaṇāda beziehungsweise die des Brahmanen Akṣipāda. Obwohl sich die beiden Schulen in einigen Punkten ihrer Aussagen etwas unterscheiden, gibt es keine Unterschiede in ihren allgemeinen Lehrmeinungen.

Sowohl die Vaiśeṣikas als auch die Naiyāyikas behaupten, daß alle Wissensobjekte *(jñeya)* [also alle Erscheinungen] in den Sechs Kategorien von existierenden Dingen enthalten sind.

Dabei handelt es sich um: Substanz, Eigenschaft, Tätigkeit, das Gemeinsame, Besonderheit und Inhärenz.
Die erste Kategorie, Substanz, unterteilt sich in neun Arten: Erde, Wasser, Feuer, Luft, Raum, Zeit, Richtung, Selbst und Geist.
Die zweite Kategorie, Eigenschaft, hat fünfundzwanzig Unterteilungen: (1) Form, (2) Geschmack, (3) Geruch, (4) Tastgefühl, (5) Schall, (6) Anzahl, (7) Ausdehnung, (8) Gesondertheit, (9) Verbindung, (10) Trennung, (11) Andersheit, (12) Nicht-Andersheit, (13) Bewußtsein, (14) Freude, (15) Schmerz, (16) Begierde, (17) Haß, (18) Anstrengung, (19) Schwere, (20) Feuchtigkeit, (21) Hitze, (22) Fettigkeit, (23) Impuls, (24) Verdienst, (25) Verwerflichkeit. Eine Eigenschaft wird durch vier Punkte charakterisiert: 1. sie ist von einer Substanz abhängig, 2. sie hat keine anderen Eigenschaften, 3. sie wirkt weder als Ursache für Inhärenz noch für Nicht-Inhärenz, 4. sie ist nicht von einem Merkmal abhängig, das heißt, die Existenz einer Eigenschaft braucht nicht durch eine andere Eigenschaft bewiesen zu werden. Sie selbst ist der Beweis für die Existenz einer Substanz.
Die dritte Kategorie, Tätigkeit, hat fünf Unterteilungen: Hochheben, Niederlegen, Zusammenziehen, Ausdehnen und Gehen.
Die vierte Kategorie, Gemeinsames, ist die gemeinsame Ursache für die Bestimmung von Begriffen und für ähnliche Geistestätigkeiten zur Klassifizierung von Erscheinungen.
Die fünfte Kategorie, Besonderheit, ist das, was ein Ding von einem anderen unterscheidet. Durch sie weiß man, daß eine Erscheinung verschieden von einer anderen ist.
Bei der sechsten Kategorie, Inhärenz, handelt es sich um eine Erscheinung, die in der Verbindung einer Basis mit dem darauf Basierenden besteht; sie ist etwas von der Basis und dem auf ihr Ruhenden Verschiedenes.[1]

Sie [die Vaiśeṣikas und Naiyāyikas] behaupten, die Pfade der Befreiung bestünden in Waschungen, Einweihungen, Fasten, Darbringungen, verbrannten Opfern und so fort. Dadurch, daß der Yogī für einige Zeit in Übereinstimmung mit den wesentlichen Unterweisungen eines Guru Yoga geübt hat, kommt er dazu, das Selbst als etwas von den Sinnen und so fort Verschiedenes zu erkennen, und er nimmt auf diese Weise die Wirklichkeit wahr. Er versteht die Natur der Sechs Kategorien von existierenden Dingen und erkennt, daß das Selbst eine tätigkeitsfreie, alles durchdringende Wesenheit ist. Er sammelt weder tugendhafte noch nicht-tugendhafte Taten an, noch die Veranlagungen, welche von diesen gelegt werden. Weil er keine neuen Taten anhäuft, dafür aber alte auslöscht, trennt sich sein Selbst von Körper, Sinnen, Geist, Freude, Schmerz, Begierde, Haß und so fort und nimmt keine neuen Körper und Sinne mehr an. Dadurch wird die dauernde Folge von Geburten abgebrochen, so wie ein Feuer erlischt, wenn es seinen Brennstoff aufgebraucht hat. Wenn das Selbst allein ist [ohne auch nur eine seiner Eigenschaften – Begierde, Haß, Anstrengung, Freude, Schmerz, Bewußtsein, Tugend, Nicht-Tugend und Tätigkeit], nennt man das die Verwirklichung der Befreiung.

SĀṂKHYA

Die Sāṃkhyas [Aufzähler] sind die Anhänger des Weisen Kapila. Sie behaupten, alle Wissensobjekte seien in fünfundzwanzig Kategorien enthalten [und nach Bhāvavivekas *Flamme der Beweisführung (Tarkajvālā)* meinen sie, man ist befreit, wenn man diese Aufzählung in ihren Verästelungen versteht].[2]

Die fünfundzwanzig Kategorien sind:[3]

1. Die Person *(puruṣa)* [oder Selbst, Bewußtsein, bewußtes Selbst, Geist, das Empfindende oder das, was das Umfeld erkennt.]
2. Die Grundnatur *(prakṛti)* [oder die Natur, das Prinzip, das Allumfassende oder das allgemeine Prinzip].
3. Der Intellekt *(buddhi)* oder Der Große *(mahat)*
4. Das Ich-Prinzip *(ahaṃkāra)*

a) das von Tätigkeit *(rajaḥ)* beherrschte Ich-Prinzip
b) das von Dunkelheit *(tamaḥ)* beherrschte Ich-Prinzip
c) das von Helligkeit *(sattva)* beherrschte Ich-Prinzip

Die fünf subtilen Objekte oder Wirkungsvermögen der Objekte, die aus dem durch Tätigkeit beherrschten Ich-Prinzip hervorgehen:
5. Formen *(rūpa)*
6. Töne *(śabda)*
7. Gerüche *(gandha)*
8. Geschmäcke *(rasa)*
9. fühlbare Objekte *(sprastavya)*

Die elf Fähigkeiten, die aus dem durch Helligkeit beherrschten Ich-Prinzip hervorgehen:
Fünf geistige Fähigkeiten:
10. Sehen *(cakṣuḥ)*
11. Gehör *(śrota)*
12. Geruch *(ghrāṇa)*
13. Geschmack *(rasana)*
14. Tastempfinden *(sparśana)*
Die fünf physischen oder Tat-Fähigkeiten:
15. Rede *(vāc)*
16. Arme *(pāṇi)*
17. Beine *(pāda)*
18. Anus *(pāyu)*
19. Genitalien *(upastha)*
20. die intellektuelle Fähigkeit *(manaḥ)*, die sowohl geistiger als auch physischer Natur ist.
Die fünf Elemente:
21. Erde *(pṛthivī)*, die aus dem Geruchsvermögen hervorgeht.
22. Wasser *(āp)*, das aus dem Geschmackswirkungsvermögen hervorgeht.
23. Feuer *(tejaḥ)*, das aus dem Form-Wirkungsvermögen hervorgeht.
24. Wind *(vāyu)*, der aus dem Wirkungsvermögen der fühlbaren Objekte hervorgeht.
25. Raum *(ākāśa)*, der aus dem Wirkungsvermögen des Schalls hervorgeht.

Die Person oder das Selbst soll in [bloßem] Bewußtsein bestehen [weil es sich in dem Fall nicht um eine Anhäufung kleinster Teilchen handelt]. Die restlichen vierundzwanzig der fünfundzwanzig Kategorien gelten als Materie, weil es sich bei ihnen um Anhäufungen [von kleinsten Teilchen] handelt.[5] Die Person und die Grundnatur sind endgültige Wahrheiten *(paramārtha-satya)* [weil sie nicht manifeste Wissensobjekte sind]. Die anderen gelten als konventionelle Wahrheiten *(samvṛti-satya)*.

Diese fünfundzwanzig Kategorien lassen sich darüber hinaus in nur vier Unterklassen teilen: Das, was eine Ursache ist, aber keine Wirkung; das, was sowohl Ursache als auch Wirkung ist; das, was Wirkung, aber nicht Ursache ist, und das, was weder Ursache noch Wirkung ist.

Die Grundnatur ist eine Ursache, aber keine Wirkung.

Der Intellekt, das Ich-Prinzip und die fünf subtilen Objekte sind sowohl Ursachen als auch Wirkungen.

Die übrigen sechzehn [die elf Fähigkeiten und die fünf Elemente] sind Wirkungen, aber keine Ursachen.

Die Person ist weder eine Ursache noch eine Wirkung.

Grundnatur, allgemeines Prinzip und Prinzip sind als Ausdrücke bedeutungsgleich. Von der Grundnatur wird behauptet, daß sie ein Wissensobjekt ist, welches über sechs unterscheidende Merkmale verfügt:

1. Sie ist etwas, das Handlungen ausführt, weil sie bei Tugend und in irgend etwas anderes zerfällt.
2. Sie ist ungeboren und unvergänglich, weil sie sich nicht auflöst und in irgendetwas anderes zerfällt.
3. Sie ist ein-fach, weil sie keine Teile hat.
4. Sie ist lediglich ein Objekt und kein Objektbesitzer, das heißt Subjekt, weil sie ohne Erkenntnis und Bewußtsein ist und weil sie das Genußobjekt der Person darstellt.
5. Sie durchdringt alle belebten und unbelebten Objekte, sowie Ursachen und Wirkungen, weil sie alle Umgestaltungen (der Grundnatur) durchdringt.
6. Sie ist nicht manifest und stellt das Gleichgewicht der drei Eigenschaften – Tätigkeit, Helligkeit und Dunkelheit – dar.

Person, Selbst, Bewußtsein und Geist sind als Ausdrücke bedeutungsgleich.
Die Erzeugung der restlichen dreiundzwanzig Kategorien geht folgendermaßen vonstatten: Sobald eine Person das Begehren erzeugt, Objekte zu genießen, [erkennt] die Grundnatur [dieses Begehren, vereinigt sich mit der Person und] schöpft auf diese Weise Manifestationen, wie zum Beispiel Laute.

Nach den nicht-theistischen Sāṃkhyas sind sämtliche manifesten Objekte Umgestaltungen der Grundnatur. Die theistischen Sāṃkhyas behaupten, die Vielfalt der Umgebungen und der belebten Wesen werde nicht von der Grundnatur allein hervorgebracht, denn diese sei ohne Geist, und etwas, das ohne Geist ist, könne eine Erzeugung der Vielfalt nicht überwachen.
Das Auslösen einer Wirkung ist aber ohne Aufseher nicht möglich. Die Person eignet sich nicht als Aufseher, weil es vor der Umgestaltung der Grundnatur kein Wissen gibt. Der Intellekt ist zu diesem Zeitpunkt nämlich noch nicht erzeugt, und ohne die Unterscheidungskraft des Intellekts gibt es keine Erkenntnis von Objekten. Deshalb wurde die Vielfalt der Wirkungen in wechselseitiger Abhängigkeit vom großen Gott Īśvara und der Grundnatur hervorgebracht. Wenn von den drei Eigenschaften, die der Grundnatur innewohnen, die Eigenschaft der Tätigkeit an Stärke zunimmt, wird dies zur Ursache dafür, daß Īśvara alle belebten Wesen samt Umgebungen hervorbringt. Wenn Helligkeit an Stärke zunimmt, wird dies zur Ursache für ihre Dauer. Wenn Dunkelheit an Stärke zunimmt, ist dies die Ursache für ihren Zerfall. Obwohl die beiden Ursachen, die alle Erscheinungen hervorbringen, Īśvara und die Grundnatur, immer vorhanden sind, ist es zulässig, von einem periodischen Hervorbringen, Andauern und Zerfall von Wirkungen zu sprechen, weil die drei – Tätigkeit, Helligkeit und Dunkelheit – periodisch zu- und abnehmen.[9]

Der Intellekt entsteht aus der Grundnatur. ›Intellekt‹ und ›Der Große‹ sind als Ausdrücke bedeutungsgleich. Man glaubt, daß der Intellekt einem Spiegel mit zwei Seiten gleicht, der von außen die Bilder der Objekte reflektiert und von innen das Bild der Person.

Der Intellekt ›befähigt‹ die Sinne, und er wird der Objekte bewußt, die von den Sinnen wahrgenommen werden. Dann erhält die Person Kenntnis von diesen Objekten. Die Person ist Bewußtsein und der Intellekt ist das, worin sich das Bewußtsein mit den Sinnen mischt, welche Materie sind.[10] Die Person wird dann fälschlicherweise mit den Sinnen verwechselt – ein Irrtum, der richtiggestellt werden muß, wenn man Befreiung erlangen will.

Aus dem Intellekt wird das Ich-Prinzip hervorgebracht, das dreifach unterteilt ist: das von Tätigkeit beherrschte Ich-Prinzip, das von Helligkeit beherrschte Ich-Prinzip und das von Dunkelheit beherrschte Ich-Prinzip. Das erste, das von Tätigkeit beherrschte Ich-Prinzip, bringt die fünf subtilen Objekte hervor, die ihrerseits die fünf Elemente hervorbringen. [Siehe Übersicht auf Seite 96.] Aus dem zweiten, dem von Helligkeit beherrschten Ich-Prinzip, werden die elf Fähigkeiten hervorgebracht. Das dritte, von Dunkelheit beherrschte Ich-Prinzip soll die beiden anderen hervorrufen.

Diese Darlegung entspricht der von Tsong-ka-pa und Gyäl-tsap; jedoch nennt Avalokitavrata das von Dunkelheit beherrschte Ich-Prinzip als das, was die fünf subtilen Objekte hervorbringt, und das von Tätigkeit beherrschte Ich-Prinzip als das, was die beiden anderen Ich-Prinzipien hervorruft.

Man hält die Grundnatur, die einem blinden Mann mit gesunden Beinen gleicht, und die Person, die einem gut sehenden Krüppel gleicht, irrtümlicherweise für eine Einheit. Nach Meinung der Sāmkhyas wird ein Existieren im Existenzkreislauf hervorgerufen aufgrund der Unwissenheit um die Art und Weise, in der die Umgestaltungen von der Grundnatur manifestiert werden. Entwickelt man vollständig das eindeutige Wissen, daß die Umgestaltungen nur Manifestationen der Grundnatur sind, dann trennt man sich langsam vom Anhaften an die Objekte. Zu dieser Zeit erzeugt man mit Hilfe von Konzentration(sübungen) die Hellsichtigkeit des göttlichen Auges. Wird die Grundnatur von diesem hellsichtigen Bewußtsein erblickt, dann schämt sie sich zutiefst so wie die Frau eines anderen [das heißt wie eine Konkubine, wenn die Ehefrau sie erblickt], sie sammelt ihre Gestaltungen [und verschwindet]. [Getrennt vom Selbst] bleibt die Grundnatur dann allein, was bewirkt, daß das Entstehen aller konventionellen Erscheinungen aus dem Geiste des Yogī verschwindet. Die Person verbleibt dann ohne den Genuß von Objekten und ohne Tätigkeiten; zu diesem Zeitpunkt hat man die Befreiung erlangt.

MĪMĀṂSAKA

Die Mīmāṃsakas [Analytiker oder Ritualisten] sind die Anhänger des Jaimini. Sie behaupten, alles, was in den *Veden* erscheint, sei von selbst entstanden [weil die *Veden* von niemanden erschaffen wurden].

Bhāvaviveka sagt in seinem *Herz des Mittleren Weges (Madhyamakahṛdaya)*; »Wegen des durch (Charakter)Fehler wie Begierde und so fort hervorgerufenen Niedergangs sind die von Menschen gesprochenen Worte immer täuschend. Da die *Veden* nicht von Menschen verfaßt wurden, hält man sie für zuverlässige Quellen des Wissens.« Die Schriften der Sāmkhyas, Vaiśeṣikas, Nirgranthas, Nihilisten, Buddhisten und so fort sind nach Ansicht der Mīmāmsakas täuschend, weil sie von Menschen verfaßt wurden.[12]

Irrtümlicherweise halten die Mīmāṃsakas das, was in den *Veden* erscheint, für die Wirklichkeit und behaupten deshalb, das Darbringen von Opfergaben und so fort [wie es in den *Veden* offenbart ist] sei der einzige Weg, in Zukunft günstige Lebensumstände zu erlangen.

Diese günstigen Lebensumstände beinhalten ihrer Meinung nach nur die Befreiung aus den schlechten Wanderungen [und nicht die Befreiung aus allen Wanderungen des Existenzkreislaufs]. Außerdem gibt es für sie keine Befreiung, die alle Leiden auslöscht, und zwar deshalb, weil die Verunreinigungen der Natur des Geistes innewohnen [und mit den Verunreinigungen auch der Geist beseitigt würde]. Es gibt auch keine Allwissenheit, weil die

Zahl der Wissensobjekte unbegrenzt ist. Die Mīmāṃsakas lehren daher, daß es keine wahre Rede gibt [die von Menschen gesprochen wäre; wahr sind nur die *Veden*].

NIRGRANTHA

Die Nirgranthas [Jainas] sind die Anhänger des Ṛṣabha Jina. Sie meinen, alle Wissensobjekte seien in folgenden neun Kategorien enthalten: Leben, Verunreinigung, Zurückhaltung, Abtragen, Fessel, Taten, Sünde, Verdienst und Befreiung.

Das Leben ist das Selbst, es hat die gleiche Größe wie der Körper des Menschen, seine Natur ist unvergänglich, während seine Zustände vergänglich sind.

Verunreinigungen sind die tugendhaften und die nicht-tugendhaften Taten, da man aufgrund von Taten in den Existenzkreislauf fällt.

Zurückhaltung läßt die Verunreinigungen aufhören, denn dank ihres Wirkens werden keine neuen Taten mehr angesammelt.

Abtragen steht für den Abbau angesammelter Tat [karmischer Materie] mit Hilfe von Askese – zum Beispiel durch Verzicht auf Flüssigkeit, durch körperliche Mühsal und so fort.

Die Fessel besteht in einer irrigen Ansicht.

Es gibt vier Arten von Taten: [Die Taten, welche] die Erfahrungen in einem späteren Leben im allgemeinen, die welche den Namen, die Familie und die Lebensdauer, die man haben wird, bestimmen.

Sünde ist Nicht-Tugend.

Verdienst ist Tugend.

Die Befreiung besteht aus folgendem: Mit Hilfe asketischer Praktiken, wie dem Nacktgehen, dem Nichtsprechen, den fünf Feuern [Feuer vor dir, hinter dir, zu beiden Seiten und die Sonne über dir] und so fort, werden alle vorherigen Taten verzehrt [und man erlangt Befreiung – einen Zustand, der ohne Verunreinigungen durch gute und schlechte Taten ist]. Weil man keine neuen Taten ansammelt, geht man an einen Ort, der sich an der Spitze der Welt befindet und Vollendung der Welten heißt. Dieser Ort gleicht einem umgedrehten weißen Schirm – weiß wie Joghurt und die eßbare, weiße Wasserlilie – und erstreckt sich über vier Millionen fünfhunderttausend Yojanas. Weil dieser Ort Leben hat, ist er ein Ding *(bhāva)*, weil er frei ist vom Existenzkreislauf, ist er ebenso ein Nicht-Ding *(abhāva)*. Diesen Ort nennt man Befreiung. Ṛṣabha Jina hat gesagt:

Jina erklärt, daß die Befreiung
die Farbe hat des Schnees, der Duftblume,
des Joghurts der Kühe, des Frostes und der Perle
und die Form eines weißen Schirms.

CĀRVĀKA

Die Cārvākas [Hedonisten] sagen: Es ist nicht so, daß man aus einem früheren Leben in dieses Leben kommt, denn niemand hat eine Wahrnehmung vom früheren Leben. Durch das zufällige Vorhandensein eines Körpers erhält man durch Zufall einen Geist, genauso wie man aus dem zufälligen Vorhandensein einer Lampe durch Zufall Licht erhält.
Man geht von diesem Leben auch nicht in ein zukünftiges Leben. Körper und Geist bilden eine Einheit; deshalb vergeht der Geist, sobald der Körper vergeht. Wenn zum Beispiel ein Stein zerstört wird, wird das Muster auf dem Stein ebenfalls zerstört.
So behauptet dieses System, daß es sich bei allen Objekten des Erkenntnisvermögens [also bei allem Existierenden] zwangsläufig auch um spezifisch charakterisierte [also direkt wahrgenommene] Erscheinungen handelt und daß alle gültigen Erkenntnismittel notwendigerweise auch direkte gültige Erkenntnismittel sind. Der Grund für diese Annahme ist, daß es für sie keine allgemein charakterisierte [das heißt nicht direkt wahrgenommene] Erscheinungen oder schlußfolgernd gültige Erkenntnismittel gibt.

Einige Cārvākas meinen, alle Erscheinungen [deren Ursache nicht direkt wahrgenommen werden kann] entstehen ohne Ursache, aus ihrer eigenen Natur. Sie sagen:

Das Aufgehen der Sonne, das Abwärtsfließen eines Flusses,
das Rundsein von Erbsen, die Spitzheit von Dornen,
die Augen auf der Feder eines Pfaus und so fort – alle Erscheinungen
entstehen aus ihrer eigenen Natur heraus und sind von niemandem gemacht.

Darum sage ich:
Eine Sprosse auf der Leiter zur Stadt der Befreiung
ist das Verstehen und Aufgeben
einer jeglichen Lehrmeinung der Außenstehenden,
die Furten sind zu den Extremen schlechter Ansichten.

III. ALLGEMEINE DARLEGUNG

DIE BUDDHISTISCHEN LEHRMEINUNGEN

Der König der Śākyas, ein unvergleichlicher Lehrer, erzeugte zu Anfang eine Haltung, die dem Erreichen der höchsten Erleuchtung gewidmet war. [Um seinen Wunsch zu verwirklichen] häufte er über drei zahllose Zeitalter hinweg die Ansammlungen von Verdienst und Weisheit auf. Schließlich wurde er in der Nähe von Bodhgayā vollkommen erleuchtet.
In Varaṇāsī drehte er für die fünf guten Asketen [die früher mit ihm zusammen Askese betrieben hatten] das Rad der Lehre von den Vier Edlen Wahrheiten. Dann, auf dem Geiergipfel [der so genannt wird, weil er die Form von einem Haufen von Geiern hat], drehte er das Rad der Lehre von der Merkmalslosigkeit [die besagt, daß den Erscheinungen jedes Merkmal wahrer Existenz fehlt]. Dann, in Vaiśālī und anderen Orten, drehte er das ausgreifende Rad der Lehre von der rechten Unterscheidung.

Das dritte Rad der Lehre wird das Rad der rechten Unterscheidung genannt, weil es genau zwischen dem, was in Wahrheit existiert, und dem, was nicht in Wahrheit existiert, unterscheidet. Die grundlegende Idee des ersten Rades war, daß ausnahmslos alle Erscheinungen endgültig existent sind, und daß es in dieser Hinsicht keinen Unterschied und keinen Grund für eine Unterscheidung zwischen ihnen gibt. Die grundlegende Idee des zweiten Rades war, daß ausnahmslos alle Erscheinungen nicht endgültig existieren und daß es in dieser Hinsicht keinen Grund für eine Unterscheidung zwischen ihnen gibt. Als Buddha nach dem Widerspruch zwischen diesen beiden Belehrungen gefragt wurde, lehrte er das dritte Rad, indem er erklärte, daß vollständig erwiesene Erscheinungen *(pariniṣpanna)*, das heißt Leerheiten, sowie abhängige Erscheinungen *(paratantra)*, wie Häuser,

Bäume und Menschen, endgültig existieren; daß aber vorgestellte Dinge *(parikalpita)*, wie der Raum und das Aufhören (von Plagen), nicht existieren. So ist das dritte Rad die Lehre, die zwischen dem unterscheidet, was endgültig existiert, und dem, was nicht existiert.

Diese Methode, die drei Räder der Lehre zu ordnen, findet sich im *Sūtra der Enträtselung des Gedankens [des Buddha] (Saṃdhinirmocana-sūtra)*. Wie in diesem *Sūtra* gesagt wird, besteht das erste Rad aus den Belehrungen über die Vier Edlen Wahrheiten und ähnlichen Dingen, und wurde vor allem für Schüler des Hīnayāna gelehrt. Das zweite Rad besteht aus den *Sūtras der Vollkommenheit der Weisheit* und ähnlichen (Schriften), die vor allem für Schüler des Mahāyāna gelehrt wurden. Das dritte Rad, in dem auch das *Sūtra der Enträtselung des Gedankens [des Buddha]* enthalten ist, wurde sowohl für die Schüler des Hīnayāna als auch des Mahāyāna gelehrt. Das *Sūtra der Enträtselung des Gedankens* lehrt, das dritte sei das höchste und das unmittelbarste Rad. Dies ist jedoch eine Lehre für Cittamātrin. Das Prāsaṅgika-System, welches als die höchste Schule der Lehrmeinungen gilt und dem zweiten Rad folgt, sagt, diese Darlegung der drei Räder bedürfe selbst einer Interpretation.

Durch Buddhas Größe wurden alle tieferstehenden Verkünder von Lehrmeinungen – die sechs Furtler- *(Tīrthika-)* Lehrer und so fort – bezwungen, und seine Lehre, eine Quelle der Hilfe und des Glücks, blühte und verbreitete sich weithin. Später erläuterten einzelne Kommentatoren die Gedanken der drei Räder, und so entstanden die vier Schulen von Lehrmeinungen. Von diesen folgten die beiden Schulen, die [in Wahrheit existierende, äußere] Objekte verkündeten [nämlich die Vaibhāṣikas und die Sautrāntikas], dem ersten Rad nach. Die Verkünder einer nicht [wahrhaft existierenden] Wesenhaftigkeit [die Mādhyamikas] folgten dem zweiten Rad nach, und die Yogacārin folgten dem dritten Rad nach. Die Darstellung von Grundlage, Pfaden und Früchten geben die vier Schulen in Übereinstimmung mit ihrem jeweiligen Rad.

Die Anzahl der Schulen von Lehrmeinungen, die unserem Lehrer folgen, beläuft sich eindeutig auf vier: die beiden

Hīnayānaschulen der Vaibhāṣikas und der Sautrāntikas und die beiden Mahāyānaschulen der Cittamātrin und der Mādhyamika. Es heißt nämlich, daß es kein fünftes Lehrsystem außer diesen vieren gibt und kein viertes Fahrzeug außer den drei Fahrzeugen [den Fahrzeugen der Hörer, der Einsamen Verwirklicher und der Bodhisattvas]. In Vajragarbhas *Kommentar zur Zusammenfassung des Hevajratantras (Hevajrapiṇḍārthaṭīkā)* heißt es: »Es ist nicht der Gedanke des Überwinders, daß es für die Buddhisten ein viertes [Fahrzeug] oder eine fünfte [Schule von Lehrmeinungen] gibt.«

Wenn die Prāsaṅgikas die Schulen der Svātantrikas, Cittamātrin, Sautrāntikas und der Vaibāṣikas prüfen, finden sie, daß diese alle in die Extreme der Unvergänglichkeit und der Vernichtung verfallen.

DIE SCHULEN ORDNEN SICH
(von unten nach oben)

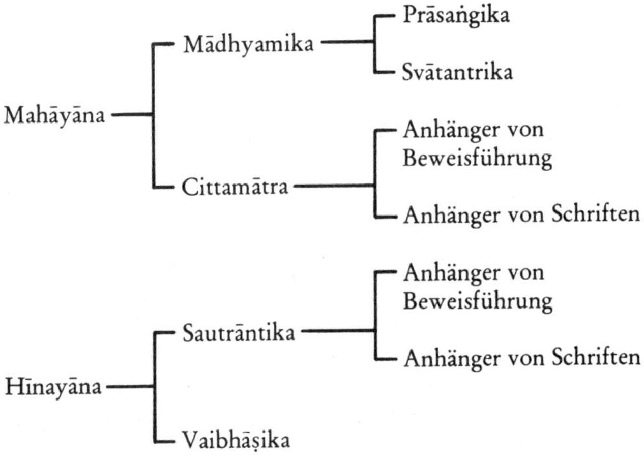

Nichtsdestoweniger behaupten die Svātantrikas und die Systeme darunter, ihr eigenes System sei Mādhyamika [ein mittlerer Weg], weil sie für sich in Anspruch nehmen, einen mittleren Weg zu vertreten, der frei ist von den beiden Extremen – Unvergänglichkeit und Vernichtung. Außerdem vermeidet jede der vier Schulen auf verschiedene Weise die Extreme von Unvergänglichkeit und Vernichtung.

Die Vaibhāṣikas behaupten, das Unvergänglichkeitsextrem zu vermeiden, indem sie lehren, daß die Ursache aufhört, wenn die Wirkung hervorgebracht ist. Sie sagen, daß sie das Vernichtungsextrem vermeiden, weil sie die Meinung vertreten, nach der Beendigung einer Ursache entstehe die Wirkung.

Die Sautrāntikas sagen, daß sie das Vernichtungsextrem vermeiden, indem sie behaupten, das Kontinuum eines Produktes existiere ununterbrochen.

Zum Beispiel meinen sie, daß, wenn man einen Tisch verbrennt, das Kontinuum des so beschaffenen Produktes – nämlich das Kontinuum eines bestimmten Tisches – sein Ende findet, daß das Kontinuum der Substanz aber nicht unterbrochen wird, weil Asche übrigbleibt.

Die Sautrāntikas behaupten, auch vom Unvergänglichkeitsextrem frei zu sein, da sie ja lehren, daß alle Produkte sich von Augenblick zu Augenblick auflösen.

Die Cittamātrin sagen, daß sie das Unvergänglichkeitsextrem vermeiden, indem sie vorgestellte Dinge (Erscheinungen) für nicht in Wahrheit existent halten. Sie sagen, dadurch, daß sie die wahre Existenz abhängiger Erscheinungen vertreten, würden sie auch das Vernichtungsextrem vermeiden.

Die Mādhyamikas behaupten, vom Vernichtungsextrem frei zu sein, weil sie die konventionelle Existenz aller Erscheinungen annehmen. Sie meinen, sie seien vom Unvergänglichkeitsextrem frei, weil sie lehren, daß alle Erscheinungen keine endgültige Existenz haben.

Obwohl jene Lehrmeinungen der niedrigeren Schulen, welche die höheren Schulen nicht teilen, von diesen zurückgewiesen werden, ist ein Verständnis der niedrigeren Ansichten gleichwohl ein ausgezeichnetes Mittel, zu einem Verständnis der höheren Ansichten zu gelangen. Deshalb solltest du die niedrigeren Lehrmeinungen nicht verachten, nur weil du die höheren Lehrmeinungen für die ihnen überlegenen hältst.

Eine Person, die buddhistische Lehrmeinungen verkündet, ist laut Definition: Jemand, der die vier Siegel vertritt, das sind die Ansichten, die zum Ausdruck bringen, daß es sich bei einer Lehre um Buddhas Lehre handelt. Die vier Siegel sind:

Alle Produkte sind vergänglich.
Alle verunreinigten Dinge sind leidhaft.
Alle Erscheinungen haben kein Selbst.
Nirvāṇa ist Frieden.

Produkte sind Erscheinungen, wie Stühle und Tische, die in Abhängigkeit von größeren und geringeren Ursachen erzeugt werden. Nicht-Produkte sind Erscheinungen, so wie der Raum, die nicht in Abhängigkeit von größeren und geringeren Ursachen erzeugt werden. Verunreinigte Dinge sind Erscheinungen, die unter dem Einfluß von verunreinigten Taten und von Plagen stehen.

Erscheinungen sind in dem Sinne ohne Selbst, daß sie leer davon sind, ein unvergängliches, keine Teile besitzendes, unabhängiges Selbst oder Gebrauchsobjekt eines solchen Selbst zu sein. *Nirvāṇa* ist Frieden, weil Frieden nicht von Indra oder irgend jemand anderem gewährt wird. Man erlangt ihn vielmehr, indem man selbst über die Plagen, die in Begierde, Haß und Unwissenheit bestehen, hinausgelangt.

Nun könnte jemand sagen: »Wenn es sich so verhält, dann wären die Vātsiputrīyas [eine Unterschule der Vaibhāṣikas] keine Verkünder buddhistischer Lehrmeinungen, nehmen sie doch ein Selbst der Person an.« Nein, es besteht kein solcher Fehlschluß. Das Selbst, das sie vertreten, ist ein substantiell existentes oder eigenständiges Selbst, wohingegen sich die Selbst-Losigkeit der vier buddhistischen Siegel auf das Fehlen eines unvergänglichen, keine Teile besitzenden, unabhängigen Selbstes bezieht. Auch die fünf Sammitīya-Schulen behaupten kein Selbst [wie es in den vier Siegeln gemeint ist, obwohl sie der Meinung sind, daß es ein unausdrückbares Selbst gibt].

Die Lehrmeinungen der vier Schulen und ihrer Unterschulen werden ausführlich in den Kapiteln IV bis VII diskutiert.

Vasubandhu

IV. DIE VAIBHĀṢIKAS

DEFINITION, UNTERSCHULEN UND ETYMOLOGIE DER BEZEICHNUNG VAIBHĀṢIKA

Ein Vaibhāṣika ist laut Definition: Jemand, der Hīnayāna-Lehrmeinungen verkündet, der ein Selbst-Bewußtsein *(svasaṃvedanā)* nicht anerkennt und der meint, daß die äußeren Objekte wahrhaft existent sind.

Selbst-Bewußtsein bedeutet, daß der Geist, wenn er eines Objektes bewußt wird, gleichzeitig seiner selbst bewußt ist.

Es gibt drei Gruppen von Vaibhāṣikas: Kaschmiri, Aparāntakas und Magadher.

Man darf den Lehrer Vasumitra einen Vaibhāṣika nennen, weil er Lehrmeinungen verkündet, die der *Großen ausführlichen Erläuterung (Mahāvibhāṣā)* folgen und weil er verkündet, daß es sich bei den drei Zeiten [vergangene, gegenwärtige und zukünftige Objekte] um substantielle Wesenheiten handelt.

DARSTELLUNG DER GRUNDLAGE

Dieser Abschnitt zerfällt in zwei Teile: Aussagen [der Vaibhāṣikas] über Objekte und Aussagen über Objekt-Besitzer [Subjekte].

Aussagen über Objekte

Dieses System behauptet, daß alle Wissensobjekte in folgenden fünf Grundkategorien enthalten sind: erscheinende Formen *(rūpa)*, Haupt-Geist *(citta)*, begleitende Geist-Faktoren *(caitta)*, produkthafte Faktoren, die weder mit dem Geist noch mit Geist-Faktoren verbunden sind *(citta-caitta-viprayukta-saṃskāra)*, und Nicht-Produkte *(asaṃskṛta)*.

Es gibt elf Arten von Formen: die fünf Sinnesobjekte, die fünf Sinnesvermögen und sich nicht-offenbarende Formen.
Die fünf Sinnesobjekte sind: (1) Farben und Formen, (2) Laute, (3) Gerüche, (4) Geschmäcke und (5) fühlbare Objekte.
Die fünf Sinnesvermögen sind: (6) Sehvermögen, (7) Gehör, (8) Geruchssinn, (9) Geschmackssinn und (10) Tastsinn.
Eine sich nicht-offenbarende Form ist, zum Beispiel, die subtile Form, die in dem Nicht-Vorhandensein eines Gelübdes bei einem Schlachter besteht, dem immer die subtile Form nicht-tugendhafter Taten zueigen sein wird – selbst wenn er gerade nicht dabei ist zu töten.
Ein Haupt-Geist ist ein Bewußtsein, welches das Objekt im allgemeinen erfaßt, so wie ein Seh-Bewußtsein einen Tisch erfaßt. Die Geist-Faktoren begleiten einen Haupt-Geist und erfassen die Besonderheiten eines Objektes, zum Beispiel ob ein Tisch angenehm oder unangenehm ist. Folgende zehn Geist-Faktoren begleiten jeden Haupt-Geist: Gefühl, Absicht, Unterscheidung, Streben, Kontakt, Intelligenz, Achtsamkeit, geistige Aktivität, Interesse und Gleichgewichtfindung. Beispiele für Produkte, die weder mit dem Geist noch mit Geist-Faktoren verbunden sind, sind die vier charakteristischen Eigenschaften von Produkten: Erzeugung, Altern, Andauern und Auflösung. Ihrer Etymologie nach handelt es sich um Erscheinungen, die mit dem Geist oder mit Geist-Faktoren nicht verbunden *(viprayukta)* sind; sie sind jedoch weder Form noch Bewußtsein.

Objekte dieser fünf Arten sind Dinge *(bhāva)*. Laut Definition ist ein Ding das, was eine Funktion auszuüben vermag.
Die Ausdrücke ›Existierendes *(sat)*‹, ›Wissensobjekt *(jñeya)*‹ und ›Ding‹ sind bedeutungsgleich. Nicht-Produkte gelten als unvergängliche Dinge; Formen, Bewußtsein und nicht-verbundene produkthafte Faktoren [die weder Form noch Bewußtsein sind] hält man für vergängliche Dinge.

Dieses System vertritt die Ansicht, daß ein Nicht-Produkt, wie etwa der Raum, fähig ist, eine Funktion zu erfüllen, und daß er deshalb auch ein Ding ist. Das, durch einen Raum gewährleistete Fehlen von hinderndem Kontakt, zum Beispiel, ermöglicht Bewegung.

Alle Dinge sind zwangsläufig etwas als Substanz Erwiesenes *(dravya-siddha)*, aber sie sind nicht unbedingt substantiell existent *(dravya-sat)*. Das ist deshalb so, weil die Vaibhāṣikas behaupten, daß ›endgültige Wahrheit‹ und ›substantiell existent‹ als Ausdrücke bedeutungsgleich sind, und daß ›konventionelle Wahrheit‹ und ›als Beilegung existent‹ als Ausdrücke bedeutungsgleich sind.
Sie kennen eine Einteilung der Objekte in die Zwei Wahrheiten und eine in verunreinigte und nicht-verunreinigte Objekte. Im Rahmen der Erörterung der Objekte werden auch Lehren in bezug auf andere, ergänzende Themen gegeben.

Die Zwei Wahrheiten. Eine konventionelle Wahrheit ist laut Definition: eine Erscheinung, die so beschaffen ist, daß – würde man das Objekt zerbrechen oder im Geist zerteilen – das Bewußtsein, welches das Objekt erfaßt, entfiele. Ein irdener Topf und ein Rosenkranz sind Beispiele für konventionelle Wahrheiten, denn der Geist, der das Objekt als irdenen Topf begreift, entfällt, wenn der Topf mit einem Hammer zerschlagen wird; und der Geist, der ein Objekt als Rosenkranz begreift, entfällt, wenn die Perlen eines Rosenkranzes voneinander getrennt werden.
Eine endgültige Wahrheit ist laut Definition: eine Erscheinung, die so beschaffen ist, daß – würde das Objekt zerschlagen oder im Geiste zertrennt – das Bewußtsein, welches das Objekt erfaßt, nicht entfallen würde. Beispiele für endgültige Wahrheiten sind richtungsmäßig keine Teile besitzende Teilchen, zeitlich keine Teile besitzende Bewußtseinsaugenblicke und der Raum, der ein Nicht-Produkt ist.

Die kleinsten Teilchen der Materie sind richtungsmäßig ohne Teile, das bedeutet aber nicht, daß sie ganz allgemein keine Teile besitzen – selbst das kleinste Teilchen hat Faktoren, die sich auf seine Erzeugung, sein Andauern und sein Aufhören beziehen, sowie Faktoren, die zum Beispiel mit dem Hervorrufen von

Wirkungen zu tun haben. Ebenso ist die kleinste zeitliche Einheit des Bewußtseins zeitlich, aber nicht allgemein, ohne Teile; ein Sehbewußtseinsaugenblick kann nämlich viele Teile haben, welche die verschiedenen Farben, zum Beispiels, eines Fliesenbodens erfassen.

Das *Schatzhaus des Wissens (Abhidharmakośa,* VI, 4) sagt: »Ein Ding, das vom Geist nicht mehr [als dieses Ding] aufgefaßt wird, wenn es zerbrochen oder im Geiste in andere [Teile] zergliedert wird, so wie ein Topf oder Wasser, existiert konventionell. Alle anderen Dinge existieren endgültig.«
So behaupten sie also, daß konventionelle Wahrheiten nicht gültig existieren, obwohl sie wahrhaft existent sind. Dieses System hält nämlich alle Dinge für wahrhaft existent.

Das Verunreinigte und das Nicht-Verunreinigte. Ein verunreinigtes Objekt ist laut Definition: eine Erscheinung, die dazu angetan ist, die Verunreinigungen zu vermehren, wobei es sich bei ihr entweder um ein Wahrnehmungsobjekt oder um eine ungünstige Begleiterscheinung handelt. Die fünf geistigen und physischen Anhäufungen *(skandha)* sind Beispiele für verunreinigte Objekte.

Es sind jedoch nicht alle Erscheinungen, die in den fünf geistigen und physischen Anhäufungen enthalten sind*, Beispiele für verunreinigte Erscheinungen: der Wahre Pfad – die vierte der Vier Edlen Wahrheiten – ist zwar in den fünf Anhäufungen eingeschlossen, aber kein verunreinigtes Objekt.

Ein Tisch zum Beispiel ist eine verunreinigte Erscheinung, nicht weil er mit Plagen – Begierde, Haß und Unwissenheit – behaftet ist, sondern weil er als ein Wahrnehmungsobjekt agieren kann, das geeignet ist, beim Wahrnehmenden diese Plagen, insbesondere die Begierde, zu vermehren. Bei einer ungünstigen Begleiterscheinung

* also alle vergänglichen Erscheinungen (Anm. d. Übers.)

kann es sich um einen Haupt-Geist handeln, der einhergeht mit ungünstigen Geist-Faktoren, oder um einen ungünstigen Geist-Faktor, der einen ungünstigen Haupt-Geist oder andere ungünstige Geist-Faktoren begleitet. Als Beispiel diene der Geist-Faktor Begierde, der die Wahrnehmung eines angenehmen Objektes begleitet und geeignet ist, die Plagen des Haupt-Geistes oder anderer Geist-Faktoren, die diesen begleiten, zu vermehren.

Alle Erscheinungen, die in ihrer Eigenschaft als ungünstige Begleiterscheinung verunreinigt sind, sind auch in ihrer Eigenschaft als Wahrnehmungsobjekt verunreinigt. Sie sind nämlich geeignet, die Plagen in anderen Wesen, die von ihnen Kenntnis nehmen, zu vermehren, und auch in uns selbst können sie die Plagen vermehren, wenn wir später einmal von ihnen Kenntnis bekommen sollten. Das trifft zum Beispiel bei Begierde zu. Jedoch sind nicht alle Objekte, die verunreinigt sind, weil sie Wahrnehmungsobjekte sind, zwangsläufig auch in dem Sinne verunreinigt, daß sie ungünstige Begleiterscheinungen wären. So kann ein anziehender Tisch niemals eine ungünstige Begleiterscheinung sein, da er weder Geist noch Geist-Faktor ist.

Ein nicht-verunreinigtes Objekt ist laut Definition: eine Erscheinung, die nicht dazu angetan ist, als ein Wahrnehmungsobjekt oder eine geistige Begleiterscheinung die Verunreinigungen zu vermehren. Der Wahre Pfad und Nicht-Produkte dienen dafür als Beispiel, denn das *Schatzhaus des Wissens* sagt: »Den Wahren Pfad ausgenommen, sind alle Produkte verunreinigt«, (I, 4), und »Das Nicht-Verunreinigte besteht aus dem Wahren Pfad und den drei Nicht-Produkten« (I, 5).

Wenn das Wahrnehmungsobjekt oder geistige Begleiterscheinungen in dem Wahren Pfad bestehen, zerstören sie Verunreinigungen und vermehren sie nicht. Raum kann als Wahrnehmungsobjekt keine Verunreinigungen zerstören, aber er vermehrt sie auch nicht. Die drei Nicht-Produkte sind: das nicht-untersuchende Aufhören, das untersuchende Aufhören und der Raum. Ein nicht-untersuchendes Aufhören tritt in dem Falle als Ergebnis ein, daß die Ursachen für die Erzeugung ihrer Wirkung nicht ausreichen, so wie der Hunger ausbleibt, wenn man sich bei einer Gelegenheit intensiv auf Studien konzentriert. Ist der Augenblick einmal vorbei, wird sich nie etwas an der Tatsache ändern, daß man zu diesem Zeitpunkt keinen Hunger hatte. Aus diesem Grund bezeichnet man das Aufhören des Hungers zu dieser Gelegenheit als unvergänglich. Ein untersuchendes Aufhören bedeutet die Auslöschung eines Hindernisses, so daß es nicht wieder auftaucht, wie etwa durch Meditation über die Vier Edlen Wahrheiten eine bestimmte Art von Begierde für immer ganz aufhört.

Alle verunreinigten Objekte müssen aufgegeben werden, denn selbst die beiden Pfade – Ansammlung und Vorbereitung *(saṃbhāra-mārga* und *prayoga-mārga)* – müssen aufgegeben werden.

Die Pfade der Ansammlung und der Vorbereitung sind nicht eigentlich Gegenmittel für die Plagen, also beseitigen sie die Plagen nicht; sie sind Tugenden von gewöhnlichen Wesen, deshalb sind sie dazu angetan, Begierde zu vermehren.

Der Pfad des Sehens *(darśana-mārga)* ist vollkommen nicht-verunreinigt.

Der Pfad des Sehens besteht einzig aus der direkten Kontemplation der Vier Wahrheiten und findet in nur einer Meditationssitzung statt, er ist also ausschließlich nicht-verunreinigt.

Meditationspfade *(bhāvanā-mārga)* und Pfade des Nicht-mehr-Lernens *(aśaikṣa-mārga)* haben sowohl Momente von verunreinigten wie Momente von nicht-verunreinigten Pfaden.

Auf beiden Pfaden, dem der Meditation und dem des Nichtmehr-Lernens, gibt es Augenblicke, in denen die Yogīs weltliche Pfade – wie etwa die Acht Weltlichen Pfade – kultivieren, die der Vergrößerung ihrer geistigen Kapazität dienen. Bei diesen weltlichen Pfaden handelt es sich um Meditationspfade, die in ihrer Eigenschaft als Wahrnehmungsobjekte verunreinigt sind. Nimmt nämlich jemand von ihnen Kenntnis, werden seine Plagen nicht nur nicht beseitigt, sondern nehmen vielleicht noch zu.

Jemand, der den Pfad des Nicht-mehr-Lernens erreicht hat, hat keinerlei Plagen mehr, deshalb kann seine Übung der Acht Versenkungen seine Plagen nicht vermehren. Allerdings können diese weltlichen Pfade die Begierde von anderen vermehren, die von diesen Pfaden erfahren. Weltliche Pfade im Kontinuum einer Person, die den Pfad des Nicht-mehr-Lernens erreicht hat, sind deshalb nur in ihrer Eigenschaft als Wahrnehmungsobjekt verunreinigt, nicht aber in dem Sinne, daß sie ungünstige Begleiterscheinungen wären, denn sie sind nicht selber ungünstig in dem Sinne, wie Begierde zum Beispiel ungünstig ist.

Alle höheren *(ārya)* Pfade sind zwangsläufig auch nicht-verunreinigt, die Pfade im Kontinuum eines Höheren sind aber nicht zwangsläufig auch nicht-verunreinigt. Das ist so, weil zum Beispiel ein Pfad verunreinigt ist [so wie das Erzeugen der Acht Versenkungen verunreinigt ist], der sich im Kontinuum einer Person auf dem Meditationspfad befindet und den Aspekt der Erwägung der Subtilität [der höheren Stufen] und des groben Charakters [der gegenwärtigen Stufe] hat.

Alle Schulen, außer den Vaibhāṣikas und den Anhängern der Schrift unter den Sautrāntikas, behaupten, daß ›Höherer Pfad‹ und ›Pfad im Kontinuum eines Höheren‹ bedeutungsgleich sind. Die Vaibhāṣikas führen das Beispiel von einem Yogī an, der über die Vorteile der Ersten Konzentration, wie friedliche Ruhe und ein langes Leben, sowie über die Nachteile des Bereiches der Begierde, wie Grobheit, Häßlichkeit und kurzes Leben, meditiert. Er kann auf diese Weise einen höheren Konzentrationszustand erreichen und offenbar gewordene Plagen unterdrücken, aber er kann sich nicht der Samen dieser Plagen entledigen. Viele Nicht-Buddhisten erreichen mit dieser Methode ihre ›Befreiung‹. Da sie aber den Fehler begehen, die Samen der Begierde nicht durch untersuchendes Aufhören zu zerstören, ist die ›Befreiung‹ nur zeitweilig.
In dem speziellen, im Text erwähnten Fall, ist der Meditierende ein Höherer auf dem Meditationspfad. Wer über höhere Intelligenz verfügt, entledigt sich auf diesem Pfad Schritt für Schritt auf neun Stufen der Plagen mitsamt der Samen dieser Plagen. (Siehe Diagramm auf Seite 134.) Bei dem hier erörterten Höheren han-

delt es sich jedoch um jemanden mit weniger entwickelten Fähigkeiten, der zuerst die offenbar gewordenen Plagen unterdrückt und erst später dazu übergeht, sich der Samen dieser Plagen zu entledigen.

Weitere, ergänzende Themen. Die drei Zeiten [vergangene, gegenwärtige und zukünftige Objekte] gelten als substantielle Wesenheiten, weil die Vaibhāṣikas behaupten, ein Topf existiere auch zu der Zeit, da er vergangen ist, und zu der Zeit, da er zukünftig ist.

Der Topf von gestern existiert heute als ein vergangener Topf. Die Vergangenheit eines Dinges tritt nach seiner gegenwärtigen Existenz ein, das heißt, nachdem seine gegenwärtige Existenz vergangen ist. Der Topf von morgen existiert heute als ein zukünftiger Topf. Die Zukunft eines Topfes tritt ein, bevor er gegenwärtig existiert, das heißt, wenn sein gegenwärtiges Existieren noch aussteht. Der Topf von heute existiert heute als gegenwärtiger Topf.

Obwohl sie der Meinung sind, daß es sowohl verneinende als auch bestätigende Erscheinungen gibt, erkennen sie die Existenz von nicht-bestätigenden Verneinungen nicht an, da sie meinen, alle Verneinungen seien zwangsläufig auch bestätigende Verneinungen.

Eine bestätigende Erscheinung, so wie ein ›Tisch‹, braucht nicht die ausdrückliche Verneinung ihres Nicht-Tischseins, damit dieser Tisch dem Geist erscheinen kann. Damit jedoch eine verneinende Erscheinung wie ›Nicht-Tisch‹ vor dem Geist erscheinen kann, bedarf es der ausdrücklichen Verneinung von Tisch. Die Vaibhāṣikas sind der Ansicht, daß eine Verneinung immer etwas Bestätigendes an sich hat, weil es in ihrem System immer um substantielle Wesenheiten geht. Diese Betonung der Substanzhaftigkeit steht in Kontrast zu der Tendenz der höheren Schulen, sich immer weniger an Substanz zu orientieren. Dieser Wechsel in der Betonung prägt insbesondere die verschiedenen Weisen, in der die Schulen zu ihrer Interpretation von Leerheit gelangen.

Die Vaibhāṣikas aus Kaschmir stimmen mit den Sautrāntikas darin überein, daß sie das Kontinuum des Geist-Bewußtseins für die Basis halten, die die Taten *(karma)* mit ihrer Wirkung verbindet.

Jedes buddhistische System muß sich mit der Frage beschäftigen, worin die nicht-unterbrochene Basis besteht, welche die karmischen Ursachen mit karmischer Wirkung verbindet. Die Kaschmiri sagen, das Kontinuum des Geist-Bewußtseins sei die Basis, die es der fortlaufenden Kette von Ursachen und Wirkungen erlaubt, sich von Leben zu Leben fortzusetzen. Der Grund dafür liegt darin, daß das Geist-Bewußtsein, anders als die fünf übrigen Arten von Bewußtsein, selbst im Tiefschlaf und während der Zustände meditativen Gleichgewichts funktioniert.

Alle Vaibhāṣikas, außer denen aus Kaschmir, behaupten, daß die Basis, welche die Taten mit ihren Ergebnissen verbindet, in einem Erlangenden *(prāpti)* besteht – einem Produkt, das weder Form noch Bewußtsein ist. Dieses verhütet einen Verlust, so wie ein Siegel eine Leihgabe garantiert [indem es verhütet, daß die Leihgabe für den Leihenden zu einem Verlust wird].
Sowohl dieses System als auch das Prāsaṅgika-System ist der Meinung, daß die Taten von Körper und Rede formhaft sind.

Anderen Systemen zufolge haben sie Geistnatur. Die Vaibhāṣikas und die Prāsaṅgikas argumentieren, daß Rede Laut und daß Laut Form sei; deshalb sei Rede Form. Außerdem gebe es grobe und subtile Formen. Rede von grober Form ist, zum Beispiel, das was man hört, wenn jemand spricht. Rede von subtiler Form ist, zum Beispiel, die reine Rede, die ein Mönch offenbart, der – selbst wenn er schweigt – das Gelübde des Nicht-Lügens hält. Sie existiert ungeachtet der Tatsache, daß sie weder von ihm selbst noch von anderen gehört wird. Beispiele von körperlicher Tat, die subtile Form hat, sind die ethischen Taten eines Höheren, der sich in meditativem Gleichgewicht befindet. Diese können von anderen nicht wahrgenommen werden, wohl aber von jemandem mit einem hohen Maße an Hellsichtigkeit, wie einem Buddha.
Die Sautrāntikas, Cittamātrin und die Svātantrikas behaupten, daß Taten von Körper und Rede eigentlich Geist-Faktoren vom Absichtstypus sind.

Alle Produkte sind notwendigerweise vergänglich, sie lösen sich aber nicht unbedingt von Augenblick zu Augenblick auf. Nach Meinung der Vaibhāṣikas folgt nämlich auf die Erzeugung die Aktivität des Andauerns, und danach kommt es zur Tätigkeit der Auflösung.

Alle buddhistischen Schulen stimmen darin überein, daß grobe Vergänglichkeit in folgendem besteht: in der Erzeugung eines Dinges, etwa eines Tisches, seinem Andauern über eine bestimmte Zeit hinweg und schließlich seiner Auflösung – etwa durch das Verzehrtwerden durch Feuer. Buddhistische Schulen kennen auch eine subtile Vergänglichkeit, die – außer für entwickelte Yogīs – einer direkten Erfahrung nicht zugänglich ist. Tod – ein Fall von grober Vergänglichkeit – wird zum Beispiel deutlich erfahren, nicht aber das Altern einer Person in jedem Augenblick, welches eine subtile Vergänglichkeit darstellt. Die Vaibhāṣikas unterscheiden sich von den anderen Schulen dadurch, daß für sie die Faktoren der Erzeugung, des Verbleibens, des Alterns und der Auflösung Dinge sind, die außerhalb dessen liegen, was ihnen ausgesetzt ist. Nach allen anderen Systemen ist Erzeugung allein schon eine Ursache und hinreichende Bedingung für Auflösung. Auflösung beginnt schon mit dem allerersten Moment der Erzeugung. In allen Systemen, außer dem der Vaibhāṣikas, ist das, was erzeugt wird, auch das, was verbleibt, und das, was sich auflöst. Der Grund dafür liegt darin, daß man unter Erzeugung das Entstehen einer neuen Wesenheit aufgrund von bestimmten Ursachen versteht; Verbleiben ist das fortdauernde Existieren dieser Art von Wesenheit; Auflösung ist ihre Eigenschaft, keinen weiteren Augenblick zu existieren, und Altern ist der ihr eigene Faktor, eine andere Wesenheit als die Wesenheit des vorhergehenden Augenblicks zu sein.

Aussagen über Objekt-Besitzer [Subjekte]

Dieser Abschnitt zerfällt in drei Teile: Die Aussagen der Vaibhāṣikas über Personen, über Arten von Bewußtsein und über Begriffe.

Jedes Bewußtsein hat ein Objekt, also ist es ein Objekt-Besitzer.
Jeder Name oder Begriff drückt einen Sinn aus, der sein Objekt ist, also ist er ein Objekt-Besitzer.
Jede Person besitzt Objekte und ist in diesem Sinne ein Objekt-Besitzer.

Personen. Eine Person ist die bloße Ansammlung der geistigen und physischen Anhäufungen *(skandha)*, welche ihre Beilegungsgrundlage abgeben. Einige der fünf Saṃmitiya-Unterschulen sind der Meinung, daß jede der fünf Anhäufungen ein Fall von einer Person ist, und die Avantakas halten den Geist allein für einen Fall von Person.
Bewußtsein. Dieser Abschnitt hat zwei Teile: die Aussagen der Vaibhāṣikas über Fälle von neu-gültigem Bewußtsein *(pramāṇa-buddhi)* und ihre Aussagen über nicht neu-gültiges Bewußtsein *(apramāṇa-buddhi)*.

Bewußtsein wird hier als ein allgemeiner Begriff gebraucht, der sich sowohl auf Geist wie auch auf Geist-Faktoren bezieht.

NEU-GÜLTIGES BEWUSSTSEIN
Es gibt direkt neu-gültige Erkenntnismittel *(pratyakṣa-pramāṇa)* und schlußfolgernd neu-gültige Erkenntnismittel *(anumāṇa-pramāṇa)*.

Begriffe, die in der buddhistischen Psychologie das bezeichnen, was ein Objekt wahrnimmt, werden in westlichen Übersetzungen häufig mit Worten wie »Wahrnehmung« wiedergegeben. »Wahrnehmung« bezeichnet jedoch eher das Objekt oder den Vorgang der Wahrnehmung und nicht so sehr das, was die Wahrnehmung vollzieht. Deshalb werden hier Begriffe wie »Erkenntnismittel« und »Wahrnehmungsmittel« benutzt.

An direkt neu-gültigen Erkenntnismitteln gibt es, ihrer Meinung nach: mit den Sinnen direkt wahrnehmende und mit dem Geist direkt wahrnehmende Erkenntnismittel sowie die Erkenntnismittel eines Yogī [dazu gehören die direkten Erkenntnismittel für die Vier Edlen Wahrheiten und ihre sechzehn Attribute wie Vergänglichkeit und so fort]. Ein Selbst-Bewußtsein erkennen sie nicht als ein direktes Wahrnehmungsmittel an.

Mit den Sinnen direkt wahrnehmende Erkenntnismittel sind die fünf Arten von Sinnesbewußtsein. Für eine kurze Erörterung der mit dem Geist direkt wahrnehmenden Erkenntnismittel siehe

Seite 144. Selbst-Bewußtsein bezieht sich auf ein Bewußtsein, das gleichzeitig seines Objektes und seiner Wahrnehmung dieses Objektes gewahr wird. Es handelt sich bei ihm um den Teil des Bewußtseins, der sich der eigenen erkennenden Tätigkeit bewußt ist. Alle Schulen, die diese Art von Bewußtsein anerkennen, behaupten, daß es als Wesenheit mit dem Bewußtsein selbst identisch ist und das Bewußtsein auf eine nicht-dualistische Weise wahrnimmt. Aus diesem Grunde erkennen die Vaibhāṣikas, die Anhänger der Schrift unter den Sautrāntikas, die Svātantrikas und die Prāsaṅgikas kein Selbst-Bewußtsein an. Sie behaupten nämlich, Handelnder und Objekt wären ungewiß, wenn es etwas Derartiges gäbe. Die anderen Schulen lehren das Vorhandensein eines Selbst-Bewußtseins vor allem auf Grund der allgemeinen Erfahrung, daß man sich ebenso, wie man sich des gesehenen Objekts erinnert, auch desjenigen erinnert, der das Objekt gesehen hat, was zeigt, daß das subjektive Element seiner selbst bewußt ist. Wenn sich das subjektive Element seiner selbst nicht bewußt wäre, gäbe es auch keine Erinnerung an die subjektive Seite einer Erkenntnis.

[Anders als die anderen Schulen] behaupten die Vaibhāṣikas, daß ein mit den Sinnen direkt wahrnehmendes Erkenntnismittel nicht notwendigerweise auch ein Bewußtsein ist, weil der physische Seh-Sinn über folgende Eigenschaften verfügt: er ist Materie [nicht Bewußtsein], er ist etwas, das wahrnimmt, und er ist ein gültiges Erkenntnismittel.

Ihrer Meinung nach ist ein Sinnesvermögen *(indriya)* nicht imstande ein Objekt wahrzunehmen. Auch ein Sinnesbewußtsein kann, ihrer Meinung nach, allein kein Objekt wahrnehmen. Sie behaupten, daß es die beiden zusammen sind, die ein Objekt wahrnehmen; ihre Meinung besagt demzufolge, im Unterschied zu allen anderen Schulen, daß sowohl Sinnesvermögen als auch die verschiedenen Arten von Sinnesbewußtsein Wahrnehmungsmittel sind.

Ihrer Meinung nach erkennt ein Sinnesbewußtsein sein Objekt nackt, ohne die Aspekte dieses Objektes aufzunehmen. Auch meinen sie, daß Form von einem physischen Gesichtssinn wahrgenommen wird, der die Grundlage [für ein Seh-Bewußtsein] ist; es heißt nämlich, daß man Formen sehen würde, auf die die Sicht durch Wände und so fort versperrt ist, wenn es allein das Bewußtsein wäre, das sieht.

Weil ein Bewußtsein keine Form hat, wird es durch Form nicht eingeschränkt, weil aber das physische Sinnesvermögen die Stütze des Seh-Bewußtseins ist, ist dem, was sieht, auch Form zu eigen, so daß es durch Form eingeschränkt wird.

Man hält Geist und die zu ihm gehörenden Geist-Faktoren für verschiedene Wesenheiten.

Geist und die ihn begleitenden Faktoren sind jeweils Fälle von Bewußtsein, und sie besitzen gemeinsam fünf Eigenschaften. Als Beispiel diene ein schlußfolgerndes Bewußtsein, welches erkennt, daß ein Ton etwas Vergängliches ist. Hier ist ein Geist-Bewußtsein der Haupt-Geist, und die begleitenden Geist-Faktoren schließen die zehn allgegenwärtigen Faktoren ein: Gefühl, Absicht, Unterscheidung, Streben, Kontakt, Intelligenz, Achtsamkeit, Geistestätigkeit, Interesse und Gleichgewichtfindung. Die fünf Eigenschaften, die der Geist mit den ihn begleitenden Faktoren teilt, wären folgende: (1) Sie haben dasselbe Objekt als Grundlage – den Ton, (2) sie haben denselben »Objekt-Aspekt« als Grundlage – den vergänglichen Ton, (3) sie haben denselben Sinn als Grundlage – nämlich den Geist-Sinn, der in einem vorangehenden Augenblick ihres Geist-Bewußtseins besteht, (4) sie sind gleichzeitig, (5) sie haben die gleiche Anzahl – es handelt sich um nur ein Geist-Bewußtsein, und es ist, zum Beispiel, nur ein Gefühl, das es begleitet. Nur die Vaibhāṣikas sagen, daß es sich bei Geist und den zu ihm gehörenden Geist-Faktoren um zwei Dinge handelt – die anderen Schulen halten sie für eine Wesenheit.

NICHT NEU-GÜLTIGES BEWUSSTSEIN

Nicht neu-gültiges Bewußtsein sind verderbtes Bewußtsein und so fort.

Es gibt fünf Arten von Bewußtsein, die keine neuen, unanfechtbaren Erkenntnismittel sind: verderbtes Bewußtsein, Zweifel-

Wieder-Erkenntnis, Glauben und ein Bewußtsein, dem ein Objekt erscheint, das es aber nicht bemerkt. (Siehe Seite 151ff.)

Begriffe. Bloße Laute werden in zwei allgemeine Arten geteilt: Laute, die aus Elementen hervorgehen, welche mit Bewußtsein verbunden sind, und Laute, die aus Elementen hervorgehen, welche nicht mit Bewußtsein verbunden sind. Ein Beispiel für die erste Art ist die Stimme eines fühlenden Wesens. Der von einem Fluß hervorgebrachte Laut ein Beispiel für die zweite Art. Beide Arten von Lauten sind in jeweils zwei Klassen unterteilt: in Laute, welche fühlenden Wesen absichtlich eine Bedeutung vermitteln, und in Laute, welche fühlenden Wesen keine absichtliche Bedeutung vermitteln.

Der gesprochene Ausdruck »Haus« ist ein Beispiel für einen Laut, der aus mit Bewußtsein verbundenen Elementen hervorgeht und absichtlich eine Bedeutung vermittelt. Der Laut eines plötzlichen Schluckaufs ist ein Beispiel für einen Laut, der aus nicht mit Bewußtsein verbundenen Elementen hervorgeht und keine absichtliche Bedeutung vermittelt. Der Laut, den die große Trommel im Himmel der Dreiunddreißig (Götter) hervorbringt und der seinen Hörern die Botschaft von der Vergänglichkeit und so fort vermittelt, ist ein Beispiel für einen Laut, der aus nicht mit Bewußtsein verbundenen Elementen hervorgeht und absichtlich eine Bedeutung vermittelt. Der Laut, den ein gewöhnlicher Bach hervorbringt, ist ein Beispiel für einen Laut, der nicht aus mit Bewußtsein verbundenen Elementen hervorgeht und keine absichtliche Bedeutung vermittelt.

Die Ausdrücke »ein Laut, der fühlenden Wesen eine Bedeutung vermittelt«, »ein Laut, der durch Rede eine Bedeutung offenbart« und »ein Laut, der etwas ausdrückt« sind bedeutungsgleich. Die Ausdrücke »Ein Laut, der nicht absichtlich eine Bedeutung vermittelt«, »ein Laut, der nicht durch Rede eine Bedeutung offenbart« und »ein Laut, der nichts ausdrückt« sind bedeutungsgleich.

Das hier Gesagte muß man dahingehend einschränken, daß es Laute gibt, die fühlenden Wesen absichtlich eine Bedeutung vermitteln, die aber nicht durch Rede eine Bedeutung offenbaren –

zum Beispiel der Laut der Trommel im Himmel der Dreiunddreißig.

Das Wort des Buddha *(Buddhavacana)* und die Abhandlungen *(śāstra)* werden von den Vaibhāṣikas für Dinge gehalten, die aus einer Ansammlung von Buchstaben, Wortstämmen und Worten bestehen. Man erkennt sie als Allgemeinbilder von Lauten an, und als nicht-verbundene produkthafte Faktoren. Man fragt sich deshalb, ob sich in diesem System »Form« und »nicht-verbundener produkthafter Faktor« nicht gegenseitig ausschließen.

Der Autor fragt sich, ob die Vaibhāṣikas der Meinung sind, daß aus dem Munde des Buddha vernommene Laute, bei denen es sich um Form handelt, nicht das Wort des Buddha sind, weil für sie das Wort des Buddha aus den Allgemeinbildern der Laute besteht, die vor Buddhas Geist erschienen sind, bevor er die betreffenden Laute äußerte. Wenn, zum Beispiel, jemand das Wort »Baum« sagt, erscheint zuerst das Allgemeinbild des Lautes »Baum«, und dann spricht er den Laut aus. Dieses Bild eines Lautes »Baum« gilt als ein nicht-verbundener produkthafter Faktor, es ist also weder Form noch Bewußtsein. Die Frage ist für den Autoren nicht, ob die Vaibhāṣikas behaupten, daß ein Ding sowohl eine Form (zum Beispiel ein Laut) sein kann als auch ein nicht-verbundener produkthafter Faktor, denn es ist klar, daß im Vaibhāṣika-System Form und nicht-verbundener produkthafter Faktor einander ausschließen. Er überlegt also, ob die Vaibhāṣikas sagen würden, daß die aus dem Munde des Buddha gehörten Laute nicht die Worte des Buddha sind.

DARSTELLUNG DER PFADE

Dieser Abschnitt zerfällt in drei Teile: die Aussagen der Vaibhāṣikas über Objekte der Pfade, über Objekte, die während der Pfade aufzugeben sind, und über das Wesen der Pfade.

Die Objekte der Pfade

Die Objekte, die kontempliert werden, sind die sechzehn Attribute der Vier Wahrheiten – Vergänglichkeit und so fort.

Für jede der Vier Wahrheiten gibt es vier Attribute. Die Attribute der ersten – Wahres Leiden – sind Vergänglichkeit, Leidhaftigkeit, Leerheit und Selbst-Losigkeit. Die Attribute der zweiten – Wahrer Ursprung – sind Ursache, Ursprung, Bedingung und starke Erzeugung. Die Attribute der dritten – Wahres Aufhören – sind Aufhören, Beruhigung, günstige Aussicht und endgültige Herauslösung aus einem Teil der Hindernisse. Die Attribute der vierten – Wahre Pfade – sind Pfad, Wissen, Vollendung und Erlösung.

»Subtile Selbst-Losigkeit« und »subtile Selbst-Losigkeit von Personen« *(pudgala-nairātmya)* betrachten sie als bedeutungsgleiche Ausdrücke.

Selbst-Losigkeit ist entweder die Selbst-Losigkeit einer Person oder die von Erscheinungen, und weil die Vaibhāṣikas nicht der Meinung sind, daß es eine Selbst-Losigkeit von Erscheinungen *(dharma-nairātmya)* gibt, ist eine subtile Selbst-Losigkeit für sie eine subtile Selbst-Losigkeit von Personen.

Die subtile Selbst-Losigkeit von Personen ist ihrer Meinung nach die Leerheit einer Person davon, als Substanz existent oder eigenständig zu sein. Unter den achtzehn Unterschulen der Vaibhāṣikas sind die fünf Saṃmitīya-Unterschulen nicht der Meinung, die subtile Selbst-Losigkeit bestehe in der Leerheit einer Person von substantieller oder eigenständiger Existenz. Für sie gibt es eine als Substanz existente und eigenständige Person.
Die Unterteilung in grobe und subtile Selbst-Losigkeiten wird von den Vaibhāṣikas nicht vertreten. Sie meinen, alle erwiesenen Grundlagen [wie Geist, Körper, Haus und so fort] besitzen auch ein Selbst von Erscheinungen [was beinhaltet, daß sie – unterschieden in Subjekte und Objekte – wahrhaft existieren].

Wenn die Vaibhāṣikas von dem subtilen Selbst von Personen sprechen, so verstehen sie darunter eine Person, die ihrer Art nach von den geistigen und physischen Anhäufungen verschieden ist. Diese Definition eines »Selbst« läßt sich nur auf Personen anwenden, da Erscheinungen in dieser Weise nicht verstanden werden können. Deshalb ist es den Vaibhāṣikas mit der ihnen eigenen Perspektive möglich, die Existenz des Selbstes von Erscheinungen sowie ihre wahre Existenz zu behaupten, und die Existenz eines Selbstes von Personen abzuleugnen.

Die während der Pfade aufzugebenden Objekte

Es gibt zwei Arten von Nichtwissen, die durch Pfade aufgegeben werden müssen: die mit Plagen behaftete Unwissenheit und die nicht mit Plagen behaftete Unwissenheit.

Die erste – die mit Plagen behaftete Unwissenheit – verhindert vor allem das Erlangen von Befreiung. Beispiele für mit Plagen behaftete Unwissenheit sind die Vorstellung von einem Selbst der Person und die auf Grund dieser Vorstellung entstandenen Drei Gifte [Begierde, Haß und Unwissenheit] mit ihren Samen. Nicht mit Plagen behaftete Unwissenheit verhindert in erster Linie das Erlangen von Allwissenheit. Beispiele für nicht mit Plagen behaftete Unwissenheit sind die vier Ursachen von Nichtwissenheit, etwa das nicht mit Plagen behaftete Hindernis des Nichtwissens um die tiefen und subtilen Eigenschaften eines Buddha.

Die anderen drei Ursachen für Nichtwissenheit sind: das auf die räumliche Entfernung eines Objektes zurückzuführende Nichtwissen, das auf die zeitliche Entfernung eines Objektes zurückzuführende Nichtwissen und das auf die Natur eines Objektes zurückzuführende Nichtwissen, etwa (das Nichtwissen) um die feinen Einzelheiten in der Beziehung von Ursachen zu ihren Wirkungen.

Die Allwissenheit, die hier erwähnt wird, ist nicht die Buddhaeigenschaft der Allwissenheit, wie die Anhänger des Mahāyāna sie verstehen. Allwissenheit bedeutet hier einfach, daß ein Buddha, der an sichtbare oder unsichtbare Objekte denkt, diese eines nach dem anderen erkennt. Die Anhänger des Mahāyāna sind jedoch der Meinung, daß ein Buddha alle Dinge gleichzeitig und augenblicklich erkennen kann, ohne irgendeine Gedankenanstrengung zu machen. Die Vaibhāṣikas erkennen eine solche Allwissenheit nicht an und vertreten deshalb auch keine Hindernisse zur Allwissenheit. Sie unterscheiden lediglich zwischen einer mit Plagen behafteten Unwissenheit und einer nicht mit Plagen behafteten Unwissenheit. Die Anhänger des Mahāyāna unterscheiden zwischen einer Unwissenheit, die ein Hindernis von der Art einer Plage ist, und einer nicht mit Plagen behafteten Unwissenheit, die ein Hindernis für die Allwissenheit ist.

In bezug auf die Hindernisse erkennen die Vaibhāṣikas, außer den Hindernissen für die Befreiung und der nicht mit Plagen behafteten Unwissenheit, kein sogenanntes »Hindernis für die Allwissenheit« an.

Das Wesen der Pfade

In bezug auf die Pfade der drei Fahrzeuge [Hörer-, Einsamer Verwirklicher- und Bodhisattvafahrzeug] vertreten sie eine Darstellung von fünf Pfaden – Ansammlungspfad, Vorbereitungspfad, Pfad des Sehens, Meditationspfad und Pfad des Nicht-mehr-Lernens. Die Weisheiten der Zehn [Bodhisattva-]Erden erkennen sie jedoch nicht an.

Sie behaupten, daß die ersten fünfzehn der sechzehn Momente von Geduld und Wissen den Pfad des Sehens konstituieren, und daß mit dem sechzehnten Moment, den man das anschließende Wissen um den Pfad nennt, der Meditationspfad beginnt. [Siehe Übersicht auf Seite 130].

Der Pfad des Sehens ist der Moment, in dem es zu einer direkten Erkenntnis der Vier Edlen Wahrheiten kommt. Die Pfade der Geduld werden so genannt, da man auf ihnen Leichtigkeit oder Furchtlosigkeit in bezug auf die Meditationsobjekte entwickelt. Sie heißen auch ununterbrochene Pfade, da sie ohne Unterbrechung während einer Meditationssitzung in die Pfade der Befreiung überleiten. Diese Pfade der Befreiung sind die Pfade des Wissens – oder das Wissen darum, daß gewisse Plagen aufgegeben wurden.

Sie [die Vaibhāṣikas] meinen also, daß die Erzeugung [dieser sechzehn Momente] in keiner anderen Weise als in einer Aufeinanderfolge [jeweils ein Schritt nach dem anderen] erfolgt – wie der Gang einer Ziege über eine Brücke.

Sie stellen sich diesen Prozeß folgendermaßen vor:
Die auf dem Pfad des Sehens kontemplierten Objekte sind die Vier Edlen Wahrheiten. Für jede Edle Wahrheit gibt es – in bezug

auf den Bereich der Begierde *(kāma-dhātu)* – einen Pfad der Geduld und einen Pfad des Wissens. Außerdem gibt es – in bezug auf die höheren Bereiche – einen Pfad der anschließenden Geduld und einen Pfad des anschließenden Wissens. Die höheren Bereiche sind der formhafte und der formlose Bereich *(rūpa-dhātu, ārūpya-dhātu)*, die hier in einer Kategorie zusammengefaßt sind. Hat der Meditierende jene Pfade der ersten Wahrheit vollendet, die sich auf den Bereich der Begierde beziehen, dann geht er zu den Pfaden der ersten Wahrheit über, die in Beziehung zu den formhaften und den formlosen Bereichen stehen. Dies sind die vier ersten Momente, und auf diese Weise schreitet er fort bis zum sechzehnten Moment des anschließenden Wissens um den Pfad, der mit dem formhaften und dem formlosen Bereich in Beziehung steht. Mit diesem sechzehnten Moment tritt er in den Meditationspfad ein. Andere Schulen sagen, die acht Geduldsmomente, ebenso wie die Wissensmomente, könnten auch gleichzeitig auftreten.

Wahre Pfade sind nicht unbedingt Fälle von Bewußtsein; die Vaibhāṣikas behaupten nämlich, daß auch die fünf nicht-verunreinigten geistigen und physischen Anhäufungen Wahre Pfade sind.

Außer den Vaibhāṣikas und den Anhängern der Schrift unter den Sautrāntikas halten alle Schulen den Wahren Pfad für einen Fall von Bewußtsein. Die Vaibhāṣikas schließen die fünf geistigen und physischen Anhäufungen in den Wahren Pfad mit ein, zum Beispiel während des fünfzehnten Momentes des Pfades des Sehens. Es ist jedoch nicht so, daß alles, was zu den im Kontinuum eines Höheren befindlichen fünf Anhäufungen gehört, der Wahre Pfad und somit nicht-verunreinigt ist. Es geht hier darum, daß es bei jeder der Anhäufungen Fälle gibt, die der Wahre Pfad und deshalb nicht-verunreinigt sind. Diese nicht-verunreinigten Erscheinungen sind jene, die mit dem nicht-verunreinigten Pfad eines Höheren verbunden sind. Beispiele sind: das Geist-Bewußtsein dieses Höheren; die begleitenden Geist-Faktoren des Gefühls und der Unterscheidung; die gewisse (Charakter)Fehler einschränkenden Formen, welche spontan entstehen, sobald ein Höherer auf einem nicht-verunreinigten Pfad sich in meditativem Gleichgewicht befindet; und die Veranlagungen, die durch seinen reinen Pfad angelegt werden. Diese alle sind sowohl nicht-verunreinigte Objekte als auch ein Wahrer Pfad.

DIE SECHZEHN GEDULDS- UND WISSENSMOMENTE
(Von unten nach oben zu lesen)

Pfad der Meditation (In der Frucht eines Stromerreichers Weilender)	16	anschließendes Wissen	Höhere Bereiche	Wahrer Pfad
Pfad des Sehens (In die Frucht eines Stromerreichers Eintretender)	15	anschließende Geduld		
	14	Wissen	Bereich der Begierde	
	13	Geduld		
	12	anschließendes Wissen	Höhere Bereiche	Wahres Aufhören
	11	anschließende Geduld		
	10	Wissen	Bereich der Begierde	
	9	Geduld		
	8	anschließendes Wissen	Höhere Bereiche	Wahrer Ursprung
	7	anschließende Geduld		
	6	Wissen	Bereich der Begierde	
	5	Geduld		
	4	anschließendes Wissen	Höhere Bereiche	Wahres Leiden
	3	anschließende Geduld		
	2	Wissen	Bereich der Begierde	
	1	Geduld		

DARSTELLUNG DER FRÜCHTE DER PFADE

Die Mitglieder der Familie der Hörer werden in drei oder mehr Leben mit den sechzehn Attributen [der Vier Edlen

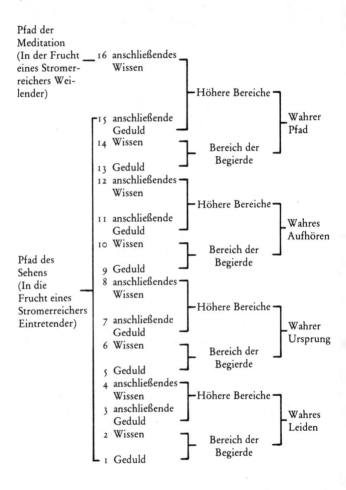

Wahrheiten] – Vergänglichkeit und so fort – vertraut. Sie stützten sich auf die *Vajra*-gleiche meditative Gleichgewichtfindung und geben schließlich alle plagenden Hindernisse auf, indem sie von den dazuführenden Ursachen [den Veranlagungen, die bewirken, daß man zu diesen Plagen kommt] ablassen. Dann offenbaren sie die Frucht eines, der zum Feind-Zerstörer *(Arhan)* wird. Auf dem großen Pfad der Ansammlung und darunter wird der einem Nashorn gleichende Einsame Verwirklicher immer mehr mit der Erkenntnis vertraut, daß die Person leer ist von substantieller oder eigenständiger Existenz. Das verbindet er mit dem Anhäufen der Ansammlungen von Verdienst und übt so einhundert Zeitalter lang und mehr. Dann verwirklicht er in einer Sitzung die Stufen von der Hitze-Ebene des Pfades der Vorbereitung bis hin zum Pfade des Nicht-mehr-Lernens, diesen eingeschlossen.

Einsame Verwirklicher sind diejenigen, die in früheren Leben mit Lehrern zusammengetroffen sind und von ihnen Unterweisung in der Lehre erhalten haben, in ihrem letzten Leben aber – wie ein Nashorn – friedlich und für sich selbst im Bereich der Begierde leben. In diesem Leben treffen sie weder Lehrer noch studieren sie die Lehre. Nach Meinung der Anhänger des Mahāyāna gibt es noch eine zweite Art von Einsamen Verwirklichern, welche in ihrem letzten Leben zwar mit Lehrern zusammentreffen und Unterweisung erhalten, ihr Ziel später aber allein erreichen.

Die Vaibhāṣikas behaupten, es gebe Arten von Feind-Zerstörern, welche degenerieren können, da es Hīnayāna Feind-Zerstörer gibt, die vom Aufgeben der Hindernisse und von ihrer Erkenntnis der Vier Wahrheiten abfallen und zu Stromerreichern werden.

Die Vaibhāṣikas behaupten, es gebe fünf Arten von Feind-Zerstörern, die herabfallen können, und eine sechste Art, die nicht degenerieren kann. Nur ein Feind-Zerstörer der sechsten Art wird von den anderen Schulen als wirklicher Feind-Zerstörer angesehen.

In bezug auf die Hörer geben sie eine Aufstellung von zwanzig Mitgliedern der geistigen Gemeinschaft *(saṃgha)* zusammen mit den acht Eintretenden und Verweilenden; sie sind jedoch nicht der Meinung, daß es jemanden gibt, der gleichzeitig [alle Plagen aufgibt].

Bei den zwanzig Mitgliedern der geistigen Gemeinschaft handelt es sich um eine Klassifizierung, die sich nach Ort und Anzahl der Leben richtet, die den Praktizierenden auf dem Weg zur Erlangung der Frucht eines Stromerreichers, Einmal Wiederkehrers, Nie mehr Wiederkehrers und eines Feind-Zerstörers noch verbleiben.
Die acht Eintretenden und Verweilenden sind Wesen, die sich den Früchten eines Stromerreichers, Einmal Wiederkehrers, Nie mehr Wiederkehrers oder Feind-Zerstörers nähern, beziehungsweise in ihnen verweilen. Die »Vier Verweilenden« bezieht sich auf jene, die diese Früchte voll verwirklicht haben oder in ihnen verweilen. Ein Stromerreicher ist jemand, der niemals wieder als ein Höllenwesen, als ein Hungriger Geist oder Tier geboren wird. Ein Einmal Wiederkehrer wird noch einmal im Bereich der Begierde wiedergeboren. Ein nie mehr Wiederkehrer wird nie mehr im Bereich der Begierde wiedergeboren. Ein Feind-Zerstörer hat die Plagen besiegt, er ist also vollständig aus dem Existenzkreislauf befreit.
Der Existenzkreislauf wird in drei Bereiche und in neun Ebenen eingeteilt. Die erste Ebene ist der Bereich der Begierde. Die nächsten vier Ebenen sind die vier Unterteilungen des formhaften Bereiches, welche die vier Konzentrationen genannt werden. Die letzten vier Ebenen bestehen aus den Unterteilungen des formlosen Bereiches, welche die vier formlosen Versenkungen genannt werden. Zu jeder Ebene gehören neun aufeinanderfolgende Reihen von aufzugebenden Hindernissen: groß-groß, mittel-groß und klein-groß; groß-mittel, mittel-mittel und klein-mittel; groß-klein, mittel-klein und klein-klein. (Siehe Tafel auf Seite 134). Würde der Übende der Reihe nach vorgehen, hätte er einundachtzig Stufen zu durchlaufen, das heißt, eine Reihe von neun Stufen auf jeder Ebene. »Gleichzeitiges Aufgeben« bezieht sich auf ein gleichzeitiges Besiegen oder Aufgeben von, zum Beispiel, jeder groß-groß-Stufe der neun Ebenen. Jemand, der den Pfad der Meditation mit gleichzeitigem Aufgeben durchläuft, muß also nur neun anstatt einundachtzig Stufen voll-

enden. Die Vaibhāṣikas erkennen ein solches gleichzeitiges Aufgeben nicht an.

Sie behaupten, daß die acht Eintretenden und Verweilenden notwendigerweise auch Höhere sind.

Das bedeutet, daß ein in die Frucht eines Stromerreichers Eintretender den Pfad des Sehens erreicht hat – das ist der Zeitpunkt, von dem an er nicht länger ein gewöhnliches Wesen sondern ein Höherer ist. Anderen Schulen zufolge befindet sich ein in die Frucht eines Stromerreichers Eintretender auf dem Pfad der Vorbereitung.

Ein Bodhisattva [so wie Śākyamuni] vervollständigt während des Pfades der Ansammlung über zahllose große Zeitalter hinweg seine Ansammlungen [von Verdienst und Weisheit]. Nachdem er das getan hat, erwirbt er einhundert Zeitalter lang die Ursachen für die vortrefflichen Merkmale. Dann, in seinem letzten Leben, besiegt er, in der Abenddämmerung am Erleuchtungsbaum sitzend, die Schar der Dämonen. Zu Mitternacht verwirklicht er in meditativem Gleichgewicht die drei Pfade – den Pfad der Vorbereitung, den Pfad des Sehens und den Pfad der Meditation. Später, unmittelbar vor dem Morgengrauen, verwirklicht er den Pfad des Nicht-mehr-Lernens [und wird zu einem Buddha].

Sie meinen deshalb, daß [von den Zwölf Taten eines Buddha] die Zähmung der Dämonen und die vorhergehenden Taten noch ein gewöhnliches Wesen vollbringt, und daß die drei Bodhisattvapfade – die Pfade der Vorbereitung, des Sehens und der Meditation – lediglich meditatives Gleichgewicht sind [weil sie nur während des Sitzens in Meditation auftreten]. Von den Zwölf Taten gelten die ersten neun als die Taten eines Bodhisattvas und nur die letzten drei als die Taten eines Buddha.

Die Zwölf Taten sind: Hinabstieg aus dem Freudvollen Reinen Lande *(Tuṣita)*, Empfängnis, Geburt, Meisterung der Künste, Vergnügung inmitten seines Gefolges, Verzicht, Askese, Medi-

DER PFAD DER MEDITATION
(Von unten nach oben zu lesen)

Bereiche und Ebenen		*Plage*	*Pfadaspekt*	*Eintretender und Verweilender*
Formloser Bereich	Gipfel des Existenzkreislaufs (neunte Ebene)	81	Pfad der Befreiung	In der Frucht eines Feind-Zerstörers Verweilender (Pfad des Nicht-mehr-Lernens)
		73–80	ununterbrochener Pfad	
	Nichtsheit (achte Ebene)	64–72		
	Unbegrenztes Bewußtsein (siebte Ebene)	55–63		
	Unbegrenzter Raum (sechste Ebene)	46–54		Eintretender in die Frucht eines Feindzerstörers und Verweilender in der Frucht eines Nie mehr Wiederkehrers
Formhafter Bereich	Vierte Konzentration (fünfte Ebene)	37–45		
	Dritte Konzentration (vierte Ebene)	28–36		
	Zweite Konzentration (dritte Ebene)	19–27		
	Erste Konzentration (zweite Ebene)	10–18		

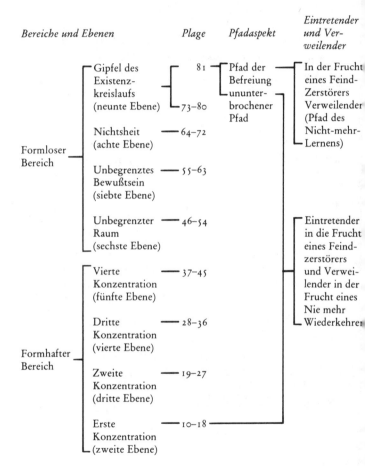

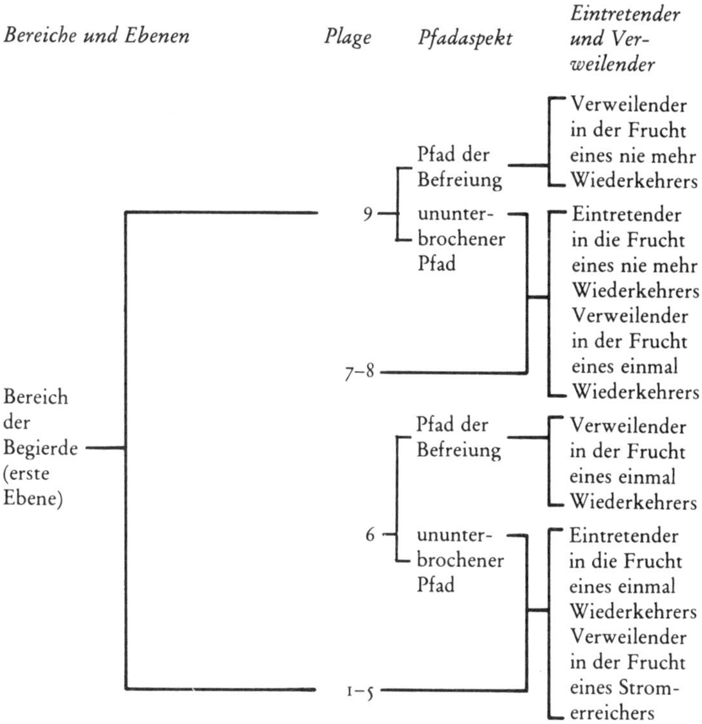

tation unter dem Erleuchtungsbaum, Unterwerfung der Schar der Dämonen, Buddhawerdung, Drehen des Rades der Lehre und *Nirvāṇa.*

Die Vaibhāṣikas behaupten, ein erkenntnismäßiges Rad der Lehre sei notwendigerweise ein Pfad des Sehens, und ein sprachliches Rad der Lehre sei notwendigerweise ein Rad der Lehre von den Vier Wahrheiten.
Die Vaibhāṣikas behaupten weiterhin, daß die Abschnitte des *Wissens (Abhidharma)* vom Buddha ausgesprochen [und von Feind-Zerstörern aufgeschrieben] wurden. Sie sagen, Buddhas Wort sei wörtlich zu nehmen. Sie vertre-

ten außer achtzigtausend Bündeln der Lehre keine Darstellung von vierundachtzigtausend Bündel der Lehre. Im *Schatzhaus des Wissens* von Vasubandhu heißt es: »Diese achtzigtausend Bündel von Lehren, die vom Überwinder gesprochen wurden . . .«

Die Lehre wird – wie Weizen, der bei der Ernte geschnitten und gebunden wurde – in Bündel geordnet. Ein Bündel kennzeichnet eine Unterweisung von unterschiedlicher Länge, die imstande ist, eine Plage zu überwinden, sobald sie vollkommen verwirklicht wird. Die Schulen, die vierundachtzigtausend anstelle von achtzigtausend Bündeln lehren, sagen, es gebe einundzwanzigtausend Bündel für jede der Plagen – Begierde, Haß und Unwissenheit – und ein weiteres Bündel von einundzwanzigtausend für alle drei zusammen.

Der Ort, an dem ein Bodhisattva in seinem letzten Leben die Erleuchtung verwirklicht, ist eindeutig der Bereich der Begierde; deshalb machen die Vaibhāṣikas keine Aussagen über einen Genuß-Körper *(Sambhoga-kāya)*. Sie lehren auch nicht das Vorhandensein eines Höchsten Reinen Landes *(Akaniṣṭa)*.

Nach dem Mahāyānasystem ist das Höchste Reine Land der Ort, an dem der Genußkörper eines Buddha residiert und den Bodhisattvas auf dem Pfad des Sehens und höherer Stufen den Mahāyānapfad predigt. Gewöhnliche Wesen finden sich in dieser Art von Reinem Land nicht. Sie existieren allerdings in den Reinen Ländern der Hervorbringungskörper *(Nirmāṇa-kāya)* eines Buddha.

Nicht nur dies, auch die Allwissenheit erkennen sie nicht an [da sie bloß die obenerwähnte Allwissenheit vertreten].
Alle Feind-Zerstörer der drei Fahrzeuge haben ein *Nirvāṇa* mit Überresten, denn ihrer Meinung nach, bricht das Bewußtseinskontinuum ab – so wie eine Flamme erlischt – wenn man ein *Nirvāṇa* ohne Überreste erreicht. Von daher sind sie der Meinung, daß es drei endgültige Fahrzeuge gibt.
Einige sagen, daß der Lehrer [nach Auffassung des Systems der Vaibhāṣikas] lediglich eine hervorgebrachte

Körperform aus dem Gesichtskreis einiger Schüler zurückzog, als er aus dem Leiden dahinging [– als er in *Parinirvāṇa* einging, das heißt, als er »starb«] und nicht wirklich aus dem Leiden verschied [oder vollständig verschwand]. Das ist so, als wenn man einen Fisch mit einer Rübe verwechselte.

Fisch und Rübe sind beide länglich und weiß, aber sie sind natürlich verschieden. Deshalb benutzt man sie, um etwas metaphorisch als unsinnige Verwechslung zu kennzeichnen.

Ein Buddha-Höherer hat alle Leiden und ihre Ursprünge ohne Ausnahme aufgeben, und doch ist es kein Widerspruch, wenn es innerhalb seines Kontinuums Wahres Leiden gibt. Der Grund dafür ist, daß man das Aufgeben aller Plagen, die das Wahre Leiden als ihre Objekte nehmen, als das Aufgeben des Wahren Leidens bezeichnet.

Selbst wenn man immer noch Wahres Leiden in seinem Kontinuum hat, entstehen dadurch keine neuen Plagen mehr, sobald alle Plagen beseitigt wurden. Also sagt man, daß alles Wahre Leiden aufgegeben wurde.

Der physische Körper eines Buddha gehört zum selben Leben wie die physische Grundlage eines Bodhisattva auf dem Pfade der Vorbereitung. Deshalb ist, nach Meinung der Vaibhāṣikas, dieser Körper, obwohl er Buddha ist, kein Buddha-Juwel [und somit kein Zufluchtsobjekt].

In diesem System heißt es, daß ein Bodhisattva in einer Meditationssitzung vom Pfade der Vorbereitung fortschreitet bis zum Pfad des Nicht-mehr-Lernens; wenn er Buddhaschaft erreicht hat, ist sein Körper also derselbe, den er hatte, als er mit dem Pfad der Vorbereitung begann. Weil es sich bei diesem Körper noch um einen gewöhnlichen Körper handelt, kann er kein unbeschmutztes Buddha-Juwel sein. Viele Gelehrten sagen auch, der Körper des Buddha sei nicht Buddha, weil dieser Körper Wahres Leiden ist.

Als das Buddha-Juwel gelten die Weisheit der Auslöschung aller Hindernisse und die Weisheit davon, daß die im Geist-Kontinuum eines Buddha vorhandenen Hindernisse nie wieder erzeugt werden.

Wenn man sich vor einem Buddha-Juwel verbeugt oder zu ihm Zuflucht nimmt, verbeugt man sich nicht vor dem Körper des Buddha sondern vor seiner Weisheit. Von den beiden Weisheiten erlangen die zur Degeneration fähigen Feind-Zerstörer lediglich die Weisheit der Auslöschung der Plagen, sie erlangen nicht die Weisheit der zukünftigen Nicht-Erzeugung der Plagen.

Ebenso hält man Lernende-Höhere [die sich auf den Pfaden des Sehens und der Meditation befinden] weil sie Wesen mit Verunreinigungen sind, nicht für das Gemeinschaft-Juwel, obwohl sie die geistige Gemeinschaft darstellen. Ihrer Meinung nach ist das Gemeinschaft-Juwel der Wahre Pfad im Geist-Kontinuum der Lernenden-Höheren. Es gibt bei ihnen auch eine Darstellung des Lehre-Juwels, denn das Wahre Aufhören und die Nirvāṇas in den Kontinuen der Hörer, Einsamen Verwirklicher und der Buddhas sind alle das Lehre-Juwel.

Ein *Nirvāṇa* bezieht sich auf das Aufhören aller Plagen, dagegen ist Wahres Aufhören das Aufhören irgendeiner Plage, zum Beispiel irgendeiner der einundachtzig Fälle von Aufhören auf dem Pfade der Meditation.

Darum sage ich:

Die jugendfrischen Gruppen mit klarem Geist sollten dieses Festmahl
aus neuem Ambrosia der Redefertigkeit genießen,
das mit dem goldenen Gefäß der Analyse meines Geistes,
aus dem Ozean des Systems der Vaibhāṣikas geschöpft ist.

V. DIE SAUTRĀNTIKAS

DEFINITION, UNTERSCHULEN UND ETYMOLOGIE DER BEZEICHNUNG SAUTRĀNTIKA

Ein Sautrāntika ist laut Definition: Jemand, der Hīnayāna-Lehrmeinungen verkündet und die wahre Existenz sowohl von äußeren Objekten als auch von einem Selbst-Bewußtsein vertritt.

Diese Definition muß dahingehend eingeschränkt werden, daß sie nicht die Anhänger der Schrift unter den Sautrāntikas berücksichtigt, die kein Selbst-Bewußtsein lehren.

Die Ausdrücke Sautrāntika [*Sūtra*-Anhänger] und Beispielgeber *(Darṣṭāntika)* sind bedeutungsgleich.
Es gibt zwei Arten von Sautrāntikas: die Anhänger der Schrift und die Anhänger von Beweisführung. Die ersteren sind [vor allem] die Sautrāntikas, die dem *Schatzhaus des Wissens* von Vasubandhu folgen, und die letzteren sind [vor allem] die Sautrāntikas, die den *Sieben Abhandlungen über gültige Erkenntnis* von Dharmakīrti folgen.
Es gibt Gründe dafür, daß man sie Sautrāntikas und Beispielgeber nennt. Sie verkünden nämlich Lehrmeinungen hauptsächlich, indem sie sich auf die *Sūtras* des Gesegneten stützen, und nicht indem sie der *Großen Ausführlichen Erläuterung* folgen. Weil sie alle Lehren mit Hilfe von Beispielen erteilen, werden sie Beispielgeber genannt.

DARSTELLUNG DER GRUNDLAGE

Dieser Abschnitt zerfällt in zwei Teile: ihre Aussagen über Objekte und ihre Aussagen über Objekt-Besitzer.

Ihre Aussagen über Objekte

Ein Objekt *(viṣaya)* ist laut Definition: Etwas, das geeig-

Dharmakīrti

net ist, von einem Geist erkannt zu werden. Ein Wissensobjekt *(jñeya)* ist laut Definition: Etwas, das geeignet ist, ein Objekt für den Geist zu sein. Die Ausdrücke »Objekt«, »Existierendes«, »Wissensobjekt« und »Erwiesene Grundlage« sind bedeutungsgleich. Die Objekte unterteilt man in die Zwei Wahrheiten; in spezifisch charakterisierte Objekte und allgemein charakterisierte Objekte; in verneinende Erscheinungen und bestätigende Erscheinungen; in offenbare und verborgene Erscheinungen; in die drei Zeiten und in das Einzelne und das Verschiedene.

Die Zwei Wahrheiten. Eine endgültige Wahrheit ist laut Definition: Eine Erscheinung, die einer logischen Analyse standhält, welche untersucht, ob diese Erscheinung eine eigene Existenzweise hat, und ob sie nicht [um existieren zu können] von einer gedanklichen oder terminologischen Beilegung abhängig ist. Die Ausdrücke »funktionierendes Ding«, »vergängliches Ding«, »endgültige Wahrheit«, »spezifisch charakterisierte Erscheinung«, »vergängliches Ding«, »Produkt« und »in Wahrheit existierende Erscheinung« sind bedeutungsgleich.
Eine Wahrheit für einen Verdunkelten [Geist] *(samvṛti-satya)* ist laut Definition: Eine Erscheinung, die nur als gedankliche [oder terminologische] Beilegung existiert. Die Ausdrücke »nicht-funktionierende Erscheinung«, »Wahrheit für einen Verdunkelten [Geist]«, »allgemein charakterisierte Erscheinung«, »unvergängliche [Erscheinung]«, »Nicht-Produkt-Erscheinung« und »täuschendes Existierendes« sind bedeutungsgleich.
Es gibt Etymologien für die beiden Wahrheiten: Das Nicht-Produkt Raum wird eine Wahrheit für den Verdunkelten genannt, weil er für einen verdunkelten Geist eine Wahrheit ist. »Verdunkelt« bezieht sich hier auf ein Denk-Bewußtsein, das man als verdunkelt bezeichnet, weil es an einer Wahrnehmung speziell charakterisierter Erscheinungen gehindert ist.

Man kann den Raum, das heißt das Fehlen eines hindernden Kontaktes, nicht direkt erkennen; man erkennt ihn nur schlußfolgernd, mit Hilfe eines begrifflichen oder Denk-Bewußtseins. Ein Denk-Bewußtsein wird verdunkelt genannt, weil es unvergängliche Dinge nicht direkt wahrnehmen kann; es kann sie nur durch das Mittel der Allgemeinbilder oder Begriffe wahrnehmen.

Das ist jedoch nur eine Etymologie [und keine Definition, weil sie für eine Definition zu weit gefaßt wäre]. Nicht alles, was für das Denken, das heißt für einen verdunkelten Geist, eine Wahrheit darstellt, ist auch zwangsläufig eine Wahrheit für den Verdunkelten. Der Grund dafür liegt darin, daß ein Topf zum Beispiel, der eine endgültige Wahrheit ist, auch für das Denken [also für einen verdunkelten Geist] eine Wahrheit darstellt. Außerdem existieren ein Selbst von Personen und ein unvergänglicher Laut noch nicht einmal konventionell, obwohl sie für das Denken, das heißt für einen verdunkelten Geist [wenn dieser verblendet ist] Wahrheiten sind.
Einen Topf nennt man eine endgültige Wahrheit, weil er für einen endgültigen Geist eine Wahrheit darstellt. Bei diesem endgültigen Geist handelt es sich um ein Bewußtsein, das sich in bezug auf das Objekt, das ihm erscheint, nicht im Irrtum befindet.

Weil dem Denk-Bewußtsein das Allgemeinbild, etwa eines Hauses, ein wirkliches Haus zu sein scheint, befindet es sich in bezug auf sein Objekt – das Allgemeinbild – im Irrtum. Ein schlußfolgerndes Bewußtsein, etwa ein Bewußtsein, das die Vergänglichkeit eines Hauses erkennt, irrt sich deshalb lediglich in bezug auf das ihm erscheinende Objekt, aber nicht was das Bezugsobjekt – die Vergänglichkeit des Hauses – angeht, die richtig erkannt wird. Ein direkt gültiges Erkenntnismittel befindet sich jedoch weder in bezug auf das erscheinende Objekt, noch auf das Bezugsobjekt im Irrtum. Direkt gültige Erkenntnismittel sind die Fälle von Bewußtsein, die man mit »endgültig« meint, wenn man von »endgültiger Wahrheit« spricht.
Das eigentliche einem Denk-Bewußtsein erscheinende Objekt ist ein Allgemeinbild, das ist ein Gedächtnisbild, ein Vorstellungsgebilde, oder in einigen Fällen das Nachbild eines von einem

Sinnesbewußtsein aufgenommenen Objektes. Dieses Allgemeinbild und das Denk-Bewußtsein selbst bilden eine Wesenheit.
Das *Bezugsobjekt* eines schlußfolgernden Erkenntnismittels ist nicht das Allgemeinbild eines Objektes sondern das wirkliche Objekt selber. Wenn jemand, zum Beispiel, die subtile Vergänglichkeit eines Stuhles erkennt, ist das Allgemeinbild eines vergänglichen Stuhles das erscheinende Objekt und ein wirklicher Stuhl ist das Bezugsobjekt, das man aber nur indirekt, durch das Mittel eines Allgemeinbildes, erfaßt. Wenn man die Vorstellung von den Hörnern eines Hasen hat, ist das Allgemeinbild von den Hörnern eines Hasen das erscheinende Objekt, das Bezugsobjekt – wirkliche Hasenhörner – existiert nicht. Die Unterscheidung zwischen erscheinendem Objekt und Bezugsobjekt macht man nur im Hinblick auf ein Denk-Bewußtsein.
Das Allgemeinbild von Feuer im Geist einer bestimmten Person dient dazu, die vielen Feuer, die die Person wahrnimmt, zu identifizieren, deshalb ist dieses Bild »allgemein«. Eine andere Person kann ein anderes Bild von Feuer haben, dessen Form vielleicht davon abhängt, auf welche Weise diese Person das erste Mal in diesem Leben ein Feuer identifiziert hat. Deshalb sind Allgemeinbilder nicht in dem Sinne allgemein oder universell, daß ein Bild allen Wesen als Bild dient. Das Allgemeinbild, das eine Person hat, kann sich auch im Laufe seines Lebens ändern. Bei einem Allgemeinbild handelt es sich um eine Beilegung durch ein Denk-Bewußtsein; es existiert nicht in oder aus sich selbst und ist deshalb keine spezifisch charakterisierte Erscheinung und nicht vergänglich. Obwohl unvergänglich, existiert ein Allgemeinbild nicht ewig, etwa so, daß es allen Wesen zum gelegentlichen Gebrauch stets zur Verfügung stünde; es existiert auch im individuellen Geist nicht ewig, etwa so, daß man es nur manchmal bemerkt und manchmal nicht. Ein Allgemeinbild, welches in der Beseitigung all dessen besteht, was nicht zu dem spezifischen Objekt gehört, wird vielmehr einmal gebildet und bleibt dann latent vorhanden, bis die geeigneten Bedingungen zusammentreffen – zum Beispiel wenn die Person ein Feuer erblickt. Dann entsteht ein Denk-Bewußtsein mit einem Allgemeinbild als Objekt, das in diesem Augenblick von der Person mit dem wirklichen Objekt verwechselt wird, und sie denkt: »Das ist ein Feuer.«
Allgemeinbilder sind unvergänglich, sie besitzen Teile und sind für jedes Wesen verschieden. Sie sind nicht zu verwechseln mit

den unvergänglichen, teillosen, unabhängigen Universalien anderer philosophischer Systeme. Die Unvergänglichkeit eines Allgemeinbildes ist eine gelegentliche Unvergänglichkeit. Ein anderes Beispiel für eine gelegentliche Unvergänglichkeit ist der Raum innerhalb eines Topfes. Wenn der Topf zerstört wird, ist es nicht mehr angebracht, diesen Raum zu bezeichnen. Der Raum innerhalb eines Topfes verändert sich aber auch nicht von Augenblick zu Augenblick. Deshalb kann man ihn nicht vergänglich nennen. Es handelt sich bei ihm um eine bloß gelegentliche Unvergänglichkeit, weil er sich nicht, wie alle vergänglichen Erscheinungen, von Augenblick zu Augenblick auflöst und auch nicht für immer existiert.
Allgemeinbilder sind nicht bloß Erinnerungsbilder, die man für die Identifizierung von Objekten benutzt. Es sind auch Nachbilder. Wenn man ein Objekt unmittelbar wahrnimmt, nennt man das vor einem manifeste Objekt eine speziell charakterisierte Erscheinung. Ein Seh-Bewußtsein wird als Abbild des Objektes gebildet, ungefähr so, als ob ein winziger Spiegel im Augapfel das Objekt reflektieren würde. Das Objekt, ein Tisch zum Beispiel, existiert einen Augenblick vor dem Seh-Bewußtsein, das als sein Abbild entsteht. Dennoch ist der Tisch des vorhergehenden Augenblicks das Objekt des Seh-Bewußtseins, weil nichts zwischen dem Objektsmoment und dem das Objekt erfassenden Seh-Bewußtsein steht. Deshalb wird die spezifisch charakterisierte Erscheinung »Tisch« direkt wahrgenommen. Wenn durch den Einfluß dieses Seh-Bewußtseins ein Geist-Bewußtsein entsteht, dann hat dieses für einen Augenblick eine direkte Wahrnehmung des Objektes und es ist für diesen Augenblick ein geistig direktes Wahrnehmungsmittel. In allen darauffolgenden Augenblicken ist sein Objekt ein Nachbild.

Diese Darstellung der Zwei Wahrheiten ist die des Systems der Anhänger von Beweisführung unter den Sautrāntikas. Die Anhänger der Schrift vertreten eine Darstellung der Zwei Wahrheiten, die mit der der Vaibhāṣikas übereinstimmt.

Spezifisch und allgemein charakterisierte Objekte. Ein spezifisch chrakterisiertes Objekt ist laut Definition: Eine Erscheinung, die im endgültigen Sinne fähig ist, eine

Funktion zu erfüllen. Zum Beispiel ein Topf. Eine allgemein charakterisierte Erscheinung ist laut Definition: Eine Erscheinung, die im endgültigen Sinne nicht fähig ist, eine Funktion zu erfüllen. Zum Beispiel das Nicht-Produkt Raum.
Beigelegte Erscheinungen wie »allgemein« und »besonders«, »eins« und »verschieden«, »sich gegenseitig ausschließend« und »verbunden« und so fort sind allgemein charakterisierte Erscheinungen. Man sollte jedoch wissen, daß ein Objekt, für das eins von ihnen zutrifft, nicht zwangsläufig gleich ein allgemein charakterisiertes Objekt ist.

»Eins« ist zum Beispiel ein allgemein charakterisiertes Objekt, ein Topf ist aber ein spezifisch charakterisiertes Objekt, weil er kraft seiner spezifischen Natur existiert. Wenn wir von *einem* Topf sprechen und sagen: »Das ist *ein* Topf«, dann ist das Einssein keine Erscheinung, die kraft ihrer spezifischen Natur existiert, denn wir können von einem anderen Standpunkt aus auch die Bezeichnung »verschieden« benutzen – zum Beispiel wenn wir den Topf als etwas von einem Tisch Verschiedenes bezeichnen. Die Bezeichnungen »eins« und »verschieden« sind abhängig von einer gedanklichen Beilegung, deshalb sind sie, obwohl ihre Grundlage vielleicht in einem spezifisch charakterisierten Objekt besteht, selber allgemein charakterisierte Objekte.
Die Begriffe *svalakṣaṇa* und *sāmānyalakṣaṇa*, die hier für »spezifisch charakterisiertes Objekt« und »allgemein charakterisiertes Objekt« stehen, werden manchmal auch in einer anderen Bedeutung gebraucht. In dem Fall bedeuten sie »ausschließendes Charakteristikum« und »allgemeines Charakteristikum«. Die Definition für »Form« ist ein Beispiel für ein ausschließendes Charakteristikum, »Vergänglichkeit« ist ein allgemeines Charakteristikum, das Formen mit anderen Produkten teilen, die keine Formen sind – zum Beispiel Fälle von Geist.

Verneinende und bestätigende Erscheinungen. Eine verneinende Erscheinung ist laut Definition: Ein Objekt, das man durch das ausdrückliche Ausschließen eines Verneinungsobjektes erkennt.

Wenn wir hier die Wissensobjekte unterteilen in verneinende und bestätigende Objekte, bezieht sich »Verneinung« weder auf den Verneinungsakt noch auf das Objekt der Verneinung. Es bezeichnet ein Objekt, welches die Verneinung oder das Nichtvorhandensein eines Verneinungsobjektes ist. Zum Beispiel erkennt man ein verneinendes Objekt wie Nicht-Kuh, indem man Kuh ausschließt. Nicht-Kuh umfaßt alle Erscheinungen außer Kuh – Haus, Zaun, Person und so fort. Kuh ist zwar nicht Nicht-Kuh, aber wenn man Kuh sagt oder denkt, so braucht das Denken Nicht-Kuh nicht ausdrücklich auszuschließen.

»Verneinendes Objekt« und »Ausschluß des Anderen« *(apoha)* sind bedeutungsgleich.
Es gibt zwei Arten von verneinenden Erscheinungen: Nicht-bestätigende Verneinungen und bestätigende Verneinungen. Eine nicht-bestätigende Verneinung ist laut Definition: Ein Objekt, das von einem Geist erkannt wird, der [das verneinende Objekt] im Zusammenhang des Ausschließens eben des verneinten Elementes des verneinenden Objektes ausdrücklich erkennt. Ein Beispiel: »Brahmanen sollten kein Bier trinken.«

Diese Feststellung ist eine nicht-bestätigende Verneinung, weil nur das verneinte Element – Bier trinken – ausgeschlossen wird und nichts, zum Beispiel keine andere Art von Speise oder Getränk, an seiner Stelle bestätigt wird.

Eine bestätigende Verneinung ist laut Definition: Eine Verneinung, die anstelle des eigenen, verneinten Elementes eine andere Erscheinung impliziert – sei es eine bestätigende Erscheinung oder eine andere bestätigende Verneinung oder beides. Zum Beispiel: »Der dicke Devadatta ißt tagsüber nichts.«

In diesem Fall impliziert die verneinende Feststellung, daß Devadatta nachts ißt.

Eine bestätigende Erscheinung ist laut Definition: Ein Objekt, das der Geist, der es unmittelbar erkennt, nicht dadurch erkennt, daß er das ihm eigene verneinende Element ausdrücklich ausschließt. Zum Beispiel ein Topf.

Das Denken muß Nicht-Topf nicht ausdrücklich ausschließen, um einen Topf zu erkennen oder zu identifizieren.

Offenbare und verborgene Erscheinungen. Eine offenbare Erscheinung ist laut Definition: Ein Objekt, das durch ein direkt-neu-gültiges Erkenntnismittel erkannt wird.

In allen Systemen außer dem der Prāsaṅgika ist ein gültiges Erkenntnismittel neu und auch nicht irregeführt. Der zweite Augenblick eines gültigen Erkenntnismittels ist nicht mehr neu und deshalb ein Wieder-Erkenntnismittel oder ein nicht neu-gültiges Erkenntnismittel.

Die Ausdrücke »offenbare Erscheinung« und »funktionierendes Ding« sind bedeutungsgleich.

Von der direkten Erkenntnis aus gesehen, sind alle funktionierenden Dinge offenbare Erscheinungen.

Eine verborgene Erscheinung ist laut Definition: Ein Objekt, das unmittelbar durch ein schlußfolgerndes neu-gültiges Erkenntnismittel erkannt wird. Die Ausdrücke »verborgene Erscheinung« und »Wissensobjekt« sind bedeutungsgleich.

Für das Denken sind alle Wissensobjekte, funktionierende Dinge eingeschlossen, verborgene Erscheinungen, weil es sie nicht direkt wahrnehmen kann. Es kann sie lediglich durch das Mittel eines Allgemeinbildes wahrnehmen. Deshalb schließen in diesem System »offenbare Erscheinung« und »verborgene Erscheinung« einander nicht aus. Alle offenbaren Erscheinungen sind verborgene Erscheinungen, aber nicht alle verborgenen Erscheinungen sind offenbare Erscheinungen. Das Nicht-Produkt Raum kann, zum Beispiel, nur durch Schlußfolgerung erkannt werden.

Die drei Zeiten. Ein vergangenes Objekt ist laut Definition: Jener Zustand des Aufgehörthabens, der in dem Augenblick nach der Zeit [der Gegenwart] eines Objektes existiert, wobei das Objekt [jetzt] ein anderes funktionierendes Ding [als in seiner eigenen Vergangenheit] ist.
Ein zukünftiges Objekt ist laut Definition: Jener Zustand der Nicht-Erzeugung eines funktionierenden Dinges an

einem Ort zu einer Zeit, der verschieden ist [von seinem künftigen Zustand], weil die ergänzenden Ursachen noch nicht vollständig sind, obwohl die Hauptursache für seine Erzeugung gegenwärtig ist.

Die Zukunft eines Objektes fängt an zu existieren, wenn die Hauptursache des Objektes gegenwärtig, das Objekt selber aber nicht gegenwärtig ist. Deshalb existiert das zukünftige Objekt vor der Gegenwart desselben Objektes. Für die Sautrāntikas, Cittamātrin und die Svātantrika-Mādhyamikas sind Vergangenheit und Zukunft keine funktionierenden Dinge, sondern sind unvergänglich und lösen sich auf. Für die Prāsaṅgikas sind sie funktionierende Dinge und vergänglich.

Ein gegenwärtiges Objekt ist laut Definition: Das, was erzeugt wurde und noch nicht aufgehört hat.
Vergangenheit und Zukunft sind beide unvergänglich [weil sie in der bloßen Abwesenheit von etwas bestehen und weil sie nicht dem Wechsel von einem Augenblick zum anderen unterworfen sind].

Es gibt zwei Arten von Unvergänglichkeit – gelegentliche Unvergänglichkeit und nicht-gelegentliche Unvergänglichkeit. Eine gelegentliche Unvergänglichkeit, wie etwa die Vergangenheit eines Tisches, ist von dem Aufhören des Tisches abhängig; ist das Aufhören aber eingetreten, existiert die Vergangenheit des Tisches, also sein Zustand des Aufgehörthabens, ohne einer Veränderung unterworfen zu sein. Raum im allgemeinen, das ist das Fehlen von hinderndem Kontakt, ist eine nicht-gelegentliche Unvergänglichkeit. Er existiert ohne Anfang, ohne Veränderung und für immer.

»Gegenwärtiges Objekt« und »funktionierendes Ding« sind bedeutungsgleich. Die folgenden charakteristischen Eigenschaften [von vergangenen und zukünftigen Objekten] sollte man kennen: Die Vergangenheit eines Dings tritt nach dem Ding ein. Die Zukunft eines Dinges tritt vor dem Ding ein.

Das Einzelne und das Verschiedene. Das Einzelne ist laut Definition: Eine Erscheinung, die nicht verschiedenartig ist, so wie ein Topf. Das Verschiedene ist laut Definition: Die Erscheinungen, die verschiedenartig sind, so wie ein Pfeiler und ein Topf.

Das Einzelne ist das, was einem Denk-Bewußtsein als Einzelnes erscheint. »Topf« ist zum Beispiel einzeln; auch »Topf« und »Topf« sind einzeln, weil die Begriffe und ihre Bedeutungen dieselben sind. Das Verschiedene ist das, was einem Denk-Bewußtsein verschieden zu sein scheint. »Pfeiler« und »Topf« sind offensichtlich verschieden – sowohl von den Begriffen als auch von deren Bedeutung aus gesehen. »Hund« und die tibetische Entsprechung *»Khyi«* sind hingegen verschieden, obwohl ihre Bedeutung dieselbe ist, weil die Begriffe selber verschieden sind. Die Erwähnung von »Hund« ruft bei einem Denk-Bewußtsein nicht unbedingt *»Khyi«* hervor, deshalb sind die beiden verschieden, wenn auch keine verschiedenen Dinge. Ebenso sind »Produkt« und »vergängliches Ding« bedeutungsgleich, aber verschieden.

»Hund« und »Topf« sind verschieden und sie schließen sich gegenseitig aus, weil es auch nicht ein Ding gibt, das sowohl ein Hund als auch ein Topf ist. »Hund« und »Topf« sind aber auch keine Dichotomie oder Zweiteilung, die alle Erscheinungen in einem Paar von zwei Begriffen umschließt, denn, wenn etwas kein Topf ist, ist es nicht unbedingt ein Hund. »Unvergängliche Erscheinung« und »vergängliche Erscheinung« sind eine Dichotomie, weil etwas, wenn es existiert, entweder das eine oder das andere sein muß.

»Produkt« und »Topf« sind verschieden, aber nicht bedeutungsgleich – sie schließen sich nicht gegenseitig aus (weil etwas sowohl ein Produkt als auch ein Topf sein kann), und sie stellen keine Dichotomie dar.

Bedeutungsgleiche Ausdrücke stehen immer für dasselbe Ding, sie sind aber, innerhalb dieser Wesensgleichheit, verschieden. Sich gegenseitig ausschließende Erscheinungen, wie ein Tisch und seine Farbe, können dasselbe Ding, aber innerhalb dieser Wesensgleichheit verschieden sein. Einander ausschließende Erscheinungen, wie »Hund« und »Topf«, sind einfach nur verschiedene Dinge.

Erscheinungen, die verschiedene Dinge sind, sind zwangsläufig auch verschiedene Gegenteile ihrer Verneinung.

»Hund« und »Topf« sind zum Beispiel verschiedene Dinge und »Nicht-nicht-Hund« und »Nicht-Nicht-Topf« sind verschieden, weil »Nicht-Hund« und »Nicht-Topf« verschieden sind.

Jedoch sind die verschiedenen Gegenteile der Verneinung nicht unbedingt auch verschiedene Dinge, weil »Produkt« und »unvergängliches Ding« [die als Ausdrücke bedeutungsgleich sind] ein Ding, aber verschiedene Gegenteile der Verneinung sind.

»Nicht-Nicht-Produkt« und »nicht-nicht-vergängliches Ding« sind verschieden, weil »Nicht-Produkt« und »nicht-vergängliches Ding« verschieden sind, da der eine Begriff bei einem Denk-Bewußtsein den anderen Begriff nicht hervorruft.

Außerdem vertreten die Sautrāntikas, in Übereinstimmung mit den Vaibhāṣikas, richtungsmäßig teillose Atome und zeitlich teillose Bewußtseinsaugenblicke.

Die Vaibhāṣikas und die Anhänger der Schrift unter den Sautrāntikas halten das Genannte für endgültige Wahrheiten, weil sie sich nicht auf einfachere Bestandteile zurückführen lassen. Die Anhänger von Beweisführung unter den Sautrāntikas sind dahingegen der Meinung, daß es sich bei ihnen um endgültige Wahrheiten handelt, weil sie im endgültigen Sinne imstande sind, die Funktion des Hervorbringens von Wirkungen zu erfüllen.

Jedoch stimmen die Sautrāntikas nicht in jeder Hinsicht mit den Vaibhāṣikas überein. Die Vaibhāṣikas behaupten nämlich, daß alle existierenden Dinge als Substanzen erwiesen sind [so daß sie ihr eigenes, vom Denken unabhängiges Wesen haben] – was die Sautrāntikas dagegen nicht erkennen. Die Vaibhāṣikas halten, ebenso wie die Prāsaṅgikas, auch nicht-offenbare Formen für wirkliche Formen, was die Sautrāntikas, Cittamātrin und Svātantrikas nicht tun.

Bestimmte Formen nennt man sich nicht offenbarende Formen, weil ihre Gegenwart die gewöhnliche Kommunikation nicht beeinflußt. Ein Beispiel ist die subtile Form der Rede eines Mönches, die im Gegensatz zu Lüge und so fort steht, aber von anderen nicht gehört werden kann. Sie könnte allerdings von jemandem gehört werden, der über eine besondere Art des Hellhörens verfügt.

Das ist nicht der einzige Unterschied zwischen den Vaibhāṣikas und den Sautrāntikas, denn nach Meinung der Vaibhāṣikas sind Ursache und Wirkung etwas Gleichzeitiges, was die Sautrāntikas und die Schulen darüber nicht meinen.
Den Vaibhāṣikas zufolge sind ein Haupt-Geist und die ihn begleitenden Faktoren gleichzeitig und stützen sich gegenseitig – wie die Beine eines Dreifußes. Die Sautrāntikas und die Schulen darüber halten das Erwähnte nicht für einen Fall von gleichzeitiger Ursache und Wirkung, weil sie glauben, daß ein zuerst kommender Geist-Faktor einem später kommenden Geist-Faktor als Stütze dient.

Ihre Aussagen über Objekt-Besitzer
Dieser Abschnitt zerfällt in drei Teile: Personen, Fälle von Bewußtsein und Begriffe.
Personen. Die Anhänger der Schrift sind der Meinung, das Kontinuum der fünf geistigen und physischen Anhäufungen sei die Person; die Anhänger von Beweisführung meinen, das Geist-Bewußtsein sei die Person.

Die Anhänger von Beweisführung sind der Meinung, daß die eigentliche Person in einer Art von neutralem Geist-Bewußtsein besteht, weil dieses Bewußtsein ohne Unterbrechung existiert – im Tiefschlaf, während des Meditativen Gleichgewichts und von einem Leben zum anderen.

Fälle von Bewußtsein. Die Fälle von neu-gültigem Bewußtsein und die Fälle von nicht neu-gültigem Bewußtsein sind die beiden Arten von Geist. Es gibt zwei Arten von neu-gültigen Erkenntnismitteln – direkt neu-gültige Erkenntnismittel und schlußfolgernde neu-gültige Erkenntnismittel.
Direkt neu-gültige Erkenntnismittel zerfallen in vier Arten – mit den Sinnen direkt wahrnehmende Erkenntnismittel, geistig direkt wahrnehmende Erkenntnismittel, di-

rekte Wahrnehmungsmittel vom Typ des Selbst-Bewußtseins und die direkten Wahrnehmungsmittel eines Yogī.

Die Anhänger der Schrift erkennen ein Selbst-Bewußtsein nicht an.

Die physischen Sinne [so wie der Seh-Sinn] sind nicht dafür geeignet, ein gültiges Erkenntnismittel zu sein, weil sie kein klares Bewußtsein sind und weil sie unfähig sind, ihre Objekte zu erkennen.
Es gibt fünf Arten von nicht neu-gültigem Bewußtsein: Wieder-Erkenntnis, beflecktes Bewußtsein, Zweifel, Glaube und ein Bewußtsein, dem ein Objekt erscheint, das es aber nicht bemerkt.

Wieder-Erkenntnis bezieht sich auf die Momente einer direkten oder einer begrifflichen Erkenntnis eines Objektes, die dem Moment folgen, in dem das Objekt von einem direkten oder einem schlußfolgernden Erkenntnismittel neu erkannt wurde.
Ein beflecktes Bewußtsein ist jedes Bewußtsein, das sich im Irrtum befindet, was sein Bezugsobjekt angeht. Zum Beispiel entsteht durch einen Sehfehler ein beflecktes Bewußtsein, das den Mond doppelt wahrnimmt. Ein beflecktes Bewußtsein ist nicht mit einem irrigen Bewußtsein zu verwechseln, welches diese Bezeichnung trägt, weil es sich in bezug auf sein Erscheinungsobjekt irrt. Das Erscheinungsobjekt eines schlußfolgernden Erkenntnismittels, das einen Laut als vergänglich erkennt, ist das Allgemeinbild eines vergänglichen Lautes; sein Bezugsobjekt ist der vergängliche Laut selbst. Alle Schlußfolgerungen irren sich in bezug auf ihr Erscheinungsobjekt, weil für sie das Allgemeinbild ihres Objektes das wirkliche Objekt zu sein scheint. Das schlußfolgernde Bewußtsein *nimmt* jedoch nicht *wahr*, daß Allgemeinbild und wirkliches Objekt eins sind – es bestimmt nicht ausdrücklich: »Dieses Allgemeinbild eines vergänglichen Lautes ist ein wirklicher vergänglicher Laut!« Das Allgemeinbild erscheint einem schlußfolgernden Bewußtsein lediglich, als wäre es ein wirklicher vergänglicher Laut. Obwohl ein schlußfolgerndes Bewußtsein sich in dem Sinne irrt, daß ihm ein Bild das wirkliche Objekt zu sein scheint, irrt es sich nicht, was sein Bezugsobjekt angeht, wenn es, zum Beispiel, versteht, daß ein Laut vergänglich ist. Auf der anderen Seite irrt sich ein befleck-

tes Bewußtsein in Hinblick auf sein Bezugsobjekt – in dem Sinne, daß es zum Beispiel einen einzelnen Mond doppelt sieht.

Es gibt drei Arten von Zweifel – der dritten der fünf Arten von nicht neu-gültigem Bewußtsein. Die erste ist der Zweifel, welcher dem Falschen zuneigt – zum Beispiel ein Bewußtsein, das sich noch nicht entschieden hat, ob ein Laut unvergänglich ist oder nicht, das aber der falschen Ansicht zuneigt, daß ein Laut unvergänglich ist. Die zweite ist der Zweifel, der in gleichem Maße dem Falschen wie dem Richtigen zuneigt – zum Beispiel ein Bewußtsein, das sowohl der falschen Ansicht, daß ein Laut unvergänglich ist, als auch der richtigen Ansicht, daß er vergänglich ist, zuneigt. Der dritte ist ein Zweifel, der dem Richtigen zuneigt – so wie ein Bewußtsein, das sich nicht sicher ist, ob ein Laut vergänglich oder unvergänglich ist, das aber zur richtigen Ansicht tendiert, nämlich daß ein Laut vergänglich ist. Diese drei Stufen von Zweifel erfährt man häufig eine nach der anderen, wenn man den Prozeß des Weges von den falschen Ansichten oder der Unwissenheit bis hin zu der richtigen Ansicht oder Weisheit durchläuft.

Glaube ist ein Denk-Bewußtsein (kein Sinnesbewußtsein), das zum Beispiel entscheidet, daß ein Laut vergänglich ist, dem aber die unerschütterliche Überzeugung fehlt. Normalerweise entsteht die gültige und unerschütterliche schlußfolgernde Erkenntnis von der augenblicksweisen Vergänglichkeit eines Lautes nicht sofort, selbst wenn viele Beweise gegeben sind, die die subtile Vergänglichkeit von Produkten demonstrieren. Bei den meisten entsteht zuerst ein Glaube, der nicht vollkommen unerschütterlich ist. Die schlußfolgernde Erkenntnis erlangen sie später, nachdem sie mit der richtigen Beweisführung vertraut geworden sind.

Das fünfte nicht neu-gültige Bewußtsein ist ein Bewußtsein, dem ein Objekt erscheint, welches es aber nicht bemerkt. Damit ist ein Bewußtsein gemeint, das, weil ihm das Interesse und so fort fehlen, nicht genügend Kraft hat, das Geist-Bewußtsein dazu zu bringen, die Wahrnehmung zu registrieren. Es kann zum Beispiel sein, daß jemand, der großes Interesse an einem Objekt zeigt, das er sieht, die Unterhaltung, welche direkt neben ihm geführt wird, nicht bemerkt. Technisch gesehen hört er sie – er nimmt jedoch keine Notiz von ihr und er wird sich später auch nicht an sie erinnern.

Von diesen fünf Arten von nicht neu-gültigem Bewußtsein handelt es sich bei zweien – Zweifel und Glaube – immer um Fälle von Denk-Bewußtsein [weil sie ihr Objekt nie direkt wahrnehmen]. Ein Bewußtsein, das ein Objekt erkennt, erkennt es im Rahmen der Tatsache, daß es selbst als Abbild von seinem Objekt erzeugt worden ist. Geist und Geist-Faktoren gelten bei ihnen als eine Wesenheit.

•

Begriffe. Ein Begriff ist laut Definition: Ein Objekt des Hörens, welches bewirkt, daß man die Bedeutung, die das Objekt seines Ausdrucks ist, erkennt. Wenn man Begriffe in Hinblick auf ihre Ausdrucksobjekte einteilt, gibt es zwei Arten: Begriffe, die Arten ausdrücken, und Begriffe, die Ansammlungen ausdrücken. »Form« ist ein Beispiel für das erste und »Topf« ist ein Beispiel für das zweite.

Diese beiden schließen einander nicht aus. Der Begriff »Topf« drückt, zum Beispiel, sowohl eine Art als auch eine Ansammlung aus, weil Topf für eine Art steht, und weil er eine aus Teilen zusammengesetzte Ansammlung ist. »Tisch und Vase« ist ein Begriff, der eine Ansammlung aber keine Art ausdrückt.

Wenn man weiterhin Begriffe im Hinblick auf die Weise ihres Ausdrückens einteilt, so gibt es zwei Arten: Begriffe, die Eigenschaften ausdrücken, und Begriffe, die etwas ausdrücken, das eine Eigenschaft hat. Ein Beispiel für die erste Art ist der Begriff »Vergänglichkeit eines Lautes«; »vergänglicher Laut« ist ein Beispiel für die zweite Art.

DARSTELLUNG DER PFADE

Dieser Abschnitt zerfällt in drei Teile: Objekte der Pfade, die während der Pfade aufzugebenden Objekte und das Wesen der Pfade.

Objekte der Pfade

Die Objekte der Pfade sind die sechzehn Attribute der

Vier Wahrheiten – Vergänglichkeit und so fort. Die Sautrāntikas sind der Meinung, daß die Ausdrücke »subtile Selbst-Losigkeit« und »subtile, persönliche Selbst-Losigkeit« bedeutungsgleich sind.

Die Ausdrücke sind bedeutungsgleich weil die Sautrāntikas nicht – wie die Mahāyānaschulen – eine Selbst-Losigkeit von Erscheinungen vertreten.

Die grobe Selbst-Losigkeit von Personen besteht in der Leerheit einer Person davon, ein Selbst zu sein, welches unvergänglich [sich nicht auflösend], einzeln [ohne Teile] und unabhängig [von den geistigen und physischen Anhäufungen] ist. Die subtile Selbst-Losigkeit von Personen besteht in der Leerheit einer Person davon, als Substanz existent oder eigenständig [das heißt fähig] zu sein [von sich aus zu existieren].

Während der Pfade aufzugebende Objekte

Die Sautrāntikas meinen, daß durch den Pfad die Vorstellung von einem Selbst aufgegeben wird. Wie die Vaibhāṣikas lehren sie jedoch nicht die Vorstellung von einem Selbst der Erscheinungen, noch sprechen sie von Hindernissen zur Allwissenheit. Allerdings benutzen sie die Begriffe »mit Plagen behaftete Unwissenheit« [das Hindernis zur Befreiung vom Existenzkreislauf] und »nicht mit Plagen behaftete Unwissenheit« [das Hindernis zur Allwissenheit eines Buddha].

Wesen der Pfade

Sie geben eine Darstellung von fünf Pfaden für die drei Fahrzeuge. Sie halten die sechzehn Augenblicke der acht Geduldspfade und der acht Wissenspfade für den Pfad des Sehens.

Die Sautrāntikas vertreten nicht die Meinung, daß die subtile Selbst-Losigkeit von Personen das von einem Hörer [oder jemand anderem] auf dem Pfad des Sehens durch einen ununterbrochenen Pfad erfaßte Objekt ist, weil das

Erscheinungsobjekt einer direkten Wahrnehmung ein spezifisch charakterisiertes Objekt sein muß. Sie vertreten nämlich die Meinung, daß die Hörer [und so fort] die subtile Selbst-Losigkeit der Person kraft eines direkten Wissens um die Produkte [die geistigen und physischen Anhäufungen], die von einem persönlichen Selbst leer sind, erkennen.

Das Objekt eines nicht-unterbrochenen Pfades, welcher Bestandteil des Pfades des Sehens oder des Meditationspfades ist, muß direkt wahrgenommen werden. Alles was man direkt wahrnimmt, muß ein spezifisch charakterisiertes Objekt und somit ein Produkt sein. Eine Leerheit dagegen ist ein Nicht-Produkt und deshalb keine spezifisch charakterisierte Erscheinung. Weil man eine Leerheit nicht direkt erkennen kann, so meinen sie, erkennt das direkte Erkenntnismittel eines Yogī die Selbst-Losigkeit nicht direkt. Es erkennt jedoch, daß Körper und Geist kaum mehr länger als ein solches Selbst in Frage kommen. Es sind also die Produkte – nämlich die geistigen und physischen Anhäufungen –, die man direkt erkennt, und daraus erkennt man indirekt die Leerheit einer Person von einem Selbst. Mit dieser Meinung unterscheiden sich die Sautrāntikas wesentlich von den Schulen des Mahāyāna, die die direkte Erkenntnis der Leerheit selbst vertreten.

DARSTELLUNG DER FRÜCHTE DER PFADE

Die Sautrāntikas sind der Meinung, daß es keinen Feind-Zerstörer gibt, der von seinem Aufgegebenhaben [aller Plagen] oder von seiner Erkenntnis [der subtilen persönlichen Selbst-Losigkeit] abfällt. Sie meinen auch, daß es sich bei der Form-Anhäufung des Buddha um einen Buddha handelt. Abgesehen davon ähneln ihre Meinungen über die Weise, in der die Früchte der Drei Fahrzeuge offenbart werden, denen der Vaibhāṣikas.

Sowohl die Vaibhāṣikas als auch die Sautrāntikas behaupten, daß die Schriftabteilungen des Mahāyāna [Disziplin *(vinaya)*, Sammlungen von Lehrreden *(sūtrānta)* und Wissen *(abhidharma)*] nicht das Wort des Buddha sind. Es heißt jedoch, daß die späteren Vaibhāṣikas und Sautrāntikas sie für das Wort des Buddha halten.

Darum sage ich:

Jene, die Beweisführung verkünden, sollten Freude finden
an diesem Ausdruck der geheimen Worte der Logik
von den Beispielgebern, die der Beweisführung anhängen.
Da ich gut bewandert bin in den Büchern der Logik, sind sie getreulich dargestellt.

Asaṅga

VI. DIE CITTAMĀTRIN

DEFINITION, UNTERSCHULEN UND ETYMOLOGIE DER BEZEICHNUNG CITTAMĀTRIN

Ein Cittamātrin ist laut Definition: Jemand, der buddhistische Lehrmeinungen verkündet und der die wahre Existenz abhängiger Erscheinungen, aber keine äußeren Objekte vertritt.
Es gibt zwei Arten von Cittamātrin: Die Vertreter eines wahren Aspektes und die Vertreter eines täuschenden Aspektes. Zwischen diesen beiden Gruppen gibt es Unterschiede. Der »Aspekt«, der die Grundlage für die Auseinandersetzung zwischen den Vertretern des wahren und des täuschenden Aspekts bildet, ist das einem Blau wahrnehmenden Seh-Bewußtsein als Blau Erscheinen eines blauen Flecks.
Die Vertreter des wahren Aspektes meinen, das, einem Blau wahrnehmenden Seh-Bewußtsein als Blau Erscheinen von Blau existiere so, wie es erscheint.

Sie vertreten die Ansicht, daß ein blauer Fleck, der als ein grobmaterielles, zusammengesetztes, ganzes Objekt erscheint, tatsächlich so existiert, wie er erscheint, nämlich als ein grob-materielles, zusammengesetztes, ganzes Objekt. Die Vertreter des täuschenden Aspektes bestreiten das.
Als Cittamātrin stimmen die Vertreter des wahren Aspektes mit den Vertretern des täuschenden Aspektes soweit überein, daß sie das Erscheinen eines blauen Fleckes als ein äußeres Objekt für täuschend halten. Im Unterschied zu den Vertretern des täuschenden Aspektes behaupten die Vertreter des wahren Aspektes jedoch, im Rahmen dieser täuschenden Erscheinung sei der Anteil dieser Erscheinung, der sie als grob-materielles Objekt erweist, richtig.

Die Vertreter des täuschenden Aspektes behaupten, das als Blau Erscheinen von etwas Blauem existiere nicht so, wie

es einem Blau wahrnehmenden Seh-Bewußtsein erscheint [weil der Eindruck des grob-materiell Existierenden über das hinausgeht, was tatsächlich da ist].
Die obige Darstellung ist richtig, da die Vertreter von wahrem und täuschendem Aspekt darin übereinstimmen, daß Blau einem Blau wahrnehmenden Seh-Bewußtsein als Blau erscheint.

Das bedeutet, beide Gruppen erkennen an, daß es Arten von Seh-Bewußtsein gibt, die Blau als Blau und nicht als Gelb wahrnehmen – mit der Begründung, daß es Objekte gibt, die mit dem wahrnehmenden Bewußtsein eine Wesenheit bilden –, und das, obwohl es keine Außenwelt gibt. Ebenso stimmen sie darin überein, daß es Arten von Seh-Bewußtsein gibt, die Blau als Gelb wahrnehmen, weil das Auge mit einem Fehler behaftet ist.

Sie stimmen auch in der Aussage überein, daß Blau [täuschenderweise] ein äußeres Objekt zu sein scheint.

Die Vertreter des wahren und des täuschenden Aspektes stimmen überein, wenn sie sagen, daß selbst die einem gültigen Sinnesbewußtsein erscheinenden Objekte fälschlicherweise so erscheinen, als wären sie Dinge, die sich außerhalb des wahrnehmenden Bewußtseins befinden.

Die Vertreter des wahren Aspektes behaupten, das einem Blau wahrnehmenden Seh-Bewußtsein als ein äußeres Objekt Erscheinen von Blau sei durch Unwissenheit befleckt. Das Erscheinen von Blau als Blau jedoch und das Erscheinen von Blau als ein grob-materielles Objekt sei nicht durch Unwissenheit befleckt.
Die Vertreter des täuschenden Aspektes sind nicht nur der Meinung, das Erscheinen von Blau als ein äußeres Objekt sei durch Unwissenheit befleckt, sie halten auch das als ein grob-materielles Objekt Erscheinen von Blau für durch Unwissenheit befleckt.
Die Definition für einen Cittamātrin, der den wahren Aspekt vertritt, lautet daher: Ein Cittamātrin, der behauptet, die Erscheinung eines groben Objektes vor einem Sinnesbewußtsein existiere so, wie sie erscheint.

Ein Vertreter des täuschenden Aspektes ist laut Definition: Ein Cittamātrin, der behauptet, die Erscheinung eines groben Objektes vor einem Sinnesbewußtsein existiere nicht so, wie sie erscheint.
Es gibt drei Arten von Cittamātrin, die einen wahren Aspekt vertreten: Die Verkünder einer gleichen Anzahl von Objekten und Subjekten, die Verkünder einer Halbe-Eier-Meinung und die Nicht-Pluralisten.

Nur in den Systemen des Cittamātra und des Yogācāra-Svātantrika existieren Subjekt und Objekt gleichzeitig. Von einer Verborgenheit *(vāsanā)* oder einem Samen *(bīja)* werden gleichzeitig sowohl Subjekt als auch Objekt hervorgebracht. Zum Beispiel bringt eine Verborgenheit sowohl die Farbflecken auf den Flügeln eines Schmetterlings als auch das Seh-Bewußtsein hervor, das diese Farben wahrnimmt. Man spricht davon, daß ein Objekt »auf das wahrnehmende Subjekt hin« erscheint. Nun stellt sich auch die Frage, ob dem Subjekt immer nur ein Objektaspekt erscheint, oder ob dem Subjekt viele Aspekte – so wie Blau, Gelb, Rot und so fort – erscheinen. Zudem meinen alle Schulen, außer den Vaibhāṣikas, daß ein wahrnehmendes Subjekt, wie das Seh-Bewußtsein, seinem Objekt ähnlich wird, so wie ein Spiegel dem Objekt ähnlich wird, das vor ihm steht. Ebenso fragt man sich: Wird ein Seh-Bewußtsein in den vielen Aspekten seines Objektes erzeugt – in einem Aspekt von Blau, einem Aspekt von Gelb und so fort? Oder einfacher lautet die Frage: Gibt es in jedem Augenblick viele Arten von Seh-Bewußtsein, welche die einzelnen Aspekte des Objektes wahrnehmen, oder gibt es nur ein Seh-Bewußtsein, welches das Objekt allgemein wahrnimmt?
Wenn es in jedem Augenblick mehrere Arten von Seh-Bewußtsein gibt, würde das anscheinend der Schrift widersprechen, die sagt, daß in ein und demselben Augenblick keine Vielzahl der gleichen Art von Seh-Bewußtsein auftreten kann, obwohl ein Seh-Bewußtsein, ein Hör-Bewußtsein, ein Geruchsbewußtsein, ein Geschmacksbewußtsein, ein Körper-Bewußtsein und ein Geist-Bewußtsein sehr wohl in ein und demselben Augenblick auftreten können. Auf der anderen Seite, wenn es in jedem Augenblick nur ein Seh-Bewußtsein gibt, wie nimmt man all die Einzelaspekte des Objektes wahr?

Einige mögliche »Lösungen« lauten:
(1) Es gibt viele Arten von Seh-Bewußtsein, deren Anzahl mit der Anzahl der zum Objekt gehörenden Aspekte übereinstimmt.
(2) Es gibt nur ein allgemeines Seh-Bewußtsein, das diesen Fleck wahrnimmt; dieses Seh-Bewußtsein hat viele Teile, die jeder für sich eine Farbe wahrnehmen.
(3) Es gibt in jedem Augenblick nur ein Seh-Bewußtsein, und man erfaßt die verschiedenen Aspekte der Reihe nach, in jedem Augenblick einen Aspekt.
Im System der Sautrāntikas, das eine Außenwelt vertritt, sind alle drei Möglichkeiten vertreten. Die Cittamātrin führen eine andere Dreiergruppe an, die weiter unten behandelt wird.
Es ist wichtig, genau festzulegen, was Aspekt *(ākāra, rnam pa)* an einer bestimmten Stelle bedeutet – das Wort hat nämlich viele Bedeutungen.
Allgemein bedeutet *viṣaya-ākāra (yul rnam)* das Objekt selbst, *grahya-ākāra (gzung rnam)* bedeutet das wahrnehmende Subjekt, *grahaka-ākāra ('dzin rnam)* bezeichnet das Wahrnehmungsmittel für das wahrnehmende Subjekt – nämlich das Selbst-Bewußtsein. Manchmal bezieht sich *grahya-ākāra (gzung rnam)* allerdings eher auf das Objekt als auf das Subjekt.

Drung-chen Lek-pa-sang-po [Drung chen Legs pa bzang-po], Pänchen Sö-nam-drak-pa [Panchen bSod nams grags pa] und andere erläutern die drei Arten von Vertretern des wahren Aspektes folgendermaßen:
Die Verkünder einer gleichen Anzahl von Subjekten und Objekten behaupten: Ebenso wie das Rot und das Gelb, die einem Seh-Bewußtsein erscheinen, welches einen Fleck wahrnimmt, verschiedene Dinge sind, sind auch die beiden Arten von Bewußtsein, die von dem Seh-Bewußtsein abhängen, welches den Fleck wahrnimmt, verschiedene Dinge. Die mit der Halbe-Eier-Meinung behaupten, ein blauer [Fleck] und das dieses Blau erfassende Seh-Bewußtsein seien verschiedene Dinge, obwohl sie im allgemeinen Geistnatur haben.

Sie heißen die mit der Halbe-Eier-Meinung, weil sie zur Hälfte den Sautrāntikas und zur anderen Hälfte den Cittamātrin gleichen.

Die Nicht-Pluralisten vertreten die Meinung, beide Arten von Seh-Bewußtsein, welche das Blau und das Gelb eines Flecks erfassen und von dem Seh-Bewußtsein abhängen, das den Fleck wahrnimmt, seien ebenso eine einzige Wesenheit wie das Gelb und das Blau eines Fleckes.

Es gibt zwei Arten von Verkündern einer gleichen Anzahl von Objekten und Subjekten: Jene, die acht Arten von Bewußtsein vertreten [die fünf Arten von Sinnesbewußtsein, ein Geist-Bewußtsein, einen mit Plagen behafteten Geist *(kliṣṭa-manah)* und einen allem als Grundlage dienenden Geist *(ālaya-vijñāna)*]. Die zweite Art vertritt sechs Arten von Bewußtsein.*

Von den Nicht-Pluralisten gibt es, wie man sagt, zwei Arten: die Verkünder von sechs Arten von Bewußtsein und die Verkünder eines einzigen Bewußtseins.

Man sagt, daß es zwei Arten von Vertretern des täuschenden Aspektes gibt: die Vertreter des befleckten täuschenden Aspekts und die Vertreter des makellosen täuschenden Aspekts. Die Vertreter des befleckten täuschenden Aspekts nennt man so, weil sie meinen, die Natur des Geistes sei durch die Unwissenheits-Verborgenheiten befleckt. Die Vertreter des makellosen täuschenden Aspekts nennt man so, weil sie behaupten, der Geist sei nicht im mindesten durch die Verborgenheiten der Unwissenheit befleckt.

Nach einer anderen Interpretation tragen die Vertreter des befleckten täuschenden Aspekts ihren Namen deshalb, weil sie meinen, es gebe auf der Stufe der Buddhaschaft zwar keine Unwissenheit – wohl aber irrige Erscheinungen. Die Vertreter des makellosen, täuschenden Aspekts tragen ihren Namen, weil sie annehmen, daß es auf der Stufe der Buddhaschaft keine irrigen Erscheinungen gibt, weil es da keine Unwissenheit gibt.

Jang-kya weist beide Interpretationen der (Herkunft des Namens) von Vertretern des befleckten täuschenden Aspekts zu-

* Das heißt die fünf Arten von Sinnesbewußtsein und das Geist-Bewußtsein. (Anm. d. Übers.)

rück. Er sagt, es gebe kein buddhistisches System, das behauptet, die Natur des Geistes selbst sei befleckt oder ein Buddha habe irrige Wahrnehmungen.[4]

Man kann die Cittamātrin in zwei Arten unterteilen: In die Anhänger der Schrift und in die Anhänger der Beweisführung. Die ersten sind die Anhänger von Asaṅgas *Fünf Abhandlungen über die Stufen*, und die letzteren sind die Anhänger von Dharmakīrtis *Sieben Abhandlungen über gültige Erkenntnis.*

Sie werden Cittamātrin oder Vijñaptivādin genannt, weil sie verkünden, daß alle Erscheinungen eines Wesens mit dem Geist sind. Weil sie zudem die Übung der Taten des Pfades aus der Sicht des Yogī festlegen, nennt man sie auch Yogācārin.

DARSTELLUNG DER GRUNDLAGE

Dieser Abschnitt zerfällt in zwei Teile: Die Aussagen der Cittamātrin über Objekte und ihre Aussagen über Objekt-Besitzer.

Aussagen über Objekte

Die Cittamātrin sind der Meinung, daß alle Wissensobjekte in den drei Naturen enthalten sind.

Diese drei sind: Abhängige Erscheinungen *(paratantra)* [wörtlich: von anderem beherrschten Erscheinungen], vollständig erwiesene Erscheinungen *(pariniṣpanna)* und vorgestellte Erscheinungen *(parikalpita)*.

Diese Aussage gründet auf der Annahme, daß alle Produkte abhängige Erscheinungen sind, daß die Natur aller Erscheinungen [also ihre Leerheiten] die vollständig erwiesenen Erscheinungen sind, und daß alle übrigen Wissensobjekte vorgestellte Dinge sind.

Außer den Leerheiten sind alle unvergänglichen Erscheinungen, wie zum Beispiel der Raum, vorgestellte Dinge. Alle Leerheiten sind vollständig erwiesene Erscheinungen. Alle vergänglichen Erscheinungen sind abhängige Erscheinungen. Auf diese Weise sind alle Erscheinungen in den drei Naturen enthalten.

Es gibt zwei Arten von vorgestellten Dingen: existierende und nicht-existierende. Alle unvergänglichen Wissensobjekte, außer den Leerheiten, sind in der Kategorie der existenten vorgestellten Dinge enthalten. Nicht-existente vorgestellte Dinge sind keine Wissensobjekte und somit auch keine Erscheinungen. Das unvergängliche Selbst oder ein Tisch, der etwas von dem ihn wahrnehmenden Bewußtsein Verschiedenes ist, existieren überhaupt nicht. Bei ihnen handelt es sich um nicht-existente vorgestellte Dinge.

Sie vertreten die Meinung, daß die drei Naturen durch sich und inhärent existieren.

Wenn unter eine Klasse sowohl existente als auch nicht-existente Dinge fallen, gilt die Klasse selber als existent. So sind also vorgestellte Dinge im allgemeinen existent, obwohl es einige vorgestellte Dinge gibt, zum Beispiel das unvergängliche Selbst, die nicht existieren. Als Klasse existieren also selbst vorgestellte Dinge inhärent.

Es gibt jedoch einen Unterschied, der sich darauf bezieht, ob die Naturen in Wahrheit existieren oder nicht. Die Citamātrin behaupten nämlich, daß vorgestellte Dinge nicht in Wahrheit existieren und daß abhängige Erscheinungen, ebenso wie vollständig erwiesene Erscheinungen, in Wahrheit existieren. Ein vorgestelltes Ding ist laut Definition: das, was nicht endgültig, aber für das Denken existiert. Es gibt zwei Arten von vorgestellten Dingen – existente vorgestellte Dinge und nicht-existente vorgestellte Dinge. »Wissensobjekt« ist ein Beispiel für ein existentes vorgestelltes Ding.

Als allgemeine Ausdrücke sind »Wissensobjekt«, »eines«, »verschieden« und so fort unvergänglich, weil unter sie ebenso vergängliche wie unvergängliche Dinge fallen. Wenn eine Kategorie bestimmt, geht Existenz vor Nicht-Existenz und Unvergänglichkeit vor Vergänglichkeit.

Beispiele für nicht-existente vorgestellte Dinge sind die beiden Arten von Selbst.

Die beiden Arten von Selbst sind das Selbst von Personen und das Selbst von Erscheinungen. Personen sind davon leer, substantielle oder eigenständige Dinge zu sein, und Erscheinungen sind davon leer, als Subjekt und Objekt verschiedene Dinge zu sein. Ein nicht-existentes vorgestelltes Ding ist also etwas, das für das Denken existiert, wie eine substantiell existente Person, das in Wirklichkeit aber überhaupt nicht existiert. Existente vorgestellte Dinge andererseits existieren tatsächlich, aber nur in Abhängigkeit vom Denken – wie im Falle des Raums, den man nur erkennen kann, indem man sich den behindernden Kontakt beseitigt denkt.

Eine abhängige Erscheinung ist laut Definition: Etwas, das in Abhängigkeit von der Macht von etwas anderem, das heißt durch Ursachen und Bedingungen entsteht, und das die Grundlage für eine vollständig erwiesene Erscheinung [eine Leerheit] ist.

Alle Produkte sind abhängige Erscheinungen, weil sie in Abhängigkeit von den Ursachen, die sie erzeugen, entstehen. Eine abhängige Erscheinung ist deshalb die Grundlage für eine vollständig erwiesene Erscheinung, weil sie leer davon ist, etwas zu sein, das von dem es wahrnehmenden Bewußtsein getrennt ist. So ist also jedes Produkt die Grundlage für seine Eigenschaft der Leerheit.

Es gibt zwei Arten von abhängigen Erscheinungen – reine und unreine. Reine abhängige Erscheinungen sind, zum Beispiel, die auf das meditative Gleichgewicht folgende Weisheit eines Höheren und die größeren und die geringeren Kennzeichen eines Buddha.

Ein Höherer (das heißt jemand, der den Pfad des Sehens erreicht hat) erkennt während des meditativen Gleichgewichts direkt die Leerheit. Die Weisheit, die ihm zu diesem Zeitpunkt entsteht, ist eine reine abhängige Erscheinung. Wenn er sich aus der Meditation erhebt, verfügt er über eine andere Art von Weisheit – das Wissen, daß Subjekt und Objekt, obwohl sie als verschiedene Wesenheiten erscheinen, keine verschiedenen Wesenheiten sind. Das ist ein indirektes oder begriffliches Wissen, wohingegen das Wissen des meditativen Gleichgewichts in einer direkten Erkenntnis von Leerheit bestand.

Unreine abhängige Erscheinungen sind, zum Beispiel, die geistigen und physischen Anhäufungen, die man sich [durch verunreinigte Tätigkeiten und Plagen] angeeignet hat.

Eine vollständig erwiesene Erscheinung ist laut Definition: Eine Soheit, die darin besteht, daß etwas leer ist von den beiden Arten von Selbst [dem Selbst einer Person und dem von Erscheinungen].

Es gibt zwei Arten von vollständig erwiesenen Erscheinungen – makellose und unwandelbare. Ein Beispiel für die erste Art ist die endgültige Natur einer Erscheinung.

Obwohl man sagt, daß es sich bei makellosen vollständig erwiesenen Erscheinungen um eine Untergruppe der vollständig erwiesenen Erscheinungen handelt, sind sie eigentlich keine vollständig erwiesenen Erscheinungen. Das ist so, weil sie keine letztlichen Bewußtseinsobjekte auf einem Reinigungspfad sind, durch den Hindernisse ausgeräumt werden.

Die Weisheit eines Höheren ist keine Leerheit, weil sie ein Bewußtsein ist. Sie ist ein Erkenntnismittel für die Leerheit in der Weise, daß sie sich mit Leerheit mischt. Die beiden mischen sich wie frisches Wasser sich mit frischem Wasser mischt, aber dennoch sind sie für das Denken verschieden. Man kann deshalb nicht sagen, daß diese Weisheit selbst eine Leerheit ist, und deshalb kann sie auch nicht als ein Meditationsobjekt dienen, das dazu geeignet wäre, Hindernisse auszuräumen.

Weiter gibt es zwei Arten von Wissensobjekten: konventionelle Wahrheiten und endgültige Wahrheiten. Eine konventionelle Wahrheit ist laut Definition: Ein Objekt, das von einem gültigen Erkenntnismittel gefunden wird, welches als ein richtig Erkennendes etwas als konventionell erkennt. Die Ausdrücke »Täuschung«, »nominelle Wahrheit« und »konventionelle Wahrheit« sind bedeutungsgleich.

Alle Objekte, außer den Leerheiten, sind Täuschungen, weil sie nicht in der Weise existieren, in der sie erscheinen, das heißt als vom Wahrnehmenden getrennte Dinge. Jedoch existieren in diesem System vergängliche Erscheinungen und Leerheiten in Wahrheit, weil die Cittamātrin behaupten, daß diese Objekte, wenn sie existieren, zwangsläufig in Wahrheit existieren.

Eine endgültige Wahrheit ist laut Definition: Ein Objekt, das von einem gültigen Erkenntnismittel gefunden wird, welches als ein richtig Erkennendes etwas als endgültig erkennt. Die Ausdrücke »Leerheit«, »Element der [höheren] Eigenschaften *(Dharma-dhātu)*«, »vollständig erwiesene Erscheinung«, »endgültige Wahrheit«, »Grenze der Wirklichkeit« und »Soheit« gelten bei ihnen als bedeutungsgleich. Endgültige Wahrheiten existieren zwangsläufig ihrem eigenen Wesen nach, während konventionelle Wahrheiten nicht unbedingt ihrem eigenen Wesen nach existieren. Das ist so, weil abhängige Erscheinungen [bei denen es sich auch um konventionelle Wahrheiten handelt] nicht ihrer Natur nach existieren [obwohl sie inhärent und durch sich selbst existieren].

Existente vorgestellte Dinge, so wie der Raum, sind konventionelle Wahrheiten, während nicht-existente vorgestellte Dinge, so wie ein unvergängliches Selbst oder ein Tisch, der eine vom wahrnehmenden Bewußtsein verschiedene Wesenheit ist, noch nicht einmal konventionelle Wahrheiten sind, da es sie nicht gibt.

Die Existenz von Täuschungen ist nicht unbedingt eine Täuschung, denn obwohl abhängige Erscheinungen Täuschungen sind, ist ihr Erscheinen keine Täuschung.

Im Cittamātrasystem sind abhängige Erscheinungen Täuschungen – ihr Existieren ist aber keine Täuschung. Das ist so, weil sie gar nicht existieren würden, wenn sie nicht in Wahrheiten existierten. Sie sind in dem Sinne täuschend, daß sie aufgrund der dem Subjekt eigenen Veranlagungen erscheinen, als wären sie von dem wahrnehmenden Bewußtsein verschiedene Dinge. Die Tatsache, daß sie in Wahrheit existieren, beugt dem Extrem der Nicht-Existenz vor. Die Tatsache, daß sie täuschend sind in dem Sinne, daß sie auf eine Weise erscheinen und in einer anderen existieren, beugt dem Extrem der Existenz vor.

In ihrer Darstellung der drei Zeiten und der nicht-bestätigenden Verneinung stimmen die Sautrāntikas, Cittamātrin und die Svātatrikas überein.

Diese drei Schulen behaupten, daß es sich bei vergangenen und zukünftigen Objekten um unvergängliche Erscheinungen, das heißt um das bloße Fehlen von etwas handelt, und daß gegenwärtige Objekte vergänglich sind. Zusammen mit den Prasaṅgikas sind sie der Meinung, daß eine Verneinung nicht unbedingt etwas an seine Stelle Tretendes impliziert.

Die fünf Sinnesobjekte – Formen und so fort – existieren nicht als äußere Objekte. Sie entstehen nämlich innerhalb einer inneren Bewußtseinswesenheit durch die Kraft der Samen, die von bestimmten Taten in den allem als Grundlage dienenden Geist *(ālaya-vijnāna)* gelegt wurden.
Die Vertreter des wahren Aspektes meinen, daß die fünf Sinnesobjekte – Formen und so fort – keine äußeren Objekte sind, wohl aber als grob-materielle Objekte existieren. Die Vertreter des täuschenden Aspektes sagen, daß die Formen und so fort, äußere Objekte sein müßten, wenn das zuträfe; ihrer Meinung nach existieren deshalb die fünf Arten von Sinnesobjekten nicht als grob-materielle Objekte [obwohl sie natürlich Teil und Ganzes anerkennen].

Ihre Aussagen über Objekt-Besitzer
Die Anhänger der Schrift [vor allem die Anhänger von Asaṅga] lehren acht Arten von Bewußtseins. Sie meinen deshalb, die Person bestehe aus dem allem als Grundlage dienenden Geist. Die Anhänger von Beweisführung [vor allem die Anhänger Dharmakīrtis] sind der Meinung, das Geist-Bewußtsein sei die Person.

Es gibt viele Arten von Geist-Bewußtsein – Begierde, Haß und so weiter –, und die angeführte Meinung besagt nicht, daß alle Arten von Geist-Bewußtsein die Person sind. Das Geist-Bewußtsein, aus dem die eigentliche Person besteht, ist eine subtile, neutrale Form des Geist-Bewußtseins, die während des ganzen Lebens unaufhörlich existiert. Man nennt es das Geist-Bewußtsein, das die Grundlage für den Namen der Person stellt. Es ähnelt in vielem dem allem als Grundlage dienenden Geist, ist aber nicht als Wesenheit von den anderen Formen von Geist-Bewußtsein verschieden.

Die Anhänger der Schrift meinen, der allem als Grundlage dienende Geist erfasse [die fünf Sinne, die fünf Sinnesobjekte und] die inneren Verborgenheiten.

Die eigentlichen Bewußtseinsobjekte eines allem als Grundlage dienenden Geistes sind die fünf Sinne und die fünf Arten von Objekten, die von den fünf Arten von Sinnes-Bewußtsein erfaßt werden. Er wird sich nicht wirklich der Verborgenheit bewußt, aber man sagt, daß er sich ihrer bewußt wird, weil alle Wahrnehmungen durch die Verborgenheiten erzeugt werden.

Der allem als Grundlage dienende Geist hat den Aspekt, daß er seine Objekte nicht unterscheidet [er identifiziert sie nicht, indem er sagt: »Dies ist das und das«], sein Wesen ist unverblendet und neutral. Er ist ein beständiger Haupt-Geist, der lediglich mit den fünf allgegenwärtigen Geist-Faktoren verbunden ist. Außerdem trifft von den beiden Möglichkeiten – verblendet zu sein oder nicht verblendet zu sein – für ihn zu, daß er nicht verblendet und neutral ist.

Er ist nicht verblendet, weil ihn keine mit Plagen behafteten Geist-Faktoren begleiten. Die fünf allgegenwärtigen Geist-Faktoren sind Kontakt, Gefühl, Unterscheidung, Absicht und Geisttätigkeit.

Der allem als Grundlage dienende Geist ist nicht tugendhaft, weil er [auch] im Kontinuum von jemandem existiert, dessen Tugendwurzeln abgeschnitten sind. Er ist aber auch nicht nicht-tugendhaft, weil auch zu höheren Bereichen Gehörende einen allem als Grundlage dienenden Geist haben. [Deshalb ist er neutral].

In den Bereichen des Formhaften und des Formlosen sind selbst die Geist-Faktoren Stolz und so fort nicht nicht-tugendhaft sondern neutral.

Das Bewußtseinsobjekt eines mit Plagen behafteten Geistes ist der allem als Grundlage dienende Geist.

Jedoch nimmt er das wirkliche Wesen des allem als Grundlage dienenden Geistes nicht so wahr wie es ist – wenn er das täte, würde er ihn nicht für eine eigenständige Person halten.

Sein Aspekt ist es, den allem als Grundlage dienenden Geist für ein [als Substanz existentes oder eigenständiges] »Ich« zu halten. Sein Wesen ist verunreinigt und neutral.

Zu einem mit Plagen behafteten Geist gehören neun begleitende Geist-Faktoren: die fünf allgegenwärtigen Geist-Faktoren und die vier Geist-Faktoren, die ihn verunreinigen. Die letzteren sind: Anhaften an einem Selbst, in bezug auf ein Selbst verdunkelt sein, Stolz auf ein Selbst und die Ansicht von einem Selbst. Wenn es von diesen vier verunreinigenden Geist-Faktoren gereinigt ist, existiert das Wesen eines mit Plagen behafteten Geistes zwar noch, es ist aber dann rein. Beim Erreichen von Buddhaschaft wird der mit Plagen behaftete Geist in die Weisheit von der Gleichheit umgewandelt, die alle Objekte gleichermaßen als nicht von dem sie wahrnehmenden Bewußtsein verschiedene Wesenheiten erkennt.

Allgemein stimmt ihre Weise, die sechs Arten von Bewußtsein darzustellen, mit der allgemein üblichen buddhistischen Darstellung der sechs Arten von Bewußtsein überein.

[Sowohl die Anhänger der Schrift als auch die Anhänger von Beweisführung] sind der Meinung, daß es zwei Arten von gültigen Erkenntnismitteln gibt. Darüber hinaus machen sie Aussagen über vier Arten von direkten gültigen Erkenntnismitteln. Direkte Wahrnehmungsmittel vom Typ des Selbst-Bewußtseins und die direkten Wahrnehmungsmittel eines Yogī sind für sie zwangsläufig auch Fälle von nicht-irrigem Bewußtsein.

Die Vertreter des wahren Aspektes meinen, sogar das Seh-Bewußtsein im Kontinuum eines Kurzsichtigen [das heißt eines gewöhnlichen Wesens], das Blau wahrnimmt, sei ein nicht-irriges Bewußtsein, insofern es den Blau-Anteil der Erscheinung als Blau wahrnimmt.

Der Ausdruck »Kurzsichtiger« oder »Jemand, der nicht weit sieht« meint jemanden, der über die Erscheinungen der gewöhnlichen Welt nicht hinausblickt.

Nach Meinung der Vertreter des täuschenden Aspekts sind alle direkten Wahrnehmungsmittel im Kontinuum eines Kurzsichtigen notwendigerweise auch Fälle von irrigem Bewußtsein. Außerdem sagen sie, es gebe zwei Arten von geistig direkt wahrnehmenden Erkenntnismitteln in einem derartigen Kontinuum – irrige und nicht-irrige.

Viele andere Gelehrte sind der Meinung, daß alle Fälle sowohl von mit den Sinnen als auch von geistig direkt wahrnehmenden Erkenntnismitteln im Kontinuum eines gewöhnlichen Wesens sich irren, weil ihnen die Objekte als vom wahrnehmenden Bewußtsein verschieden erscheinen.

DARSTELLUNG DER PFADE

Dieser Abschnitt zerfällt in drei Teile: Die Objekte der Pfade, die während der Pfade aufzugebenden Objekte und das Wesen der Pfade.

Objekte der Pfade

Die sechzehn Aspekte der Vier Edlen Wahrheiten sind Vergänglichkeit und so fort. Die grobe Selbst-Losigkeit besteht in der Leerheit einer Person davon, unvergänglich, keine Teile besitzend und unabhängig zu sein. Die subtile Selbst-Losigkeit von Personen besteht in der Leerheit einer Person davon, substantiell existent oder eigenständig zu sein. Es gibt zwei Arten von subtilen Selbst-Losigkeiten von Erscheinungen. Die eine ist die Leerheit einer Form und des sie wahrnehmenden Erkenntnismittels davon, getrennte Wesenheiten zu sein. Die andere ist die Leerheit einer Form davon, ihrer Natur nach Erfassungsgrundlage für ein Denk-Bewußtsein zu sein, das sich Form vorstellt.

Eine Form ist keine von dem sie erfassenden Bewußtsein getrennte Wesenheit und ein Bewußtsein von Form ist keine von seinem Objekt getrennte Wesenheit. Auch sind Formen, Fälle von Bewußtsein und so fort, nicht ihrer Natur nach Grundlage für die Bezeichnung mit ihrem jeweiligen Namen.

Beide Arten von subtiler Selbst-Losigkeit [die von Personen und die von Erscheinungen] sind ihrer Meinung nach Leerheiten. Jedoch ist eine Leerheit nicht notwendigerweise eine von beiden, weil auch das Wahre Aufhören ebenso wie das *Nirvāṇa* als Leerheiten anerkannt werden.

Da liegt ein technisches Problem. Das Wahre Aufhören ist eine Leerheit im Kontinuum von jemandem, der ein Hindernis ein für allemal aufgegeben hat, und es muß eine der beiden Arten von Selbst-Losigkeit sein. Sobald es aber das eine wie das andere sein kann, ist es eigentlich keines von beiden.

Ein Produkt halten sie für dieselbe substantielle Wesenheit *(dravya)* wie das gültige Erkenntnismittel, das es erfaßt. Eine Erscheinung, bei der es sich um ein Nicht-Produkt handelt, ist ihrer Meinung nach dieselbe Wesenheit *(vastu)* wie das gültige Erkenntnismittel, das sie erfaßt.

Während der Pfade aufzugebende Objekte

Die durch die Pfade aufzugebenden Objekte sind die Plage-Hindernisse *(kleśāvaraṇa)* und die Hindernisse für [die gleichzeitige Erkenntnis aller] Wissensobjekte *(jñeyāvaraṇa)*.

Man kann diese Begriffe auch, weniger wörtlich, mit Hindernisse zur Befreiung und Hindernisse zur Allwissenheit übersetzen.

Die Hindernisse zur Befreiung sind zum Beispiel die Vorstellung von einem groben oder einem subtilen Selbst von Personen, mit ihren Samen, ebenso wie die sechs Hauptplagen und die zwanzig zweitrangigen Plagen.

Die sechs Hauptplagen sind: Begierde, Haß, Unwissenheit, Stolz, falsche Ansicht und Zweifel. Die zwanzig zweitrangigen Plagen sind: Zorn, Übelwollen, Unmut, Boshaftigkeit, Eifersucht, Unredlichkeit, Verstellung, fehlender Anstand, fehlende Scham, Verheimlichung, Geiz, Überheblichkeit, fehlender Glaube, Faulheit, Gewissenlosigkeit, Achtlosigkeit, fehlende Selbstprüfung, Trägheit, Überreizung und Abgelenktsein.*

* Die Psychologie dieser Plagen wird im 1. Kapitel des *Kompendium des Wissens (Abhidharmasammuccaya)* von Asaṅga erläutert. (Anm. d. Übers.)

Die Hindernisse zur Allwissenheit sind, zum Beispiel, die Vorstellungen von einem Selbst der Erscheinungen, zusammen mit ihren Verborgenheiten.
Bodhisattvas nehmen die Hindernisse zur Allwissenheit als das Hauptobjekt ihres Aufgebens. Schüler des Hīnayāna [Hörer und Einsame Verwirklicher] nehmen die Hindernisse zur Befreiung und nicht die Hindernisse zur Allwissenheit als das Hauptobjekt ihres Aufgebens.

Wesen der Pfade
Sie geben eine Darstellung von fünf Pfaden – Pfad der Ansammlung, der Vorbereitung, des Sehens, der Meditation und des Nicht-mehr-Lernens – für jedes der drei Fahrzeuge. Für das Mahāyāna vertreten die Cittamātrin auch die Darstellung von den Zehn Bodhisattva-Erden.

Die erste der Zehn Erden fängt an mit dem Pfad des Sehens, mit dem auch der Pfad eines Höheren beginnt. Die restlichen Erden gehören zum Pfad der Meditation.

DIE DARSTELLUNG DER FRÜCHTE DER PFADE
Jene, die eindeutig zu einer Hīnayāna-Familie gehören, nehmen als ihr Hauptobjekt eine vollständig erwiesene Erscheinung, und zwar die Selbst-Losigkeit von Personen.
Wenn sie mit diesem Objekt vollkommen vertraut sind, geben sie, in Abhängigkeit von der *Vajra*-gleichen meditativen Gleichgewichtfindung, alle Hindernisse zur Befreiung auf und erreichen gleichzeitig die Frucht eines Hīnayāna-Feind-Zerstörers.
Es gibt zwischen Hörern und Einsamen Verwirklichern, was ihr Meditationsobjekt – die Selbst-Losigkeit – angeht, nicht den geringsten Unterschied, auch nicht in Bezug auf die Objekte ihres Aufgebens – die Plagen. Deshalb läßt sich die Darstellung von den Acht Eintretenden und Verweilenden auf beide anwenden. Jedoch leben Einsame Verwirklicher nur im Bereich der Begierde [und nicht im

formhaften und im formlosen Bereich], deshalb trifft die Ordnung der zwanzig Mitglieder der Geistigen Gemeinschaft nicht auf sie zu. Es ist allerdings auch nicht so, daß es überhaupt keine Unterschiede zwischen Hörern und Einsamen Verwirklichern gäbe. In Anbetracht der Tatsache, daß ein Einsamer Verwirklicher die Ansammlungen von Verdienst über einhundert Zeitalter hinweg anhäuft und ein Hörer nicht, gilt der Hörer als tieferstehender und der Einsame Verwirklicher als der Höhere. Die Frucht, die für einen Einsamen Verwirklicher, beziehungsweise einen Hörer entsteht, ist entsprechend ihren Praktiken entweder höher- oder tieferstehend.

Die Anhänger der Schrift unter den Cittamātrin sind nicht der Meinung, daß ein Hīnayāna-Feind-Zerstörer, der zur Ruhe geht, jemals den Pfad des Mahāyāna betritt. Jedoch meinen sie, daß ein Feind-Zerstörer, dessen Erleuchtung [in die eines Bodhisattva] umgewandelt wird, den Pfad des Mahāyāna betritt. Dieser Eintritt erfolgt aus einem *Nirvāṇa* mit Überresten. Es gibt kein Eintreten aus einem *Nirvāṇa* ohne Überreste, weil sie meinen, daß es drei endgültige Fahrzeuge gibt.

Ein restfreies *Nirvāṇa* bedeutet ihrer Meinung nach das Abbrechen des Form- und Bewußtseinskontinuums und gleicht dem Erlöschen einer Lampe. Deshalb wäre es unmöglich, zu diesem Zeitpunkt noch in das Mahāyāna einzutreten.

Die Anhänger von Beweisführung unter den Cittamātrin vertreten die Meinung, daß alle Hīnayāna-Feind-Zerstörer in das Mahāyāna eintreten, weil sie meinen, daß es nur ein letztes Fahrzeug gibt.

Die, die zu einer Mahāyāna-Familie gehören, nehmen als ihr Hauptmeditationsobjekt eine vollständig erwiesene Erscheinung, und zwar die Selbst-Losigkeit von Erscheinungen. In Verbindung mit dem [Anhäufen] von Verdienstansammlungen über drei unermeßliche Zeitalter hinweg üben sie die Meditation über die Selbst-Losigkeit der Erscheinungen und gehen Schritt für Schritt durch die fünf Pfade und die Zehn Erden. Mit der Hilfe des ununterbrochenen Pfades am Ende ihres Kontinuums [als fühlendes Wesen, dem immer noch Hindernisse verbleiben, die es beseitigen muß] geben sie die beiden Hindernisse vollständig auf und erreichen dadurch die Buddhaschaft in einem Erhabenen Reinen Land. Sie erlangen einen Wahrheitskörper, das Aufgegebenhaben der Hindernisse und die Erkenntnis der Selbst-Losigkeit – also die Vervollkommnung ihres eigenen Heils. Zudem erreichen sie die beiden Formkörper [den vollkommenen Genußkörper und den Hervorbringungskörper] – also die Vervollkommnung der Tätigkeiten zum Heile der Anderen. Den Anhängern von Asaṅgas *Kompendium des Wissens (Abhidharmasammuccaya)* zufolge, scheint sich das Erreichen von vollkommener Erleuchtung auch in einem menschlichen Leben ereignen zu können.

Sie behaupten, Buddhaschaft könne in einem menschlichen Körper und müsse nicht unbedingt in dem Körper erlangt werden, den man in einem Höchsten Reinen Land hat.

Was das Wort des Buddha betrifft so anerkennen die Cittamātrin die Unterteilung in eindeutige Schriften und Schriften, die einer Interpretation bedürfen. Entsprechend der Darstellung im *Sūtra von der Enträtselung des Gedankens* meinen sie nämlich, daß die ersten beiden Räder der Lehre aus Schriften bestehen, die einer Interpretation bedürfen, und das letzte Rad sich aus eindeutigen Schriften zusammensetzt. Eine Schrift, deren ausdrückliche Lehre nicht wörtlich akzeptiert werden kann, bezeichnen sie als *Sūtra*, das einer Interpretation bedarf. Sie bezeichnen jede Schrift, deren ausgedrückte Lehre wörtlich akzeptiert werden kann, als eindeutig.

Es gibt drei Arten von *Nirvāṇa*: das mit Überresten, das ohne Überreste und das nicht-verweilende (siehe Seite 186 und 189).

Es gibt drei Körper eines Buddha: den Wahrheitskörper *(Dharmakāya)*, den vollkommenen Genußkörper *(Samb-*

hogakāya) und den Hervorbringungskörper *(Nirmāṇakāya)*. Es gibt zwei Arten von Wahrheitskörper – einen Wesenskörper und einen Weisheitskörper. Es gibt auch zwei Wesenskörper – einen seiner Natur nach reinen Wesenskörper und einen Wesenskörper im Sinne der Freiheit von hinzukommenden Verunreinigungen.

Der Weisheitskörper ist das allwissende Bewußtsein eines Buddha, und sein Wesenskörper ist die Leerheit des allwissenden Bewußtseins eines Buddha. In dem Sinne, daß der Geist eines Buddha seinem Wesen nach schon immer frei von Verunreinigungen gewesen ist, nennt man die Leerheit seines Geistes den natürlichen reinen Wesenskörper. In dem Sinne, daß der Geist eines Buddha von hinzukommenden Verunreinigungen frei geworden ist, nennt man die Leerheit seines Geistes einen Wesenskörper, der die Freiheit von hinzukommenden Verunreinigungen ist.

Weil sie das alles annehmen, bezeichnet man die Cittamātrin als Verkünder von Mahāyāna-Lehrmeinungen.

* * *

So sage ich:

Wer unterscheiden kann, der sollte mit Freude hier eintreten –
in die Lehrmeinungen derer, die Bloß-Geist verkünden,
dem Wort des Überwinders, des Führers folgend,
denn viele Weise haben dies als wahr bestätigt.

Nāgārjuna, der Begründer des Mādhyamika

VII. DIE MĀDHYAMIKAS

1. DIE SVĀTANTRIKAS

DIE DEFINITION EINES MĀDHYAMIKA, DIE UNTERSCHULEN UND DIE ETYMOLOGIE FÜR DIE BEZEICHNUNG MĀDHYAMIKA

Ein Mādhyamika ist jemand, der buddhistische Lehrmeinungen verkündet und meint, daß es keine in Wahrheit existierenden Erscheinungen, noch nicht einmal kleinste Teilchen gibt.

Es gibt zwei Arten von Mādhyamika: Svātantrika-Mādhyamika und Prāsaṅgika-Mādhyamika.

Man nennt sie Mādhyamikas*, weil sie einen mittleren Weg vertreten, der frei ist von Extremen der Unvergänglichkeit und der Vernichtung. Man nennt sie die Verkünder der Nicht-Wesenhaftigkeit *(niḥsvabhāvavādin)*, weil sie verkünden, daß Erscheinungen keine Wesenhaftigkeit *(svabhāvatā)*, das heißt keine wahre Existenz haben.

Für *Svabhāva* gibt es drei Verwendungsmöglichkeiten; der Ausdruck bezeichnet: (1) die konventionell vorhandene Natur einer Erscheinung – wie die Hitze von Feuer; (2) die wirkliche oder letzte Natur einer Erscheinung – das ist die Leerheit oder die nicht-wahre Existenz einer Erscheinung; (3) wahre oder unabhängige Existenz. (1) und (2) gibt es nach Meinung aller Mādhyamika, (3) erkennen sie nicht an.

Dieses Kapitel befaßt sich ausführlich mit den Svātantrikas; die Prāsaṅgikas sind Gegenstand von Kapitel VIII.

* (Mādhyamika ist eine Ableitung von madhyama – das Mittlere, und ein Mādhyamika ist jemand, der einen mittleren (Weg) vertritt. Anm. d. Übers.)

DIE SVĀTANTRIKAS: DEFINITION, ETYMOLOGIE DER BEZEICHNUNG SVĀTANTRIKA UND DIE UNTERSCHULEN

Ein Svātantrika ist jemand, der Nicht-Wesenhaftigkeit verkündet und die Meinung vertritt, daß die Erscheinungen konventionell [wenn auch nicht endgültig] ihrem Wesen nach existieren.

Man nennt sie Svātantrika-Mādhyamika, weil sie wahre Existenz abstreiten, indem sie auf richtige logische Kennzeichen zurückgreifen, deren drei Aspekte objektiv existieren.

Ein richtiges logisches Kennzeichen *(liṅga)* oder ein richtiger logischer Grund *(hetu)* muß über drei Eigenschaften verfügen: es muß eine Eigenschaft des Subjekts sein; es muß von der Aussage durchdrungen sein, das heißt, die Aussage muß immer für den Grund zutreffen und das Gegenteil des Kennzeichens muß vom Gegenteil der Aussage durchdrungen sein. Ein Beispiel: In dem Syllogismus: »Eine Person existiert nicht in Wahrheit, weil sie etwas in Abhängigkeit Entstehendes ist« ist »Person« das Subjekt; »nicht in Wahrheit existent« ist die Aussage und »in Abhängigkeit Entstehendes« ist das Kennzeichen oder der Grund. Weil eine Person etwas in Abhängigkeit Entstehendes ist, ist der Grund eine Eigenschaft des Subjekts. Die Aussage durchdringt den Grund, weil alles in Abhängigkeit Entstehende nicht in Wahrheit oder unabhängig existiert. Es gibt eine Gegendurchdringung, weil hypothetisch alles nicht in Abhängigkeit Entstehende in Wahrheit existent sein würde. Nach Meinung der Svātantrikas besitzt ein richtiger Grund inhärent oder wesenhaft diese drei Aspekte – im Rahmen der letztlichen Nicht-Existenz. Diese Einschränkung bedeutet, daß sie keine Existenzweise haben, die nicht durch ihr Erscheinen im Geist gegeben wäre.

Es gibt zwei Unterschulen: die Yogācāra-Svātantrika-Mādhyamikas und die Sautrāntika-Svātantrika-Mādhyamikas.

Ein Yogācāra-Svātantrika-Mādhyamika ist laut Definition: Ein Mādhyamika, der ein Selbst-Bewußtsein vertritt und der meint, daß es keine äußeren Objekte gibt. Der Lehrer Śāntirakṣita ist ein Beispiel für diese Gruppe.

Ein Sautrāntika-Svātantrika-Mādhyamika ist laut Definition: Ein Mādhyamika, der kein Selbst-Bewußtsein vertritt und der Meinung ist, daß äußere Objekte ihrem Wesen nach existieren. Der Lehrer Bhāvaviveka ist ein Beispiel für diese Gruppe.
Es gibt auch Etymologien für Yogācāra-Svātantrika und Sautrāntika Svātantrika. Die ersten heißen Yogācāra-Svātantrikas, weil ihre Darstellung der Objekte mit der Darstellung der Yogācārin übereinstimmt. Die letzteren heißen Sautrāntika-Svātantrika, weil sie wie die Sautrāntikas behaupten, daß äußere Objekte aus Anhäufungen von kleinsten Teilchen bestehen. Es gibt zwei Arten von Yogācāra-Svātantrika – jene, die mit den Vertretern des wahren Aspektes übereinstimmen, und jene, die mit den Vertretern des täuschenden Aspektes übereinstimmen. Beispiele für die erste Gruppe sind Śāntirakṣita, Kamalaśīla und Ārya Vimuktisena. Beispiele für die zweite sind die Lehrer Haribhadra, Jetāri und Lāvapa. Jetāri stimmt mit den Vertretern des befleckten täuschenden Aspektes überein und Lāvapa stimmt mit den Vertretern des makellosen täuschenden Aspektes überein.

Auf den folgenden Seiten werden getrennt die Lehrmeinungen der beiden Unterschulen dargestellt: (A) das System der Yogācāra-Svātantrika-Mādhyamika; (B) das System der Sautrāntika-Svātantrika-Mādhyamika.

(A) DIE LEHRMEINUNGEN DER YOGĀCĀRA-SVĀTANTRIKA-MĀDHYAMIKAS

DARSTELLUNG DER GRUNDLAGE

Dieser Abschnitt zerfällt in zwei Teile – ihre Aussagen über Objekte und ihre Aussagen über Objekt-Besitzer.

Ihre Aussagen über Objekte

Für sie existiert ein Objekt notwendigerweise seinem Wesen nach. Sie behaupten nämlich: Sucht man in bezug auf irgendeine Erscheinung nach dem ihr beigelegten Objekt, so kann man es auch finden. Deshalb meinen sie, daß »inhärent existent« *(svabhāva-siddha)*, »seinem Wesen nach existent« *(svalakṣaṇa-siddha)*, »durch die Weise seines Bestehens existent« und »durch sich existent« *(svarūpa-siddha)* bedeutungsgleich sind. Es gibt zwei Arten von Wissensobjekten – endgültige Wahrheiten und konventionelle Wahrheiten. Eine endgültige Wahrheit ist laut Definition: Ein Objekt, das von einem es unmittelbar erkennenden direkten Erkenntnismittel auf nicht-dualistische Weise erkannt wird.

Das Erkennen einer endgültigen Wahrheit, das heißt einer Leerheit, erfolgt auf absolut nicht-dualistische Weise – ohne das geringste Erscheinen von Subjekt und Objekt. Nur eine endgültige Wahrheit kann auf nicht-dualistische Weise erkannt werden.

Eine konventionelle Wahrheit ist laut Definition: Ein Objekt, das auf dualistische Weise, durch ein unmittelbar erkennendes gültiges Erkenntnismittel erkannt wird.

»Dualität« bezieht sich hier auf das Erscheinen von Subjekt und Objekt, die in diesem System – konventionell gesehen – eine Wesenheit sind.

Ein Beispiel für eine endgültige Wahrheit ist die Leerheit eines Topfes von wahrer Existenz. Das Beispiel für eine konventionelle Wahrheit ist ein Topf. Wenn man die endgültigen Wahrheiten ausführlich unterteilt, erhält man sechzehn [bzw. zwanzig] Leerheiten. Oder, kurz gesagt, gibt es vier Leerheiten.

Die vier Leerheiten sind die Leerheit von Produkten, Nicht-Produkten, von einem Selbst und von anderem.

Es gibt zwei Arten von konventionellen Wahrheiten – wirkliche konventionelle Wahrheiten und unwirkliche konventionelle Wahrheiten. Wasser ist ein Beispiel für die erste Art, eine Fata Morgana [von Wasser] für die zweite.

Eine Fata Morgana existiert, man weiß aber gemeinhin, daß sie unwirklich ist – weil sie erscheint, als wäre sie Wasser, es aber nicht ist.

In diesem System ist ein Fall von Bewußtsein zwangsläufig auch eine wirkliche Konvention.

Ihre Aussagen über Objekt-Besitzer

Sowohl die Yogācāra-Svātantrika als auch die Sautrāntika-Svātantrika halten ein [subtiles, neutrales] Geist-Bewußtsein für die [eigentliche] Person. Ihrer Meinung nach gibt es sechs Arten von Bewußtsein – sie lehren also weder einen allem als Grundlage dienenden Geist noch einen mit Plagen behafteten Geist.

Es gibt zwei Arten von Geist – Fälle von neu-gültigem Bewußtsein und Fälle von nicht neu-gültigem Bewußtsein. Es gibt zwei Arten von neu-gültigen Erkenntnismitteln – direkte neu-gültige Erkenntnismittel und schlußfolgernde neu-gültige Erkenntnismittel.

[Für die Yogācāra-Svātantrikas] gibt es vier Arten von direkten neu-gültigen Erkenntnismitteln: mit den Sinnen direkt wahrnehmende Erkenntnismittel; geistig direkt wahrnehmende Erkenntnismittel; direkte Wahrnehmungsmittel, die ein Selbst-Bewußtsein sind und die direkten Wahrnehmungsmittel eines Yogī. Sie vertreten die Meinung, daß es sich bei allen Fällen von Selbst-Bewußtsein und direkten Wahrnehmungsmitteln eines Yogī um Fälle von nicht irrigem Bewußtsein handelt.

Entweder irren sich die genannten Arten von Bewußtsein nicht, was das Fehlen eines Wesensunterschiedes von Subjekt und Objekt angeht, oder sie irren sich nicht, was nicht-wahre Existenz anbetrifft.

Weil die Yogācāra-Svātantrikas keine äußeren Objekte anerkennen, meinen sie, das einen blauen [Fleck] erfassende direkte Wahrnehmungsmittel und der blaue [Fleck] selbst bilden eine Wesenheit.

DARSTELLUNG DER PFADE

Dieser Abschnitt zerfällt in drei Teile: Die Objekte der Pfade, die während der Pfade aufzugebenden Objekte und das Wesen der Pfade.

Objekte der Pfade

Die Yogācāra-Svātantrikas behaupten: die Leerheit einer Person davon, ein unvergängliches, keine Teile besitzendes und unabhängiges Selbst zu sein, stellt die grobe Selbst-Losigkeit von Personen dar. Ihrer Meinung nach ist die Leerheit einer Person davon, ein als Substanz existentes oder eigenständiges Selbst zu sein, die subtile Selbst-Losigkeit von Personen.

Die grobe Selbst-Losigkeit von Personen läßt sich insofern auch auf Erscheinungen anwenden, als alle Erscheinungen leer davon sind, Gebrauchsobjekte von einem unvergänglichen, keine Teile besitzenden, unabhängigen Benutzer zu sein. Die Selbst-Losigkeit von Personen wendet man in dem Sinne auch auf Erscheinungen an, daß alle Erscheinungen leer davon sind, Objekte zu sein, die ein Benutzer gebraucht, der substantiell oder eigenständig existiert. So kann man sehen, daß nach Meinung der Svātantrikas nicht bloß die Person, sondern alle Erscheinungen die Grundlage für die Leerheit von Personen stellen. Außerdem bilden nicht nur die Erscheinungen [außer der Person] sondern auch die Person eine Grundlage für die Leerheit der Erscheinungen. Die Grundlagen für die beiden Arten von Leerheit sind also dieselben. Verschieden ist das verneinte Objekt: bei der subtilen Selbst-Losigkeit von Personen ist das negierte Objekt die subtantielle Existenz, bei der subtilen Selbst-Losigkeit von Erscheinungen ist es die wahre Existenz. So sind für die Svātantrikas die Grundlagen für eine Leerheit von einem Selbst der Personen und für die Leerheit von einem Selbst der Erscheinungen dieselben; verschieden ist das verneinte Objekt oder das, dessen Grundlagen leer sind. »Grundlage einer Leerheit« meint in diesem Zusammenhang ein Objekt, das von einem verneinten Element leer ist. Es darf nicht dahingehend mißverstanden werden, daß man meint, es handele sich bei ihm um eine physische Grundlage, aus der Erscheinungen erzeugt werden. Man kann jedoch von der Leerheit als der Grundlage aller Erscheinungen sprechen, da die Erscheinungen, wären sie nicht von wahrer Existenz leer, weder erzeugt noch zerstört werden könnten.

Die Yogācāra-Svātantrikas behaupten: Die grobe Selbst-Losigkeit von Erscheinungen besteht in der Leerheit einer

Form davon, eine andere Wesenheit als das die Form erfassende gültige Erkenntnismittel zu sein. Ihrer Meinung nach ist die subtile Selbst-Losigkeit von Erscheinungen die Leerheit aller Erscheinungen von wahrer Existenz.

Während der Pfade aufzugebende Objekte

Nach Meinung der Yogācāra-Svātantrikas sind die Vorstellungen von einem Selbst der Person die Hindernisse zur Befreiung. Die Vorstellungen von einem Selbst der Erscheinungen sind, ihnen zufolge, die Hindernisse zur Allwissenheit.

Es gibt zwei Arten von Hindernissen zur Allwissenheit: die Vorstellung von einer Wesensverschiedenheit von Subjekt und Objekt ist das grobe Hindernis zur Allwissenheit. Die Vorstellung von einer wahren Existenz von Erscheinungen, wie der geistigen und physischen Anhäufungen, ist ihrer Meinung nach das subtile Hindernis zur Allwissenheit.

Wesen der Pfade

Ebenso wie die anderen Systeme lehren die Yogācāra-Svātantrika fünf Pfade für jedes der Drei Fahrzeuge, also insgesamt fünfzehn Pfade. Im Unterschied zu den anderen Systemen nehmen sie jedoch an, daß bei einem Einsamen Verwirklicher jeder ununterbrochene Pfad und jeder Pfad der Befreiung den Aspekt einer Erkenntnis der Leerheit von einer [Subjekt-Objekt-] Dualität haben muß.

Zu jeder Ebene des Pfades gehört ein Befreiungspfad – das ist die Erfahrung, die Hindernisse überwunden zu haben, welche aufgegeben werden müssen, bevor diese Ebene erreicht wird. Zu jeder Ebene gehört auch ein ununterbrochener Pfad, der in dem meditativen Gleichgewicht besteht, welches die Hindernisse dieser Ebene überwindet. Dieser Pfad führt ohne Unterbrechung während ein und desselben meditativen Gleichgewichts direkt zur Erlangung des nächsten Pfades der Befreiung, mit dem die nächste Ebene beginnt.

»Leerheit von Dualität« bezieht sich hier auf die Leerheit von Subjekt und Objekt davon, verschiedene Wesenheiten zu sein.

Der Aspekt eines Pfades ist die Art und Weise, wie er sein Objekt auffaßt. Ein Pfad ist ein Bewußtsein, welches – einmal verwirklicht – dazu verhilft, hohe Ziele zu erreichen.

DARSTELLUNG DER FRÜCHTE DER PFADE

Einsame Verwirklicher nehmen als Hauptobjekt ihres Aufgebens das grobe Hindernis zur Allwissenheit [die Vorstellung von Subjekt und Objekt als verschiedene Wesenheiten]. Deshalb ist die Darstellung von den Acht Eintretenden und Verweilenden auf einen Einsamen Verwirklicher nicht anwendbar.

Weil ein Einsamer Verwirklicher vor allem danach strebt, die groben Hindernisse zur Allwissenheit aufzugeben, hat er nichts mit den Acht Eintretenden und Verweilenden zu tun, die sich mit dem Aufgeben der Hindernisse zur Befreiung befassen.

Sie sprechen jedoch von den Acht Eintretenden und Verweilenden, wenn sie sich auf Hörer beziehen.

Jene, die fest in der Hīnayāna-Familie stehen, nehmen als ihr vor allem zu kultivierendes Objekt die Ansicht, welche die Selbst-Losigkeit erkennt. Die *Vajra*-gleiche meditative Gleichgewichtfindung auf ihrem Pfad der Meditation als Stütze nehmend, geben sie schließlich alle Hindernisse der Befreiung auf und verwirklichen gleichzeitig die Frucht eines Hörer-Feind-Zerstörers.

Jene, die fest in der Familie der Einsamen Verwirklicher stehen, nehmen als ihr vor allem zu kultivierendes Objekt die Ansicht, daß Subjekt und Objekt leer davon sind, verschiedene Wesenheiten zu sein. Die *Vajra*-gleiche meditative Gleichgewichtfindung auf ihrem Pfad der Meditation als Stütze nehmend, geben sie schließlich alle Hindernisse zur Befreiung, ebenso wie die groben Hindernisse zur Allwissenheit auf und erreichen gleichzeitig die Frucht eines Feind-Zerstörers von der Art eines Einsamen Verwirklichers.

Es gibt im Hīnayāna zwei Arten von *Nirvāṇa* – das mit Überresten und das ohne Überreste. Das erste ist ein *Nir-*

vāṇa mit Überresten aus leidhaften geistigen und physischen Anhäufungen, die durch frühere Taten und Plagen geformt wurden. Die zweite Art halten sie für einen Zustand, der frei ist von [leidhaften] geistigen und physischen Anhäufungen. Ein Feind-Zerstörer von der Art eines Hörers oder eines Einsamen Verwirklichers wird zwangsläufig das Mahāyāna-Fahrzeug betreten. Sie sind nämlich der Meinung, daß es nur ein letztliches Fahrzeug gibt.

Da dieses System zwischen aufgegebenen Objekten und zwischen Arten der Erkenntnis von Hörer und Einsamen Verwirklicher in Hinsicht auf die erlangten Früchte unterscheidet, gibt es hier eine Unterscheidung in höher- und tieferstehende Früchte.

Jene, die fest in der Mahāyāna-Familie stehen, erzeugen ein selbstloses Streben nach höchster Erleuchtung. Auf dem Pfad der Ansammlung nehmen sie die meditative Gleichgewichtfindung des Stromes der Lehre als Stütze und lauschen unmittelbar den Unterweisungen, die von höheren Hervorbringungskörpern erteilt werden. Wenn sie, bedingt durch ihre Übung des Sinnes dieser Unterweisungen, zum ersten Male die Weisheit erzeugen, die aus der auf die Leerheit gerichteten Meditation entsteht, gehen sie über zum Pfad der Vorbereitung. Dann, zum Zeitpunkt der Hitze [der ersten der vier Ebenen auf dem Pfad der Vorbereitung], wird die manifeste Vorstellung von vollständig mit Plagen behafteten Objekten [als wahrhaft existente Gebrauchsobjekte] schwächer.

Bei Erreichen des Gipfels [dem zweiten Schritt auf dem Vorbereitungspfad] wird die manifeste Vorstellung von reinen Objekten [wie von dem Wahren Aufhören und dem Wahren Pfad als wahrhaft existente Gebrauchsobjekte] schwächer.

Wenn man Ausdauer [die dritte Stufe auf dem Vorbereitungspfad] erreicht hat, wird die manifeste Vorstellung [von einem wahrhaft existierenden Benutzer] in Hinsicht auf ein Subjekt, das die Objekte als wirklich auffaßt, schwächer.

Hat man »die höchsten weltlichen Eigenschaften« [den vierten und letzten Schritt auf dem Vorbereitungspfad] erreicht, wird die manifeste Vorstellung [eines wahrhaft existierenden Benutzers] in Hinsicht auf ein Subjekt, das die Objekte als etwas Beigelegtes auffaßt, schwächer.
Diese vier Vorstellungen werden dann auf dem Pfad des Sehens aufgegeben.
Die vier – Hitze, Gipfel, Ausdauer und höchste weltliche Eigenschaften – nennt man, in dieser Reihenfolge: die meditative Gleichgewichtfindung des Erreichens einer Wahrnehmung [von Leerheit], die meditative Gleichgewichtfindung des Vermehrens der Wahrnehmung [von Leerheit], die meditative Gleichgewichtfindung, welche die Soheit einseitig versteht, und die ununterbrochene meditative Gleichgewichtfindung.

Die meditative Gleichgewichtfindung, welche die Soheit einseitig versteht, trägt ihren Namen, weil der Yogī hier zum ersten Male eine klare begriffliche Wahrnehmung von der Leerheit der Objekte bekommen, aber noch nicht die Leerheit von Subjekten begriffen hat; seine Konzentration ist also, was die Leerheit angeht, einseitig. Die ununterbrochene Konzentration trägt ihren Namen, weil der Yogī hier in ein und derselben Sitzung ohne Unterbrechung zu einem Pfad der Befreiung fortschreitet, mit dem der Pfad des Sehens beginnt.

Danach werden durch den ununterbrochenen Pfad des Sehens alle künstlichen Hindernisse zur Befreiung und die künstlichen Hindernisse zur Allwissenheit zusammen mit ihren Samen beseitigt. Damit ist der Befreiungspfad [des Pfades des Sehens] und ein Wahres Aufhören [der künstlichen Hindernisse] verwirklicht.[15]

Künstliche Hindernisse zur Befreiung sind über die angeborenen Auffassungen gelagerte, intellektuell erworbene Vorstellungen von einem Selbst von Personen. Die Überzeugung, daß es ein Selbst gibt, erwirbt man durch Belehrungen oder Beweisführungen, die beispielsweise eine eigenständige Person nachweisen. Die künstlichen Hindernisse zur Allwissenheit sind die überlagerten Vorstellungen von einem Selbst der Erscheinungen. Sie

entstehen durch Überzeugungen, welche sich aus Lehren und Beweisführungen herleiten, welche einen Wesensunterschied von Subjekt und Objekt begründen.
Der Pfad der Befreiung besteht hier in der Erfahrung, die künstlichen Hindernisse überwunden zu haben. Wahres Aufhören besteht hier in dem vollkommenen und fortwährenden Aufhören der künstlichen Hindernisse.

Mit den neun Schritten auf dem Pfad der Meditation gibt man nach und nach die Samen der sechzehn Plagen und die Samen der einhundertundacht Hindernisse zur Allwissenheit auf, die durch diesen Pfad der Meditation aufgegeben werden müssen. Am Ende des Kontinuums [des Existierens als ein fühlendes Wesen] nimmt man den ununterbrochenen Pfad als Stütze und gibt gleichzeitig die angeborenen Plagen und die angeborenen Hindernisse zur Allwissenheit auf. Im Augenblick darauf erreicht man die höchste Erleuchtung.

Mit der Verwirklichung von Buddhaschaft ist man kein »fühlendes Wesen« *(sattva)* mehr, was nicht bedeutet, daß ein Buddha keinen Geist hätte. Ein Buddha hat lediglich keinen Geist, der noch Hindernisse auszuräumen hätte. Er ist deshalb kein »fühlendes Wesen« – ein Begriff, der nur auf jemanden anzuwenden ist, der noch Hindernisse beseitigen muß. Die angeborenen Hindernisse sind die Vorstellungen von einem Selbst der Personen und einem Selbst der Erscheinungen, die auf die anfanglose Gewohnheit zurückgehen, Personen und Erscheinungen als wahrhaft existent zu betrachten. Der Begriff »angeboren« bedeutet, daß diese Hindernisse zusammen mit den geistigen und physischen Anhäufungen entstehen, ohne dazu einer Überzeugung zu bedürfen, die man sich durch Lehren oder Beweisführungen erst erwirbt.

Auf diese Weise wird die Frucht von jenen manifestiert, die fest in der Bodhisattva-Familie stehen.
»*Nirvāṇa* des Mahāyāna« und »nicht-verweilendes *Nirvāṇa*« sind ihrer Meinung nach bedeutungsgleich.

In einem nicht-verweilenden *Nirvāṇa* verweilt man wegen der erlangten Weisheit nicht im Existenzkreislauf und verharrt aufgrund des Mitleids auch nicht in einem Frieden in Einsamkeit.

Ihrer Meinung nach beläuft sich die Anzahl der Körper eines Buddha eindeutig auf vier. Ārya Vimuktisena und Haribhadra haben zwar über die, die Körper des Buddha betreffenden Lehren [in Maitreyas *Schmuck der Erkenntnisse*] debattiert, die Anzahl war jedoch nicht Gegenstand einer Diskussion.

Die vier Körper eines Buddha sind der Wesenskörper, der Weisheitskörper, der vollkommene Genußkörper und der Hervorbringungskörper.

Sie unterteilen das Wort des Buddha in eindeutige Schriften und in Schriften, die einer Interpretation bedürfen. Schriften, die einer Interpretation bedürfen, sind entweder solche Schriften, die man nicht wörtlich vertreten sollte, oder solche, in denen der vor allem ausgedrückte Gegenstand unmittelbar in der Unterweisung in konventionellen Wahrheiten besteht. Eine eindeutige Schrift ist eine Schrift, die dazu geeignet ist, wörtlich vertreten zu werden, und die unmittelbar endgültige Wahrheiten lehrt, in denen ihr hauptsächlicher Gegenstand besteht.

Damit eine Schrift eindeutig ist, muß sie wörtlich und ohne Einschränkungen angenommen werden können. Selbst ein Abschnitt, der lehrt, daß alle Erscheinungen von inhärenter Existenz frei sind, bedarf zum Beispiel einer Interpretation. Der Hauptgegenstand der Belehrung ist zwar eine endgültige Wahrheit, die Stelle kann aber nur mit dem Zusatz »endgültig« *(paramārthataḥ)* akzeptiert werden, es müßte also heißen: alle Erscheinungen sind im endgültigen Sinne leer von inhärenter Existenz.

In bezug auf die Räder der Lehre, so wie sie vom *Sūtra von der Enträtselung des Gedankens* (des Buddha) erklärt werden, bedarf ihrer Meinung nach das erste Rad der Lehre einer Interpretation; die letzten beiden Räder verfügen ihrer Meinung nach über beide Arten [von *Sūtras]*.

(B) DIE LEHRMEINUNGEN DER SAUTRĀNTIKA-SVĀTANTRIKA-MĀDHYAMIKA

DARSTELLUNG DER GRUNDLAGE

Abgesehen davon, daß dieses System äußere Objekte, aber kein Selbst-Bewußtsein vertritt, ähnelt es im großen und ganzen dem Yogācāra-Svātantrika-Mādhyamika.

DARSTELLUNG DER PFADE

Die Sautrāntika-Svātantrika-Mādhyamikas sind der Meinung, daß jene, die fest in der Familie der Hörer und Einsamen Verwirklicher stehen, nicht die Selbst-Losigkeit der Erscheinungen erkennen. Sie lehren keine Weisheit, die erkennt, daß Subjekt und Objekt leer davon sind, verschiedene Wesenheiten zu sein, und sie glauben auch nicht, daß die Vorstellung von äußeren Objekten ein Hindernis zur Allwissenheit darstellt.

DARSTELLUNG DER FRÜCHTE DER PFADE

Sie unterscheiden die Hindernisse, welche die Hörer und Einsamen Verwirklicher aufgeben, und die Selbst-Losigkeiten, die sie erkennen, danach, ob sie grob oder subtil sind.

In der Art ihrer Erkenntnis gibt es also keinen Unterschied. Sowohl für die Hörer als auch für die Einsamen Verwirklicher gilt laut den Sautrāntika-Svātantrikas die Aufstellung von den Acht Eintretenden und Verweilenden.

Sie meinen, daß jene, die fest in der Mahāyāna-Familie stehen, die Hindernisse nacheinander aufgeben. Bhāvaviveka erklärt in seiner *Flamme der Beweisführung (Tarkajvālā)*, die Hindernisse der Befreiung würden dann vollständig aufgegeben, wenn man die Achte Erde erreicht. Anders als die Prāsaṅgikas sind sie jedoch nicht der Meinung, daß man erst beginnt, die Hindernisse zur Allwissenheit aufzugeben, wenn die Hindernisse zur Befreiung alle ausgeräumt sind.

Die Sautrāntika-Svātantrikas sagen: die Bodhisattvas auf der ersten Erde fangen gleichzeitig an, sich der Hindernisse zur Befreiung und der Hindernisse zur Allwissenheit zu entledigen. Die schließliche Beseitigung der beiden Hindernisse findet jedoch nicht gleichzeitig statt. Die Vollendung des Aufgebens der Hindernisse zur Befreiung geschieht zu Beginn der Achten Bodhisattva-Erde und die Vollendung des Aufgebens der Hindernisse zur Allwissenheit tritt mit der Buddhaschaft ein.

Abgesehen von diesen Unterschieden stimmt die Darstellung von Grundlage, Pfaden und Früchten im großen und ganzen mit der Darstellung der Yogācāra-Svātantrika-Mādhyamikas überein.

Darum sage ich:
Wer weise sein möchte, der nehme diese Ausführung an,
die gut und nicht künstlich verfertigt die verschiedenen Aussagen
der Lehrmeinungen der Svātantrikas erklärt, welche behaupten, Dinge existieren zwar ihrem Wesen nach, aber nicht in Wahrheit.

2. DIE PRĀSAṄGIKAS

DEFINITION UND ETYMOLOGIE DER BEZEICHNUNG PRĀSAṄGIKA

Ein Prāsaṅgika ist laut Definition: Ein Verkünder von Nicht-Wesenhaftigkeit, der meint, daß die Erscheinungen noch nicht einmal konventionell ihrem eigenen Wesen nach existieren. Beispiele sind Buddhapālita, Candrakīrti und Śāntideva. Warum nennt man sie Prāsaṅgikas? Sie heißen Prāsaṅgikas [die, welche Folgerungen benutzen], weil sie meinen, man könne im Kontinuum eines Gegners das schlußfolgernde Bewußtsein, welches die These erkennt, [nämlich daß die Erscheinungen nicht inhärent existieren] ohne weiteres dadurch erzeugen, daß man ihn mit einer [absurden] Folgerung [seiner eigenen Position] konfrontiert.

Die Prāsaṅgikas sagen: Die logische Folgerung: »Daraus, daß die Person inhärent existiert, folgt, daß sie ein in Abhängigkeit Entstehendes ist« kann in jemand anderem das Verständnis erzeugen, daß eine Person nicht inhärent existiert, weil sie etwas in Abhängigkeit Entstehendes ist. Nach Ansicht der anderen Systeme muß man, nachdem man eine Folgerung präsentiert hat, in Form eines Syllogismus darlegen, was diese Folgerung impliziert, damit der Gegner die angestrebte These erkennt.

DARLEGUNG DER GRUNDLAGE

Sie behaupten, daß kein Objekt seinem eigenen Wesen nach existiert. Das gründet auf ihrer Meinung, daß alle Objekte bloß vom Denken beigelegt sind und daß das Wort »bloß« in dem Ausdruck »bloß vom Denken beigelegt« die natürliche Existenz ausschließt. Die Ausdrücke »erwiesene Grundlage«, »Objekt« und »Wissensobjekt« sind bedeutungsgleich.

Candrakīrti

Ihre Aussagen über Objekte
Sie teilen die Objekte ein in das Offenbare und in das Verborgene, sowie auch in die Zwei Wahrheiten.

Das Offenbare und das Verborgene. Ein offenbares Objekt ist laut Definition: Eine Erscheinung, die man, ohne sich auf ein logisches Kennzeichen zu stützen, durch die Kraft der Erfahrung erkennen kann. Die Ausdrücke »direkt erkennbar«, »offenbares Objekt«, »Sinnesobjekt« und »nicht-verborgene Erscheinung« sind bedeutungsgleich. Beispiele sind Formen, Klänge, Gerüche, Geschmäcke und fühlbare Objekte.
Ein verborgenes Objekt ist laut Definition: Eine Erscheinung, die zu erfahren man sich auf einen Grund oder ein Kennzeichen stützen muß. Die Ausdrücke »Verborgenes Objekt«, »nicht-offenbares Objekt« und »Objekt eines schlußfolgernden Erfassens« sind bedeutungsgleich. Beispiele sind die Vergänglichkeit eines Tons und die nichtinhärente Existenz eines Tons.[16]

Diese Definitionen gelten vom Standpunkt der gewöhnlichen Wesen aus – für einen Buddha gibt es keine verborgenen Objekte, weil er alles direkt erkennt. Ein gewöhnliches Wesen muß, auch wenn es beispielsweise mit den direkten Wahrnehmungsmitteln eines Yogī die subtile Vergänglichkeit eines Tons direkt wahrnimmt, auf Schlußfolgerung zurückgreifen, bevor es die subtile Vergänglichkeit begreift. Ein Höherer kann dagegen, ohne zuerst auf Schlußfolgerung zurückgreifen zu müssen, die Vergänglichkeit eines Tons direkt erkennen. Die Vergänglichkeit eines Tons ist also nicht immer ein verborgenes Objekt – unter den obengenannten Bedingungen kann sie direkt wahrgenommen werden. Infolgedessen handelt es sich bei den gegebenen Synonymen nur annähernd um bedeutungsgleiche Ausdrücke, denn was für den einen ein Objekt sein mag, das er erschließen muß, kann schon für ein anderes gewöhnliches Wesen das Objekt einer direkten Wahrnehmung sein. Hier geht es darum, daß ein verborgenes Objekt etwas ist, das ein gewöhnliches Wesen nur durch Schlußfolgerung *neu* erkennen kann.

Deshalb schließen in diesem System offenbare und verborgene Objekte [für gewöhnliche Wesen] einander aus. Auch die drei Arten von erfaßten Objekten [die offenbaren, die wenig verborgenen und die sehr verborgenen Objekte] schließen sich ihrer Meinung nach gegenseitig aus.

Wenig verborgene Objekte, so wie eine Leerheit von inhärenter Existenz, sind der Erkenntnis durch die übliche Art der Schlußfolgerung zugänglich. Das sehr Verborgene, wie etwa der Aufbau des Universums, erfährt man durch solche Mittel wie gültige Schriften.

Die Zwei Wahrheiten. Eine konventionelle Wahrheit ist laut Definition: Ein Objekt, das von einem gültigen Erkenntnismittel, welches Konventionen erkennt, wahrgenommen wird, und in Hinsicht auf das ein gültiges Erkenntnismittel, welches imstande ist, eine Konvention zu erkennen, zu einem gültigen Erkenntnismittel wird, das eine Konvention erkennt. Ein Beispiel ist ein Topf.

Eine hinreichende Definition einer konventionellen Wahrheit, die – außer für einen Buddha – für jeden zutrifft, lautet: Ein Objekt, das von einem gültigen Erkenntnismittel, welches Konventionen erkennt, wahrgenommen wird – also außer einer Leerheit jedes existente Objekt. Das *eine* Bewußtsein eines Buddha nimmt sowohl Konventionen [also alles außer Leerheiten], als auch letzte Erscheinungen [Leerheiten] wahr. Deshalb heißt es, ein Buddha verfüge über ein gültiges Erkenntnismittel, das konventionelle Erscheinungen allein aus der Sicht des Objekts – zum Beispiel des Topfes – wahrnimmt. Ebenso sagt man, ein Buddha verfüge über ein gültiges Erkenntnismittel, welches endgültige Erscheinungen allein aus der Sicht des Objektes wahrnimmt – wie im Fall der Leerheit des Topfes. So heißt es im Hinblick auf verschiedene Objekte, ein Buddha habe Erkenntnismittel, welche konventionelle Erscheinungen erkennen, und er habe Erkenntnismittel, welche letzte Erscheinungen erkennen. Eigentlich erkennt jedoch das Konventionen erkennende gültige Erkenntnismittel eines Buddha auch endgültige Erscheinungen, und das endgültige Erscheinungen erkennende Erkenntnismittel eines Buddha erkennt auch konventionelle Erscheinungen. Deshalb ist für einen Buddha ein Objekt, das ein Konventionen erkennendes gültiges Erkenntnismittel wahrnimmt, nicht notwendigerweise eine konventionelle Erscheinung. Ebenso ist für einen Buddha ein Objekt, das ein endgültige Erscheinungen erkennendes Erkenntnismittel wahrnimmt, nicht notwendigerweise eine endgültige Erscheinung. Der zweite Teil der Definition wurde deshalb gegeben, um auch alle Objekte der Erkenntnis eines Buddha mit in die Definition aufzunehmen.

Sie teilen konventionelle Wahrheiten nicht in wirkliche und unwirkliche [konventionelle Wahrheiten], weil es keine wirklichen Konventionen gibt. Konventionen sind [in dem Sinne, daß sie bei einer Untersuchung nicht aufzufinden sind] zwangsläufig unwirklich. Man unterteilt die konventionellen Wahrheiten jedoch in das, was wirklich, und das, das was unwirklich ist, wenn man sich auf das allgemeine weltliche Bewußtsein bezieht. In bezug auf ein allgemein weltliches Bewußtsein ist ein Körper nämlich wirklich, und in bezug auf ein allgemein weltliches Bewußtsein ist das Spiegelbild eines Gesichts unwirklich. Trotzdem ist nicht alles, was für ein allgemein weltliches Bewußtsein wirklich ist, auch gleich existent. Wahrhaft existierende Formen sind für ein allgemein weltliches Bewußtsein wirklich [obwohl es sie tatsächlich überhaupt nicht gibt].

Eine endgültige Wahrheit ist laut Definition: Ein Objekt, das von einem gültigen Erkenntnismittel, welches eine endgültige Wahrheit [eine Leerheit] erkennt, wahrgenommen wird, und in Hinblick auf das ein gültiges Erkenntnismittel, welches imstande ist, eine endgültige Wahrheit zu erkennen, zu einem gültigen Erkenntnismittel wird, das eine endgültige Wahrheit erkennt. Beispiel ist das nichtinhärente Existieren eines Topfes. Die endgültigen Wahrheiten unterscheiden sich in der obenangeführten Weise. [Siehe Seite 182]

Außerdem gelten vergangene Objekte, zukünftige Objekte und Zustände des Aufgehörthabens als funktionierende Dinge [die imstande sind eine Wirkung hervorzurufen, und nicht als unvergängliche Erscheinungen, wie bei den Sautrāntikas, Cittamātrin und Svātantrikas]. Auch lehren die Prāsaṅgikas äußere Objekte, weil sie meinen, Objekt und Subjekt seien verschiedene Wesenheiten.

Ihre Aussagen über Objekt-Besitzer

Nach Meinung der Prāsaṅgikas ist eine Person das bloße »Ich«, das in Abhängigkeit von seinen Beilegungsgrundlagen beigelegt wird. Diese [Beilegungsgrundlagen] bestehen entweder in den fünf geistigen und physischen Anhäufungen [im Bereich der Begierde und im formhaften Bereich] oder in den vier Anhäufungen [im formlosen Bereich].

Im Prāsaṅgika-System ist die Person das in Abhängigkeit beigelegte »Ich« und nicht, wie für die anderen Schulen, das Geist-Bewußtsein oder der allem als Grundlage dienende Geist.

Alle Personen sind notwendigerweise produkthafte Faktoren, die weder Form noch Bewußtsein sind.

Eine Person ist nicht eine einzelne der ihr eigenen Bezeichnungsgrundlagen und hat Anteil an den Eigenschaften aller geistigen und physischen Anhäufungen. Deshalb werden Personen unter die nicht-verbundenen produkthaften Faktoren mit aufgenommen. Obwohl die Person also technisch gesehen zur vierten Anhäufung zählt, ist sie trotzdem keine einzelne der Anhäufungen, die ihre Bezeichnungsgrundlage abgeben.

Es gibt zwei Arten von Bewußtsein – gültiges und nichtgültiges. Es gibt zwei Arten von gültigem Bewußtsein – direkt gültige Erkenntnismittel und schlußfolgernd gültige Erkenntnismittel. Es gibt drei Arten von direkt gültigen Erkenntnismitteln – mit den Sinnen direkt wahrnehmende Erkenntnismittel, geistig direkt wahrnehmende Erkenntnismittel und die direkten Wahrnehmungsmittel eines Yogī. Selbst-Bewußtsein erkennen die Prāsaṅgikas nicht an.
Alle Fälle von Sinnesbewußtsein im Kontinuum eines fühlenden Wesens sind notwendigerweise irrig.

Das Sinnesbewußtsein fühlender Wesen ist insofern irrig, daß ihm die Objekte erscheinen, als würden sie inhärent existieren. Diese Art des Irrtums ist auf »fühlende Wesen« beschränkt, deren Geist im Besitz von Hindernissen ist, die noch beseitigt werden müssen. Der Begriff »fühlendes Wesen« umfaßt also, abgesehen von Buddhas, alle bewußten Wesen. Man spricht nur vom irrigen *Sinnes*bewußtsein der fühlenden Wesen. Bodhisattvas nehmen nämlich, wenn sie sich im meditativen Gleichgewicht über Leerheit befinden, mit ihrem Geist-Bewußtsein die Leerheit in vollkommen nicht-irriger Weise wahr. Da sie im Besitz von Hindernissen sind, die sie noch beseitigen müssen, sind sie fühlende Wesen, und ihr Geist-Bewußtsein ist vollkommen nicht-irrig, wenn sie die Leerheit direkt erkennen. Also sind nicht alle Arten von Bewußtsein von fühlenden Wesen irrig, sondern nur die Fälle von Sinnesbewußtsein. Auch ist es so, daß bei den Bodhisattvas [oder Hörern oder Einsamen Verwirklichern], wenn sie sich wieder aus dem meditativen Gleichgewicht über Leerheit erheben, ihre verschiedenen Arten von Sinnes- und Geist-Bewußtsein wiederum unter den Einfluß der früher erworbenen Veranlagungen geraten, welche bewirken, daß ihnen die Objekte so erscheinen, als wären sie inhärent existent.

Es gibt zwei Arten von direkten Wahrnehmungsmitteln eines Yogī – irrige und nicht-irrige. Nicht-irrig ist das direkte Wahrnehmungsmittel eines Yogī, wenn er sich in einem unverunreinigten meditativen Gleichgewicht befindet. Ein irriges Bewußtsein liegt dann vor, wenn eine gewöhnliche Person mit dem direkten Wahrnehmungsmittel eines Yogī die subtile Vergänglichkeit direkt erkennt.

Das letztere (Bewußtsein) befindet sich im Irrtum, weil ihm die Vergänglichkeit inhärent zu existieren scheint. Subtile Vergänglichkeit ist das Sich-Auflösen der Produkte von Augenblick zu Augenblick, und es ist schwer, sie zu erkennen. Grobe Vergänglichkeit ist leicht zu erkennen, Beispiele sind der Tod und das Zerbrechen eines Objektes.

Daraus folgt: Besitzt eine gewöhnliche Person das direkte Wahrnehmungsmittel eines Yogī, so handelt es sich in diesem Fall um ein irriges Bewußtsein, da es ein Bewußtsein im Geist-Kontinuum einer gewöhnlichen Person ist.

Alle Arten von Sinnes- und Geist-Bewußtsein einer gewöhnlichen Person sind irrig. In Hinblick auf ein fühlendes Wesen [ein Begriff, der Höhere mit einschließt] muß es dahingegen heißen, daß nur Fälle von *Sinnes*bewußtsein irrig sind, denn das Geist-Bewußtsein im Kontinuum eines Höheren, welches die Leerheit direkt erkennt, ist ja nicht irrig. Allderdings sind *alle* Fälle von Bewußtsein eines Buddha nicht irrig. Das heißt, daß das Bewußtsein eines Buddha – ob Sinnes- oder Geist-Bewußtsein, ob innerhalb oder außerhalb des meditativen Gleichgewichts – die Objekte weder so wahrnimmt noch sich vorstellt als wären sie inhärent existent.

Alle Wieder-Erkenntnismittel sind zwangsläufig auch direkte gültige Erkenntnismittel. Im zweiten Augenblick eines schlußfolgernden Bewußtseins, welches erkennt, daß ein Ton vergänglich ist, handelt es sich um ein begriffliches direkt gültiges Erkenntnismittel. Der zweite Augenblick eines, eine Form erfassenden, mit den Sinnen direkt wahrnehmenden Erkenntnismittels ist ein nicht-begriffliches direkt gültiges Erkenntnismittel.

Pramāṇa (gültiges Erkenntnismittel) meint im System der Prasaṅgikas kein Erkenntnismittel, das sein Objekt *neu* erkennt und dessen Erkenntnis unanfechtbar ist. Vielmehr meint *Pramāṇa* lediglich ein gültiges richtiges Bewußtsein oder ein unanfechtbares Erkenntnismittel, welches sich in Hinsicht auf sein Bezugsobjekt nicht irrt – es nimmt sein Objekt nicht unbedingt zum ersten Male wahr. Für die Prāsaṅgikas gewährt ein gültiges Erkenntnismittel in Hinsicht auf sein Hauptobjekt ein unanfechtbares Wissen. Es ist aber nicht unbedingt neu, wie die anderen Systeme meinen.

Wenn man verstehen will, was die anderen Systeme mit »neu« meinen, sollte man folgendes beachten: Häufig übersieht man – weil man sich auf ein Objekt intensiv konzentriert – andere Objekte, die man aber trotzdem wahrgenommen hat. Wenn man zum Beispiel seine Aufmerksamkeit einem besonders interessanten sichtbaren Objekt schenkt, kann es sein, daß man nicht bemerkt, was in Hörweite gesagt wurde. Das Hör-Bewußtsein hat den Ton zwar gehört, aber das Geist-Bewußtsein hat ihn zu diesem Zeitpunkt nicht wahrgenommen, und man wird sich an ihn auch in Zukunft nicht erinnern können. Ein solches Bewußtsein ist keine *Pramāṇa*, da es, obwohl ihm das Objekt deutlich erschienen ist, das Gehörte nicht bemerkt hat. Man kann also, weil die Aufmerksamkeit fehlt, das Objekt nicht bemerken, obwohl man einige Zeit mit ihm in Kontakt gestanden hat. Auch kann das Bewußtsein eines gewöhnlichen Wesens nicht einen einzelnen Augenblick eines Objektes wahrnehmen. Bevor ein gewöhnliches Wesen ein Objekt bemerkt, braucht es mehrere Augenblicke – egal wie groß die Aufmerksamkeit ist. Wenn man im Bewußtsein das Objekt nicht bemerkt, ist dieses Bewußtsein kein *Pramāṇa*. Damit ein Bewußtsein ein *Pramāṇa* ist, muß das Objekt bemerkt werden. Für alle Schulen außer den Prāsaṅgikas ist »ein mit den Sinnen direkt wahrnehmendes Erkenntnismittel« ein richtiges Sinnesbewußtsein während der Zeit, die benötigt wird, um ein Objekt zum ersten Male zu bemerken. Die anschließenden Bewußtseinsaugenblicke im selben Kontinuum der Aufmerksamkeit auf das Objekt, während derer keine anderen Wahrnehmungen auftreten, die man bemerkt, nennt man Wieder-Erkenntnismittel. Das ist so, weil man die Momente eines Objekts, die man zuvor bemerkt hat, von neuem erkennt. Bei allen Systemen außer dem der Prāsaṅgikas handelt es sich bei einem Wieder-Erkenntnismittel nicht um ein *Pramāṇa*, weil es seine Objekte nicht neu erkennt. Die Prāsaṅgikas deuten das *»Pra«* in *»Pramāṇa«* jedoch nicht als »Erstes« oder »neues« sondern als »gültig«, »richtig« oder »Haupt-«; deshalb ist ein Wieder-Erkenntnismittel für sie ein *Pramāṇa* – ein gültiges Erkenntnismittel.

Das gleiche gilt auch für ein schlußfolgerndes Bewußtsein. Ist es erst einmal zu einer Schlußfolgerung gekommen, dann sind die anschließenden Augenblicke alle Wieder-Erkenntnismittel, welche nur die Prāsaṅgikas als *Pramāṇa* (gültige Erkenntnismittel) anerkennen. Weil die an ein schlußfolgerndes Bewußtsein anschließenden Momente, um ein Objekt erkennen zu können, nicht wieder auf einen Grund zurückgreifen müssen, handelt es sich bei diesen auch nicht mehr um ein schlußfolgerndes, sondern nunmehr um ein direktes Bewußtsein. Es erinnert sich nämlich der bereits erschlossenen Objekte *direkt*, das heißt, ohne von neuem auf einen logischen Grund zurückgreifen zu müssen. Deshalb kann im Prāsaṅgikasystem, anders als in den anderen Systemen, ein direktes Wahrnehmungsmittel Begriffscharakter haben. Das Wieder-Erkenntnismittel eines bereits erschlossenen Objekts, das sich bei seinem Erkennen nicht auf ein logisches

Kennzeichen stützt, ist ein begriffliches direktes Wahrnehmungsmittel. Obwohl direkt, ist es nichtsdestoweniger begrifflich, weil es sein Bezugsobjekt durch das Mittel eines Bildes erkennt. »Direkt« meint hier, daß es nicht auf ein logisches Kennzeichen zurückgreift.
Ein auf ein direktes Sinnes-Wahrnehmungsmittel folgendes Wieder-Erkenntnismittel ist ein nicht-begriffliches direktes gültiges Erkenntnismittel.

Es gibt vier Arten von Schlußfolgerung: 1. Schlußfolgerung kraft Evidenz [die ein logisches Kennzeichen darstellt, so wie das Gegenwärtigsein von Entstehen in Abhängigkeit ein Zeichen von nicht-inhärenter Existenz darstellt]. 2. Schlußfolgerung aufgrund des Rufs [der etwa zu dem Wissen verhilft, daß der Laut »Mond« geeignet ist, das betreffende Objekt zu bezeichnen]. 3. Schlußfolgerung durch Beispiel [so wie man schlußfolgern kann, was eine Kuh ohne Wamme ist, wenn man weiß, was eine Kuh mit Wamme ist]. 4. Schlußfolgerung durch rechten Glauben [in Schriften, die weder in dem, was sie wörtlich ausdrücken, noch in dem, was sie implizieren, anderen Schriften, Schlußfolgerungen oder direkten Wahrnehmungen widersprechen].
Sich in bezug auf ein Objekt im Irrtum befinden und dieses Objekt erkennen, schließt sich gegenseitig nicht aus, weil die Prāsaṅgikas meinen, daß sich ein schlußfolgerndes Erkenntnismittel, welches erkennt, daß ein Ton vergänglich ist, in bezug auf [ein inhärentes Existieren eines] vergänglichen Tones irrt [obwohl er die Vergänglichkeit des Tones richtig erkennt].

Es »irrt«, weil ihm etwas, das nicht inhärent existiert, so erscheint, als wäre es inhärent existent. Ein Bewußtsein kann ein Objekt richtig identifizieren und sich trotzdem insofern irren, daß ihm das Objekt als inhärent existent erscheint.

Fälle von dualistischem Bewußtsein sind auch zwangsläufig direkte gültige Erkenntnismittel in bezug auf das ihnen erscheinende Objekt. Das ist so, weil sogar ein begriffliches Bewußtsein, das einen Ton fälschlicherweise als etwas Unvergängliches auffaßt, in bezug auf sein Erscheinungsobjekt ein direktes gültiges Erkenntnismittel ist.

Das Erscheinungsobjekt ist bloß das Allgemeinbild eines unvergänglichen Tons. Es ist, weil es keinen unvergänglichen Ton gibt, nicht ein wirklicher unvergänglicher Ton. Weil das Bewußtsein sein Erscheinungsobjekt bemerkt, und sich dieses Allgemeinbild, wie irrig es auch sein mag, ins Gedächtnis rufen kann, ist es *in Hinblick auf sein Erscheinungsobjekt* gültig.
Ein begriffliches Bewußtsein, das die Vergänglichkeit eines Tones wahrnimmt, ist nicht an sich ein gültiges Erkenntnismittel, weil es kein richtig Erkennendes (Bewußtsein) ist. Wenn man also die nur aus der Idee oder dem Bild eines unvergänglichen Tones bestehende Erscheinung seines Objekts in Betracht zieht, ist es in bezug auf diese Erscheinung gültig, weil zur Gültigkeit das Bemerken eines Objektes gehört und die Fähigkeit, sich an das Objekt zu erinnern. So ist selbst ein beflecktes Bewußtsein in bezug auf das ihm eigene Erscheinungsbild ein gültiges Erkenntnismittel.

Alle Arten von Bewußtsein [richtige, befleckte, begriffliche oder nicht-begriffliche] erkennen ihr eigenes Erfassungsobjekt. Denn das Allgemeinbild von den Hörnern eines Hasen ist das Erfassungsobjekt eines begrifflichen Bewußtseins, das Hasenhörner erfaßt, und das Allgemeinbild von einem unvergänglichen Ton ist das Erfassungsobjekt eines begrifflichen Bewußtseins, das einen unvergänglichen Ton erfaßt.

DARSTELLUNG DER PFADE

Die Objekte der Pfade

Die grobe Selbst-Losigkeit von Personen ist ihrer Meinung nach die Leerheit einer Person von substantieller Existenz oder von Eigenständigkeit. Die subtile Selbst-Losigkeit von Personen ist ihrer Meinung nach die Leerheit einer Person von wahrer Existenz.
Sie unterscheiden die beiden subtilen Selbst-Losigkeiten [die von Personen und die von Erscheinungen] in Hinsicht

auf die Grundlagen, von denen die Leerheitsaussage gemacht wird [Personen und Erscheinungen]. Sie unterscheiden sich nicht in Hinsicht auf das verneinte Objekt. Das verneinte Objekt ist nämlich die wahre Existenz, und die Verneinung der wahren Existenz ist in bezug auf die Person – die Grundlage der Verneinung – die subtile Selbst-Losigkeit der Person. In Bezug auf eine geistige oder physische Anhäufung oder dergleichen als Grundlage der Verneinung ist die Verneinung wahrer Existenz – das Objekt der Verneinung – die subtile Selbst-Losigkeit der Erscheinungen. Die subtile Selbst-Losigkeit der Person und die subtile Selbst-Losigkeit der Erscheinungen ist für sie im gleichen Maße subtil. Sie ist die endgültige Existenzweise [von Personen und anderen Erscheinungen].

Die während der Pfade aufzugebenden Objekte

Als die Hindernisse zur Befreiung gelten die grobe und die subtile Vorstellung von einem Selbst mit ihren Samen und die Drei Gifte, die durch ihren Einfluß mitsamt ihren Samen entstehen. Das ist so, weil die Prāsaṅgikas die Vorstellung von wahrer Existenz für ein Hindernis zur Befreiung halten. Als die Hindernisse zur Allwissenheit gelten die Verborgenheiten der Vorstellung von wahrer Existenz, das irrige Erscheinen von [inhärent existenter] Dualität, welches durch ihren Einfluß entsteht, und die Befleckung der Auffassung der Zwei Wahrheiten als verschiedene Dinge.

Die Samen der Vorstellung von wahrer Existenz bringen die *Vorstellung* hervor, daß Erscheinungen und Personen in Wahrheit existieren; es sind jedoch die Verborgenheiten der Vorstellung von wahrer Existenz, die das *Erscheinen* von Personen und Erscheinungen als inhärent existent hervorbringen.

Das Wesen der Pfade

Die Prāsaṅgikas geben eine Darstellung von fünf Pfaden für jedes der Drei Fahrzeuge. Für das Mahāyāna geben sie außerdem eine Darstellung von Zehn Erden. Dabei stützen sie sich auf das *Sūtra über die Zehn Erden (Daśabhūmikasūtra)*. Es gibt in den drei Fahrzeugen keine verschiedenen Arten von Weisheit, weil die Prāsaṅgikas die Meinung vertreten, daß alle Höheren direkt die Selbst-Losigkeit der Erscheinungen erkennen.

DARSTELLUNG DER FRÜCHTE DER PFADE

Jene, die fest in der Hīnayāna-Familie stehen, kultivieren die Ansicht von der Selbst-Losigkeit allein durch kurze Beweisführung. Das als Stütze nehmend, beseitigen sie schließlich durch die *Vajra*-gleiche meditative Gleichgewichtfindung auf dem Hīnayāna-Pfad der Meditation die Vorstellung von der wahren Existenz zusammen mit ihren Samen und verwirklichen gleichzeitig die Hīnayāna-Erleuchtung.

Die Svātantrika-Mādhyamika und [die Systeme] darunter behaupten, es sei zuerst nötig, ein *Nirvāṇa* mit Überresten zu erreichen, um dann ein *Nirvāṇa* ohne Überreste erreichen zu können. Im Prāsaṅgika-System gilt dagegen die Meinung, daß man noch vor dem *Nirvāṇa* mit Überresten ein *Nirvāṇa* ohne Überreste erreichen muß.

Die Prāsaṅgikas geben diesen beiden Begriffen einen anderen Sinn als die anderen Schulen. Für sie bezieht sich »*Nirvāṇa* ohne Überreste« auf das meditative Gleichgewicht, währenddessen ein Anhänger des Hīnayāna schließlich zu einem Feind-Zerstörer wird. Zu diesem Zeitpunkt hat er die Vorstellung von einer inhärenten Existenz überwunden und befindet sich im Besitz eines *Nirvāṇa* – eines »Über das Leiden Hinausgehen«. Leiden wird dabei mit den Hindernissen zur Befreiung identifiziert. Da er zu diesem Zeitpunkt die Leerheit direkt erkennt, ist er auch vorübergehend frei von allen Erscheinungen der inhärenten Existenz und man sagt, daß er keinerlei »Überreste« von dieser täuschenden Erscheinung mehr hat. Wenn er sich jedoch wieder aus dem Gleichgewicht erhebt, erscheinen die Dinge so, als wären sie inhärent existent, selbst wenn er sich nie wieder auf die täuschende Existenz einläßt und dadurch die Dinge als existent auffaßt. So ist ein Feind-Zerstörer zuerst im Besitz eines *Nirvāṇa* ohne Überreste und dann im Besitz eines *Nirvāṇa* mit Überresten. Nach und nach tritt ein Feind-Zerstörer in das Mahāyāna ein, und nachdem er eine große Menge Verdienst angesammelt hat, reinigt er auch seine Wahrnehmung der täuschenden Erscheinung von wahrer Existenz. Dadurch beseitigt er die Hindernisse zur Allwissenheit und wird zu einem Buddha.

Was die Hörer und die Einsamen Verwirklicher angeht, vertreten die Prāsaṅgikas die Darstellung von den Acht Eintretenden und Verweilenden, und sie meinen, daß es sich bei allen Eintretenden und Verweilenden um Höhere handelt.

In der folgenden Weise wird die Erleuchtung des Mahāyāna verwirklicht:

Die Bodhisattvas kultivieren durch unzählige Formen der Beweisführung ausführlich die Ansicht von der Selbst-Losigkeit und beseitigen dadurch die Hindernisse. Bevor sie nicht die Hindernisse zur Befreiung vollständig aufgegeben haben, beginnen sie nicht, die Hindernisse zur Allwissenheit aufzugeben. Sie beginnen mit dem Aufgeben der Hindernisse zur Allwissenheit, wenn sie sich auf der Achten Bodhisattva-Erde befinden – zu einem Zeitpunkt an dem Bodhisattvas, die nicht zuerst einen Hīnayāna-Pfad gegangen sind, die Hindernisse zur Befreiung vollständig aufgeben. Indem sie den ununterbrochenen Pfad am Ende ihres Kontinuums [als fühlende Wesen] als Stütze nehmen, geben sie schließlich restlos alle Hindernisse zur Befreiung auf und gleichzeitig verwirklichen sie den Zustand der Vier Buddhakörper.

Die Prāsaṅgikas meinen, alle *Nirvāṇas* und alle Fälle von Wahrem Aufhören sind endgültige Wahrheiten.

Ein *Nirvāṇa* ist eine Leerheit des Geistes im Kontinuum von jemandem, der alle Plagen vollständig und für immer aufgegeben hat. Ein Wahres Aufhören ist eine Leerheit des Geistes im Kontinuum von jemandem, der einen Teil der Plagen vollständig und für immer aufgegeben hat.

Das erste und das letzte der Drei Räder der Lehre, wie sie

im *Sūtra von der Enträtselung des Gedankens* erläutert werden, bestehen aus Schriften, die einer Interpretation bedürfen, da sie an keiner Stelle die Leerheit ausdrücklich lehren.

Das bezieht sich nur auf die Drei Räder wie sie das *Sūtra von der Enträtselung des Gedankens (des Buddha)* lehrt. So wie die Prāsaṅgikas die Drei Räder der Lehre darlegen, gibt es auch im Ersten und im Dritten Rad einige Stellen, die eindeutig sind, da sie die Leerheit – die endgültige Natur der Erscheinungen – ausdrücklich lehren.

Sie meinen, das mittlere Rad der Lehre setze sich aus eindeutigen Schriften zusammen, da es sich beim *Herz-Sūtra (Prajñāpāramitāhṛdaya)* um eine eindeutige Schrift handelt. Was die Prāsaṅgikas vor allem unterscheidet, ist, daß sie bestreiten, daß die Erscheinungen ihrem eigenen Wesen nach existieren. Sie gründen diese Aussage auf die Beweisführung, welche zeigt, daß innere und äußere Erscheinungen in Abhängigkeit beigelegt sind. Jedoch verstehen sie es, innerhalb ihres eigenen Systems und ohne auf [die Unwissenheit] anderer zurückgreifen zu müssen, fehlerfrei nachzuweisen, wie Fesselung und Befreiung, Ursache und Wirkung, Gewußtes und Wissendes und so fort nur konventionell, nur nominell, das heißt: bloß beigelegt existieren. Heutzutage sagen einige, die sich viel darauf einbilden, hohe Ansichten zu vertreten, die Erscheinungen seien bloß irrige Erscheinungen. Sie halten sie für vollkommen nicht-existent wie den Sohn einer unfruchtbaren Frau. Außerdem meinen sie, auf nichts zu achten wäre die höhere Praxis. Sie haben auch nicht eine Spur von Prāsaṅgika in sich.
Die nach Befreiung suchen, sollten, nachdem sie gesehen haben, daß alle Wunder des Existenzkreislaufs wie ein Wirbelsturm von Feuer sind, alle schlechten Ansichten, die als Lehren aufgemacht sind, aufgeben und nach dem System der Prāsaṅgika-Mādhyamikas streben – dem höchsten aller Lehrsysteme.

Darum sage ich:

Es ist schwierig, die Tiefe der Begriffe und ihrer Bedeutungen auszuloten,
die gesammelt sind auf der goldenen Erde der Lehrsysteme.
Immer neue Wellen unterschiedlicher Beweisführung entstehen
und erwecken Furcht in den Herzen der Kinder von geringem Verstand.
In tausend Flüsse von vielfältigen Ansichten gespalten,
sind sie ein Tummelplatz für Vögel mit klarem Verstand.
Wer kann die Einzelheiten ermessen dieses großen
Schatzes von Wasser der inneren und äußeren Lehrmeinungen?

Das Boot jedoch, welches ein glückliches Wesen findet,
fährt, angetrieben von einem glückbringenden Wind,
zur Mitte des Ozeans der Lehrmeinungen
und findet hier diesen Juwelenkranz der Redefertigkeit.

Die jugendfrischen Gruppen jener von klarem Verstand,
die den Wunsch haben, das Festmahl eines redefertigen Liedes
vor den Millionen der Besten der Weisen auszubreiten,
sollten dieser Erläuterung unserer eigenen Lehrmeinungen und der Lehrmeinungen anderer vertrauen.

Oh, was sind sie für ein Wunder, jene, die sich heutzutage leichtfertig für weise halten,
die, allein aus dem Kopfe daherredend und
ohne lange mit den großen Schriften vertraut zu sein,
um Reichtum und Ansehen zu erwerben,
dem ermüdenden Tanz des Verfassens von Schriften sich widmen!

Aus dem Himmel der Analyse scheinen Tausende von Strahlen der Redefertigkeit
und schließen alle fehlerhaften Erläuterungen.[17]
Die freundliche Miene jedoch der wunderbaren Bedeutungen im großen Wald
mit Hunderten von Blütenblättern richtiger Systeme, bringen sie zum Lächeln.

Dieses Buch, das zahllose Lehrmeinungen aufhellt,
und die Essenz der Bücher indischer und tibetischer Gelehrter enthält,
wurde nicht aus Wettbewerbsstreben oder Eifersucht verfaßt,
sondern zu dem Zweck, den Verstand jener zu fördern,
deren Los dem meinen gleicht.

Mögen durch diese gute Tat, die aus Bemühung entstand*
und die den Schein selbst des Lichtes des Mondes übertrifft,
alle Wesen aus dem Abgrund schlechter Ansichten befreit werden,
und möge der rechte Pfad ihnen auf immer Kraft geben.

Diese, *Ein Kostbarer Kranz* genannte, kurze Darlegung der inneren und äußeren Lehrmeinungen wurde vom Ehrwürdigen Kön-chok-jik-mö-wang-po (dKon mchog 'jigs med dbang po) während des sechsten zunehmenden Mondes im Wasser-Schlange-Jahr verfaßt. Er verfaßte sie angesichts einer Bitte des gläubigen, tatkräftigen und unterscheidungsfähigen Nga-wang-käl-sang (Ngag dbang skal bzang) und des Mönches Nga-wang-sang-po (Ngag dbang bzang po). Sein Sekretär war Ta-drin-tse-ring (rTa mgrin tshe ring).

Möge diese Übersetzung aus dem Tibetischen den fühlenden Wesen eine Hilfe sein und dazu beitragen, ihr Glück zu vermehren.

* *dieses gute Karma (Anm. d. Übs.)*

ANMERKUNGEN

TEIL EINS: PRAXIS

1. Der Text liest fälschlich: Es gibt drei [Teile]: den Gedanken an die Schwierigkeit, kostbare Muße und Reichtum zu finden, den Gedanken daran, daß die Zeit des Todes ungewiß ist, und den Gedanken an die Leiden in den schlechten Wanderungen.

TEIL ZWEI: THEORIE

1. Jam-yang-shä-pa ('Jam dbyangs bzhad pa), *Eine Erläuterung von »Lehrmeinungen«, Eine Sonne im Lande Samantabhadras, die strahlend sämtliche Lehrmeinungen, unsere und die anderer, beleuchtet, und die Bedeutung der tiefen Leerheit, ein Ozean von Schrift und Beweisführung, der die Hoffnungen aller Wesen erfüllt (Grub mtha'i rnam bshad rang gzhan grub mtha' kun dang zab don mchog tu gsal ba kun bzang zhing gi nyi ma lung rigs rgya mtsho skye dgu'i re ba kun skong)* [ist bekannt unter dem Kurztitel *Große Darlegung von Lehrmeinungen (Grub mtha' chen mo)*, und wird im folgenden mit GT abgekürzt], (Musoorie: Dalama, 1962), [neuer Blockdruck, 310 Folios], ka 48b–7ff. Siehe auch Nga-wang-päl-dän (Ngag dbang dpal ldan), *Anmerkungen zu der »Großen Darlegung von Lehrmeinungen«, die die Knoten der schwierigen Punkte lösen, Ein kostbares Juwel des klaren Denkens (Grub mtha'chen mo'i mchan' grel dka' gnad mdud grol blo gsal gces nor)* [Wird im folgenden mit Anm. abgekürzt] (Sarnath: Pleasure of Elegant Sayings Printing Press, 1964), [neuer Blockdruck, 416 folios], 101b–2ff.
2. Anm. stod 63b–3.
3. Diese Liste wurde aus »Meditation on Emptiness« von Jeffrey Hopkins übernommen. (Ann Arbor: University Microfilms, 1973), S. 76.
4. Anm., stod 65a–3.
5. Anm., stod 64b–2.
6. Anm., 65a–3.
7. Anm., 64b–2; GT, 30b–5; Anm., stod 51b–2.

8. Jang-kya (lCang skya), *Deutliche Erklärung der Darstellung von Lehrmeinungen, Ein schöner Schmuck für den Meru der Lehre des Überwinders (Grub pa'i mtha'i rnam par bzhag pa gsal bar bshad pa thub bstan lhun po'i mdzes rgyan)*, [wird folgenden Folgenden mit Jang abgekürzt], (Varaṇāsī, 1970) Seite 32, 8.
9. Anm., stod 65a–4.
10. Anm., stod 64b–4.
11. Anm., stod 64b–8.
12. GT, ka 42b–8.
13. Der Autor gibt drei verschiedene Darstellungen zu diesen dreien, von denen jedoch nur eine übersetzt wurde.
14. Jang, 212, 17.
15. Nach dem Blockdruck im Rare Books Room der University of Wisconsin müßte diese Stelle folgendermaßen lauten: *de'i 'jug thog su mthong lam bar chad med lam gyis nyon sgrib kun btags dang/shes sgrib kun btags sa bon dang bcas pa spangs nas rnam grol lam dang 'gog ps'i bden pa gnyis mgon du byed do// sogom lam skor dgus sgom spang nyon mongs bcu drug gi sa bon dang sgom spang shes sgrib brgya dang brgyad kyi sa bon rim can du spong bar gsungs so//*
16. Der Text liest irrtümlicherweise: *Sgra gang zag gi bdag* med.
17. Man sagt, daß das Licht von Sonne und Mond imstande ist, die Blüten bestimmter Blumen zu schließen.

LITERATUR

(Ein P bei den Angaben verweist auf die Peking-Ausgabe des *Tibetan Tripitaka*, herausgegeben von der Suzuki Research Foundation, Tokyo-Kyoto, 1956).

a) SŪTRAS

1. *Sūtra vom Hinabstieg nach Laṅkā*
Laṅkāvatāra-sūtra
Lang kar gshegs pa'i mdo P775, Band 29.

2. *Sūtra der Vollkommenheit der Weisheit*
Prajñpāramitā-sūtra
Shes rab kyi pha rol tu phyin pa'i mdo. P Band 12–21

3. *Sūtra von der Enträtselung des Gedankens* (des Buddha)
Saṃdhinirmocana-sūtra
dGongs pa nges par 'grel pa'i mdo. P774, Band 29

4. *Sūtra von den Zehn Erden*
Daśabhūmika-sūtra
mDo sde sa bcu pa. P761–31, Band 25.

b) KOMMENTARE

5. Asaṅga, *Kompendium des Wissens*
Abhidharmasammuccaya
mNgon pa kun btus. P5550, Band 112.

6. Asaṅga, *Fünf Abhandlungen über die Stufen*
Yogacaryābhū*mi*
rNal 'byor spyod pa'i sa. P5536, 5537, 5538, Band 109–10.
Yogacaryābhūminirṇayasaṃgraha
rNal 'byor spyod pa'i sa rnam par gtan la dbab pa bsdu ba. P5539, Band 110–11.

Yogacaryābhūmau vastusaṃgraha
rNal 'byor spyod pa'i sa las gzhi bsdu ba. P5540, Band 111.
Yogacaryābhūmau paryāsamgraha
rNal 'byor spyod pa'i sa las rnam grang bsdu ba. P5543, Band 111.
Yogacarābhūmau vivaraṇasaṃgraha
rNal 'byor spyod pa'i sa las rnam par bshad pa bsdu ba. P5543, Band 111

7. Bhāvaviveka, *Flamme der Beweisführung, ein Kommentar zum »Herz des mittleren Weges«*
Madhyamakahṛdayavṛttitarkajvālā
dbU ma'i snying po' i 'grel pa rtog ge 'bar pa. P5256, Band 96.

8. Bhāvaviveka, *Herz des Mittleren Weges*
Madhyamakahṛ*dayakārikā*
dbU ma'i snying po'i tshig le'ur byas pa. P5255, Band 96.

9. Dharmakīrti, *Sieben Abhandlungen über gültige Erkenntnis*
Pramāṇavarttikakārikā
Tshad ma rnam 'grel gyi tshig le'ur byas pa. P5709, Band 130.
Pramāṇaviniścaya
Tshad ma rnam par nges pa P5710, Band 130.
Nyāyabinduprakaraṇa
Rigs pa'i thigs pa zhes bya
ba' i rab tu pa pa P5711, Band 130.
Hetubindunāmaprakaraṇa
gTan tshigs kyi thigs pa zhes bya ba rab tu byed pa. P5712, Band 130.
Sambandhaparīkṣāvṛtti
'Brel pa brtag pa'i rab tu byed pa. P5713, Band 130.
Vādanyāyanāmaprakaraṇa
rtsod pa'i rigs pa zhes bya ba'i rab tu byed pa. P5715, Band 130.
Saṃtānāntarasiddhināmaprakaraṇa
rGyud gzhan grub pa zhes bya ba'i rab tu byed pa. P5716, Band 130

10. Dharmamitra, *Klare Worte, ein Kommentar zu (Maitreyas) Schmuck der Erkenntnisse*
Abhisamayālamkārakārikāprajñāpāramitopadeśaśāstraṭīkā
Shes rab kyi pha rol tu phyin pa'i man ngag gi bstan bcos mngon

par rtogs pa'i rgyan gyi tshig le'ur byas pa'i 'grel bshad thig rab tu gsal ba zhes bya ba. P5194, Band 91.

11. Kön-chok-jik-mä-wang-po (dKon mchog 'jigs med dbang po)
Ein kostbarer Kranz von Lehrmeinungen oder
Darstellungen von Lehrmeinungen – ein Kostbarer Kranz
Grub pa'i mtha'i rnam par bzhag pa rin po che'i phreng ba.

12. Maitreya, *Eine Mahāyāna-Abhandlung über die höchste Wissenschaft*
Mahāyānottaraśāstra
Theg pa chen po rgyud bla ma'i bstan bcos. P5525, Band 108.

13. Maitreya, *Schmuck der Erkenntnisse*
Abhisaṃayālamkāra
mNgon par rtogs pa'i rgyan. P5184, Band 88.

14. Śāntideva, *Kompendium der Unterweisungen*
Śikṣasammuccayakārikā
bsLab pa kun las btus pa'i tshig le' ur byas pa. P5272, Band 102.

15. Tsong-ka-pa (Tsong kha pa), *Drei Hauptaspekte des Pfades zur höchsten Erleuchtung*
Lam gyi gtso bo rnam gsum. P6087, Band 153.

16. Vajragarbha, *Kommentar zur Zusammenfassung des Hevajra-Tantra*
Hevajrapiṇḍārthaṭīkā
Kye'i rdo rje bsdus pa'i don gyi rgya cher 'grel pa. P2310, Band 53.

17. Vasubandhu, *Schatzhaus des Wissens*
Abhidharmakośakārikā
Chos mgon pa'i mdzod kyi tshig le'ur byas pa. P5590, Band 115.

18. Vierter Pänchen Lama, Lo-sang-päl-dän-tän-pä-nyi-ma
(bLo bzan dpal ldan bstan pa'i nyi ma), *Unterweisungen zu den drei Hauptaspekten des Pfades zur höchsten Erleuchtung, die Essenz all der Schriften, die Quintessenz der Hilfe für andere.*
gSung rab kun gyi snying po lam gyi gtso bo rnam pa
gsum gyi khrid yig gzhan phan snying po. (Erscheinungsort und Erscheinungsjahr unbekannt.)

REGISTER

Abhängige Erscheinung *(paratantra, gzhan dbang)* 104, 107, 159, 164ff.
Äußere Objekte 111, 139, 159, 181, 191, 197
Allem als Grundlage dienender Geist *(ālaya-vijñāna, kun gzhi)* 163, 170f., 183, 198
Allgemeinbild *(artha-sāmānya, don spyi)* 124f., 141ff., 152, 203
Allgemein charakterisierte Erscheinung/Objekt *(sāmānya-lakṣana, spyi mtshan)* 102, 141, 144f.
Allwissendes Bewußtsein 9, 177
Allwissenheit 52, 68, 136, 185, 188, 191f.
im Hīnayāna 126f., 136, 155
im Mahāyāna 126ff., 136, 155, 174, 185f., 188f., 191f., 204, 206
Als Substanz erwiesen *(dravya-siddha, rdzas grub)* 113, 150
Altern 61, 112, 120
Ambrosia 17, 36f., 39
Amitābha 42
Andauern 112
Angeborenes Gefühl von einem Selbst 92
Anhäufungen siehe geistige und physische Anhäufungen
Ansicht 15, 20, 42, 53, 68, 75–82, 89, 103, 153
Anstrengung 26, 57, 70
Aparāntaka 111
Ārya Vimuktisena 181, 190
Āryadeva 50
Asaṅga 24, 88, 176
asketische Praktiken 92, 101
Aspekt *(ākāra, rnam pa)* 162
Wahrnehmungsmittel für das wahrnehmende Subjekt (Selbst-Bewußtsein) 162 *(grahaka-ākāra, 'dzin rnam)* 162
wahrnehmendes Subjekt *(grahya-ākāra, gzung rnam)* 162
Objekt *(viṣaya-akara, yul rnam)* 162
täuschender A. 159ff., 181
wahrer A. 159ff., 171, 181
Aufhören *(nirodha, 'gog pa)* 105, 115f., 126
Ausdauer 187f.
Außenstehender 91f., 93–103
Ausschluß des Anderen *(apoha, gzhan sel)* 146
Avantaka 120

Befreiung 17, 18, 39, 45f., 62, 68, 70, 85, 117, 126, 173f., 185, 207
Begierde 9, 12, 17, 38, 46, 60, 67f., 114ff., 136, 173
Begierde-Götter 61
Begriff 124, 154
Beilegung 9, 15, 26f., 30, 78, 80, 113, 141ff., 198
Bekennen 46
Bereich der Begierde *(kāmadhātu, 'dod khams)* 21, 22, 61, 117, 129f., 131f., 134, 174, 198
Beschützer der Lehre 36, 42
Besonderer Klarblick *(vipaśyana, lhag mthong)* 80
Bestätigende Erscheinungen 118, 141, 145f.
Bestätigende Verneinung 118, 146
Beweisführung 70, 75, 90, 153
Bewußtsein 25, 76f., 79, 112, 119–126, 129, 141, 151f., 160ff., 167ff., 171, 183, 186, 196f., 198–203

als Pfad 129, 186
als wirkliche Konvention 182
allgemeines B. 197
B., das »Ich« wahrnimmt 75–78
begriffliches B. (siehe auch Wahrnehmung) 142, 203
dualistisches B. 202
B. im Sāṃkhya 95 ff.
schlußfolgerndes B. 142, 152, 200 f.
irriges B. 152, 196
verderbtes B. 123, 152, 203
Bezugsobjekt 200
Bhāvaviveka 95, 100, 181, 191
Bitte 20, 47
Bodhicitta (siehe auch Streben nach höchster Erleuchtung) 19, 23 ff.
Bodhisattva 8, 17, 22 ff., 36, 42 ff., 69 ff., 105, 126 ff., 136 f., 174 f., 187, 189, 199, 206
Buddha 14, 17, 18, 21, 23 f., 28, 35 ff., 41 ff., 51 ff., 61, 69, 71, 75, 81, 85 ff., 105, 119, 125 f., 133 ff., 155 f., 166, 176 f., 189 ff., 195 ff., 206 f.
Buddha-Juwel 137 f.
Buddhapālita 193
Buddhaschaft 8, 15, 18, 19, 23, 25, 37 f., 53, 57, 69, 72 f., 89, 163, 171, 176, 189
Buddhismus 10, 12, 16

Candrakīrti 193
Cārvāka 93, 102
Cittamātra (Cittamātrin) 10, 105 f., 148, 159–177, 197
Anhänger von Beweisführung 106, 164, 171, 175
Anhänger der Schrift 106, 164, 169, 171, 175

Darbringung 20, 45
Dārṣṭantika siehe Sautrāntika
Denken *(vikalpa, rtog pa)* 193
Dharma (siehe auch Lehre, Erscheinung) 91
Dharmakīrti 139, 164
Dichotomie 149
Ding/funktionierendes Ding *(bhāva, dngos po)* 112, 141, 197
Direkt (neu-)gültiges Erkenntnismittel 102, 121, 142, 151, 183
mit den Sinnen direkt wahrnehmendes 121, 172, 183, 198, 202
mit dem Geist direkt wahrnehmendes 121, 144, 172, 183, 198
direkte Wahrnehmungsmittel eines Yogi 121, 151 f., 156, 171, 183, 195, 198 f.
Disziplin *(vinaya, 'dul ba)* 15, 156
Drei Fahrzeuge 105, 136, 155 f., 185, 205
Drei Freuden 52, 85
Drei Gifte 12, 126, 204
Drei Hauptaspekte des Pfades 10, 14, 16, 20, 35, 40, 48, 50, 56, 58, 62, 74, 81, 84, 89
Drei Hauptaspekte des Pfades zur höchsten Erleuchtung 14, 19, 33 ff.
Drei Juwelen *(triratna, dkon mchog gsum)* 17, 37, 48, 91, 93
Drei Naturen 164 f.
Drei Zeiten 41, 111, 118, 147
Drung-chen-lek-pa-sang-po 162
Durchdringung 180

Edle Wahrheit siehe Vier Edle Wahrheiten
Eifersucht 17, 61
Eigene Existenzweise 141
Eigene Natur 103
Eigenständige Person/Selbst/Ich 28, 126, 155, 171 f., 184, 203
Einmal Wiederkehrer 132, 134
Einsamer Verwirklicher *(Pratyekabuddha, Rang sangs rgyas)* 23, 69, 105, 131, 138, 174 f., 186 f., 191, 199, 206

Eintretender 132ff., 174, 186, 191, 206
Einzelne, das 148
Element der [höheren] Eigenschaften *(dharma-dhātu, chos dbyings)* 168
Endgültig *(paramārthataḥ, don dam par)* 190
Endgültige Wahrheit *(paramārtha-satya, don dam bden pa)* 30, 97, 113, 141f., 167f., 182, 190, 197
En-sa 38
Entstehen in Abhängigkeit 9, 50, 81, 89, 180, 193
Erbarmen 19, 21
Erde *(bhūmi, sa)* siehe Zehn Bodhisattva Erden 41
Erkenntnis siehe Wahrnehmung
Erlangender *(prāpti, thob pa)* 119
Erleuchtung 8, 15, 24, 37, 50, 63–74, 104, 136, 176, 189
Erscheinung 27, 30, 114f., 141ff., 175
Erscheinungen 8, 9, 15, 17, 29, 53, 75–82, 107f., 113f., 126, 129, 141, 165f., 184f., 193, 195f., 203ff.
Ersuchen 20, 46
Ethik 26, 57, 70
Ewigkeitsglauben 93
Existieren
durch die Weise seines Bestehens 182
durch sich *(svarūpa-siddha, rang ngos nas grub pa)* 27, 165, 168, 182
endgültig 114
gültig *(pramāṇa-siddha, tshad mas grub pa)* 30
inhärent *(svabhāva-siddha, rang bzhin gyis grub pa)* 27, 30, 48, 67f., 74, 78ff., 165, 168, 182, 190, 196ff., 202, 205
konventionell 114, 180, 193
natürlich 78
nominell 15, 27, 30, 207
seinem Wesen nach *(svalakṣaṇa-siddha, rang gi mtshan nyid kyis grub pa)* 168, 181f., 193
substantiell *(dravya sat, rdzas yod)* 113, 126, 131, 155, 171f., 184
Existenzkreislauf *(saṃsara, 'khor ba)* 10, 14, 15, 17, 22, 27, 36, 39, 52ff., 56–62, 65ff., 74, 80f., 84, 89, 99ff., 132, 189, 207
Extreme 82, 103, 106f., 179

Falsche Auffassung (siehe auch Unwissenheit) 28, 75
Farben und Formen 112
Feind-Zerstörer *(Arhan, dGra bcom pa)* 21, 69, 131f., 138, 156, 175, 186f., 205
Flamme der Beweisführung 95, 191
Folgerung *(prāsaṅga, thal 'gyur)* 193
Form *(rūpa, gzugs)* 9, 77, 111f., 119, 124f., 129, 145, 185, 197
formhafter Bereich *(rūpa-dhātu, gzugs khams)* 61, 68, 129, 132, 134
formloser Bereich *(ārūpya-dhātu, gzugs med khams)* 61, 68, 129, 132, 134, 198
Formkörper 53, 176
Freude 18
Freudvolles Reines Land *(Tuṣita)* 133
Freundlichkeit 24f., 52, 65ff.
Frieden 108
Früchte 41, 90, 105, 119–130, 156, 174–177, 186–192, 205–207
Fühlbares Objekt *(spraṣṭavya, reg bya)* 112, 195
Fühlendes Wesen *(sattva, sems can)* 15, 17, 18, 24, 37, 41, 63ff., 69f., 89, 124, 189, 198f.

Fünf Abhandlungen über die Stufen 164
Fünf Pfade 116, 155, 174ff., 185, 204
Furtler *(Tīrthika, Mu stegs pa)* 88, 105

Geben 26, 38, 57, 70
Gebete des Samantabhadra 19, 45–47
Geburt (siehe auch Wiedergeburt) 60f., 65, 68
Geduld 26, 57, 70, 128ff., 155
Gegenmittel 116
Geist 22, 25, 37, 42, 46, 48, 59f., 68, 120, 123, 151ff., 163
Geist-Bewußtsein 119, 123, 129, 151, 153, 169f., 183, 198ff.
Geist-Faktor *(caitta, sems byung)* 111f., 115, 119, 123, 151, 154, 170f.
Geist-Kontinuum *(santāna, rgyud)* 31, 40
Geistiger Führer (siehe auch Lama) 51f., 85
Geistige Gemeinschaft *(saṃgha, tshogs)* 17, 21, 37, 42, 132, 164, 175
Geistige Trägheit 13, 77
Geistige und physische Anhäufungen *(skandha, phung po)* 28, 60f., 114f., 120, 126, 129, 156, 167, 185ff., 198
Geistige und körperliche Flexibilität 80
Geluk-pa Orden 10
Gen-dün-drup 49
Genußkörper/Vollkommener Genußkörper *(Saṃbhogakāya, Longs spyod sku)* 136, 176, 190
Gipfel 187f.
Glauben 124, 153f.
Gleichmut 18, 39, 63f.
Gleichsein 77
Gleichzeitigkeit 161–164
Glück 8, 15, 18, 21, 39, 63f., 68, 72
Glückseligkeit 18, 31, 67f., 80
Große ausführliche Erläuterung 111, 139–155
Grund *(hetu, rgyu)* 180
Grundlage 90, 105, 111–126, 139–171, 181, 193–203
Grund-Lama 36
Gültiges/Neu-gültiges Bewußtsein *(pramāṇa-buddhi, tshad ma'i blo)* 120, 123, 151, 183
Gültiges Erkenntnismittel *(pramāṇa, tshad ma)* (siehe auch direkt gültige Erkenntnismittel, schlußfolgernd gültige Erkenntnismittel) 171, 182f., 196, 200f.

Halbe-Eier-Meinung, Die mit der 161f.
Haltung während der Meditation 16
Haribhadra 181, 190
Haß 9, 12, 38f., 46, 60, 67, 114, 126, 136, 173
Haupt-Geist *(citta, sems)* 111f., 115, 123, 151, 170
Hellhören 151
Hellsichtigkeit 22, 119
Hervorbringungskörper *(Nirmāṇa-kāya, sprul sku)* 136, 176f., 187, 190
Herz des Mittleren Weges 100
Herz-Sūtra 207
Himmel der Dreiunddreißig 124f.
Himmelsgeher 36, 42
Hīnayāna (siehe auch Hörer, Einsamer Verwirklicher) 18, 106, 111, 131, 139, 174, 186, 205f.
Hindernisse 131, 173, 176, 189, 191
Hindernis von der Art einer Plage siehe Hindernis zur Befreiung
Hindernis zur Allwissenheit

(jñeyāvaraṇa, shes sgrib) 126, 173f., 185f., 188f., 191f., 204, 206
Hindernis zur Befreiung *(kleśāvaraṇa, nyon sgrib)* 155, 173f., 186, 188, 191f., 204ff.
Hitze 187f.
Hochschätzen 20, 46
Höchstes Reines Land *(Akaniṣṭa, 'Og min)* 136, 176
Höchste weltliche Eigenschaften 188
Höherer *(Ārya, 'Phags pa)* 92, 117ff., 129, 132, 206
Höllenwesen 20, 58, 61, 132
Hörer *(Śrāvaka, Nyan thos)* 18, 23, 69, 105, 132, 138, 155f., 174f., 186f., 191, 199f.
Hoher Stand 39, 52, 67
Hungriger Geist 20, 58, 60, 132

»Ich« 28f., 75–78, 198
Illusion 78
Inhärente Existenz *(svabhāvasiddhi)* (siehe auch existieren inhärent) 9, 15, 48
Innenstehender 91

Jaina 93
Jang-kya 163
Jetāri 181
Juwel/Höhere Seltenheit *(ratna, dkon mchog)* siehe Drei Juwelen

Kä-drup 88
Kamalaśīla 181
Kategorie
Klare Worte, ein Kommentar zu Maitreyas »Schmuck der Erkenntnisse« 91
Kön-chok-jik-mä-wang-po 9, 10
König der Śākyas siehe Śākyamuni, Buddha
Körper 16, 17, 22, 29, 36f., 46, 48, 52, 59f., 68, 79f., 83, 119
Kommentar zur Zusammenfassung des Hevajratantras 105
Kompendium der Unterweisungen 72
Kompendium des Wissens 176
Konventionelle Wahrheit *(saṃvṛti-satya, kun rdzob bden pa)* 97, 113f., 141, 167f., 182, 196f.
Konzentration 26, 70, 134
Kultivieren = Meditation

Lama 17, 35, 37ff., 42, 45, 48, 51, 59ff., 73
Langlebiger Gott 20
Laut 98, 112, 119, 123ff., 142, 152ff.
Lāvapa 181
Leben 13, 57
Leere 78
Leerheit (siehe auch Selbst-Losigkeit, Vollständig erwiesene Erscheinung) 9, 12, 14, 23, 27, 29ff., 78, 126, 155, 166, 173, 182ff., 199f., 203
Lehre *(Dharma, Chos)* 17, 21, 37, 40, 42, 57, 73, 90ff., 104f., 135f., 176, 187, 206
Lehrer 14, 17, 20
Lehrmeinungen/Feststehender Schluß *(siddhānta, grub mtha')* 10, 88ff., 93–102, 104–209
Leiden 8, 15, 18, 22, 36, 39, 59–64, 69, 74
Liebe 8, 18, 19, 21, 24f., 45, 68, 71, 89
Logisches Kennzeichen *(liṅga, rtags)* 180, 195
Lo-sang-päl-dän-tän-pä-nyi-ma 14, 86

Mādhyamika 10, 105ff., 148, 179–209

Magadher 111
Mahāvibhāṣā 111
Mahāyāna 14, 31, 69ff., 84, 91, 105f., 126ff., 131, 156, 175, 187, 189, 191, 205
Maitreya 24, 190
Maṇḍala 20, 44, 47
Mañjughoṣa (siehe auch Mañjuśrī) 15, 35, 88
Mañjunātha (siehe auch Tsong-ka-pa) 84ff.
Mañjuśrī 15, 41, 49, 54, 83f.
Mantra 83
Materie 113
Meditation 9, 12, 13, 16, 27f., 35f., 54, 56–62, 63–74, 75–82, 83, 116ff., 133, 174, 186
Meditatives Gleichgewicht 36, 78, 80, 119, 129ff., 151, 166, 200
Meditative Gleichgewichtfindung *(samādhi, ting nge 'dzin)* 174, 186, 188, 205
Mensch 21, 23, 36, 58, 61, 176
Merkmalslosigkeit 104
Methode und Weisheit 8, 49, 53
Mīmāṃsaka 93, 100
Mitleid 8, 18, 19, 24, 48, 50, 68f., 71, 88f.
Mittlerer Weg 107, 179
Mit Plagen behafteter Geist *(kliṣṭa-manaḥ, nyon yid)* 163, 171, 183
Motivation 8, 13, 17, 18, 22
Muße 20, 21, 36, 54, 57f., 60, 85
Mutter 24, 36, 50, 64–69, 74

Nāgārjuna 50, 88
Naiyāyika (Rigs pa can) 93
Neu-gültiges Bewußtsein siehe gültiges Bewußtsein
Neu-gültiges Erkenntnismittel *(pramāṇa, tshad ma)* 121–123, 151, 183
Nicht-bestätigende Verneinung 146
Nicht-Buddhisten siehe Außenstehende
Nicht-Existenz 30
Nicht-neu-gültiges Bewußtsein *(apramāṇa-buddhi, tshad min gyi blo)* 151–154
Nicht-Muße 20
Nicht-Pluralisten 161ff.
Nicht-Produkt *(asaṃskṛta, 'dus ma byas)* 80, 111, 115, 173
Nicht-Tugend 21, 22
Nicht-verbundene produkthafte Faktoren siehe produkthafte Faktoren, die ...
Nicht-Verunreinigtes 114–118, 129
Nichtwesenhaftigkeit *(niḥsvabhāvatā, ngo bo nyid med pa)* 179f., 193
Nichtwissenheit 126
Nie mehr Wiederkehrer 132, 134
Nirgrantha 101
Nirvāṇa 17, 47, 80, 108, 135ff., 173, 175f., 186, 189, 205f.

Objekte (siehe auch unter Erscheinungen) 76, 105, 111, 115f., 122, 139, 164, 181, 193f., 197, 200
Objekte des Pfades siehe Pfad, Pfade
Offenbare Erscheinungen 147, 195f.
Orden des tibetischen Buddhismus 10

Pänchen Lama, Vierter 9, 10, 14, 15
Pänchen Sö-nam-drak-pa 162
Person *(puruṣa, skye bu)* 27, 75–78, 90, 120, 151, 170, 184, 198
Pfad 14, 15, 18, 38, 44, 51–54, 85, 90, 105, 116, 129, 134, 154–156, 189

Pfad der Ansammlung *(sambhara-mārga, tshogs lam)* 26, 116, 126ff., 131, 174, 187
Pfad der Vorbereitung *(prayoga-mārga, sbyor lam)* 116, 126ff., 131, 137, 174, 187
Pfad des Sehens *(darśana-mārga, mthong lam)* 23, 116, 126ff., 130, 135, 156, 174, 188
Pfad der Meditation *(bhāvanā-mārga, sgom lam)* 116, 126ff., 130, 134, 156, 174, 186, 189, 205
Pfad des Nicht-mehr-Lernens *(aśaikṣa-mārga, mi slob lam)* 116, 126, 131, 134, 137, 174
Pfade 41, 116, 125–130, 172–174, 176, 183–186, 203–205
Plagen *(kleśa, nyon mongs)* 9, 68, 73, 114, 116f., 131, 136, 173
Pramāṇa (siehe auch (Neu-)gültige Erkenntnismittel) 31, 200f.
Prāsaṇgika 14, 27, 106, 119, 122, 147f., 179, 191ff., 204ff.
Pratyekabuddha 23
Produkt (siehe auch unter Erscheinungen) 107f., 120, 164
Produkthafte Faktoren, die weder mit dem Geist noch mit Geist-Faktoren 198
verbunden sind *(citta-caitta-viprayukta-saṃskāra, sems sems byung* 111f., 125

Rad der Lehre 40, 47, 104f., 135, 176, 190
Rat an den König Prasenajit Sutra 72
Raum *(ākāśa, mkha')* 80, 105, 112, 115, 141, 144, 147f., 164
Rede *(vāc, ngag)* 21, 22, 46, 48, 59, 68, 119
Reichtum 20, 21, 36, 54, 57f., 60, 85
Reine abhängige Erscheinungen 166
Reliquiar *(stūpa, mchod rten)* 16
Reue 22

Śākyamuni siehe Buddha
Sāmānyalakṣaṇa 145
Samen *(bīja, sa bon)* 161, 173, 204
Sāṃkhya 93, 95–100
Saṃmitīya 109, 120
Sammlungen von Lehrreden *(sutrānta, mdo sde)* 156
Saṃvṛti-satya siehe Konventionelle Wahrheit
Śāntideva 72, 193
Śāntirakṣita 180f.
Sautrāntika 10, 105ff., 119, 122, 139–157, 181, 197
Anhänger von Beweisführung 106, 139, 144, 151
Anhänger von Schrift 106, 116, 139, 144, 150ff.
Sautrāntika-Svātantrika-Mādhyamika 2, 180f., 183, 191–192
Schatzhaus des Wissens 114f., 136, 139
Schlußfolgerndes Bewußtsein (siehe auch schlußfolgernd gültige Erkenntnismittel) 152
Schlußfolgernd (neu-)gültige Erkenntnismittel *(anumāna-pramāṇa)* 102, 147, 151f., 183, 202
Schlußfolgerung 23, 26f., 152, 195, 201f.
Schmuck der Erkenntnisse 190
Schrift 49, 52ff., 70, 75, 156, 176, 190, 202, 206
Sechs Vollkommenheiten 26, 70f.
Selbst *(ātman, bdag)* 28f., 67f., 75–82, 92, 108, 185, 204
Selbst-Bewußtsein *(svasaṃvedanā, rang rig)* 111, 121f., 139, 162, 171, 180, 191
Selbstloses Streben nach höchster Erleuchtung siehe Streben nach höchster Erleuchtung, Motivation

Selbst-Losigkeit 10, 27, 79, 89, 125–127, 155, 203
Selbst-Losigkeit von Erscheinungen *(dharma-nairātmya, chos kyi bdag med)* 126, 155, 191, 204
Selbst-Losigkeit von Personen *(pudgala-nairātmya, gang zag gi bdag med)* 75–78, 126, 155, 184, 203
Sich nicht offenbarende Formen 112, 150
Sieben Abhandlungen über gültige Erkenntnis 139, 164
Sieben Ursache-und-Wirkung-Vorschriften 24, 63–69
Sieger (siehe auch Buddha) 35, 45f., 50
Sinne 122
Sinnesbewußtsein 27, 122, 142, 160, 199, 200f.
Sinnesobjekte 112, 195
Sinnesvermögen *(indriya, dbang po)* 112, 122f.
Spezifisch charakterisierte Erscheinung/Objekt *(svalakṣaṇa, rang mtshan)* 102, 141ff.
Śrāvaka 23
Streben nach höchster Erleuchtung 14, 19, 24, 39, 41, 53f., 62–74, 84, 89, 187
Stromerreicher 130f., 134
Subjekt und Objekt 161–164, 166, 182, 185
Substantielle Wesenheit *(dravya, rdzas)* 111, 118, 173
Substanzhaftigkeit 118
Sünde 37, 46, 59
Sugata (siehe auch Buddha) 45, 49, 84
Sūtra (siehe auch Schrift) 15, 18, 85, 90, 139, 176, 190
Sūtra der Vollkommenheit der Weisheit 105
Sūtra vom Hinabstieg nach Laṅkā 90
Sūtra von der Enträtselung des Gedankens 105, 176, 190, 206f.
Sūtra von den Zehn Erden 205
Svabhāva, drei Bedeutungen von 179
Svalakṣaṇa 145
Svātantrika 106f., 122, 148, 150, 179–192, 197
Syllogismus 180, 193

Tantra 15, 18, 46, 51, 84f.
Tat *(karma, las)* 21, 25, 58f., 67f., 119
Tathāgata 45
Teilchen, kleinste 113, 181
Tier 21, 58, 132
Tod 22, 50, 61, 68, 199
Ton *(śabda, sgra)* 68, 154, 195, 202f.
Tsong-ka-pa 10, 14, 15, 35ff., 40, 47ff., 54ff., 74, 81ff., 88f., 99
Tugend 21, 59, 116

Überreizung 13, 77
Ungewöhnliche Haltung 24
Unreine abhängige Erscheinungen 167
Untersuchung 26, 75–82, 90, 97
Untersuchendes Aufhören 115ff.
Unvergänglich 197
Unvergänglichkeit 107, 144, 148, 179
Unwissenheit 9, 12, 17, 46, 60, 67ff., 74, 114, 126, 136, 155, 160, 163, 173
  Arten von 126, 155
Ursache 74, 126, 148, 166
Ursache und Wirkung 59, 119

Vaibhāṣika 10, 105ff., 111–138, 150f.
  aus Kaschmir 111, 118
Vaiśeṣika 93, 100
Vajradhara 41, 43, 47, 51
Vajrayāna 85

Varaṇāsī (Benares) 104
Vasubandhu 136, 139
Vasumitra 111
Vātsīputrīya 108
Verbeugung 19, 45
Verborgene Erscheinungen 147, 195
Verborgenheit *(vāsana, bag chags)* 37, 161, 163, 170, 204
Verdienst 26, 37, 44, 88, 104, 131, 175, 205
Vergänglichkeit 12, 101, 108, 120ff., 142f., 152ff., 195, 199
Verkünder einer gleichen Anzahl von Objekten und Subjekten 161f.
Verkünder von Nichtwesenhaftigkeit *(niḥsvabhāvavādin)* 179, 193
Verneinende Erscheinungen/Objekte 118, 141, 145f.
Verneinung 116, 146
Vernichtung 107
Versammlungsfeld 17, 19, 20, 36, 40, 46, 83
Versenkungen 116, 132
Verunreinigtes 114–118
Verweilender 132ff., 174, 186, 191, 206
Verzicht 15, 56–62
Vier Edle Wahrheiten 92, 104f., 114, 116, 121, 125ff., 135, 155
Vier Konzentrationen 132
Vier Siegel 108f.
Vier Unermeßliche 18, 38
Vier wesentliche Punkte 75–82
Vijñaptivādin (siehe auch unter Cittamātrin) 164
Viṣaya-ākāra siehe Aspekt
Visualisierung 13, 18, 19, 35ff., 42ff., 47f., 83
Vollständig erwiesene Erscheinung *(pariniṣpanna, yongs grub)* 104, 164ff., 175
Vollkommenheiten 26, 70f.
Vollkommenheitsfahrzeug *(paramitāyāna)* 85
Vorgestellte Dinge/Erscheinungen *(parikalpita, kun btags)* 105, 107, 164

Wahre Existenz 27, 104, 107, 111, 139, 159, 182, 203
Wahrer Pfad 92, 115, 126, 129f., 187
Wahrer Ursprung 126, 130
Wahres Aufhören 17, 92, 126, 130, 173, 187, 206
Wahres Leiden 126, 130, 137
Wahrheit für einen Verberger *(saṃvrti-satya)* 30
Wahrheit für einen verdunkelten Geist *(saṃvrti-satya)* 141
Wahrheitskörper *(Dharmakāya, Chos sku)* 88, 176f.
Wahrnehmung (siehe auch Gültiges Bewußtsein, Nicht-gültiges Bewußtsein) 29, 120–123, 153, 159–164, 170, 195, 200f., 206
Wanderungen 36f., 60, 67, 100
Weisheit 9, 26, 53, 70, 81, 88f., 104, 137, 166, 189, 205
Weisheitskörper *(Jñānakāya, Ye shes sku)* 53, 177, 190
Weisheit von der Gleichheit 171
Wenig verborgene Objekte 196
Wesen siehe Fühlende Wesen
Wesenhaftigkeit *(svabhāvatā, ngo bo nyid)* 105
Wesenheit *(vastu, ngo bo)* 57, 173
Wesenskörper *(Svabhāvika-kāya, Ngo bo nyid sku)* 177, 190
Widmung 20, 32, 47
Wieder-Erkenntnis(mittel) 124, 147, 152, 200f.
Wiedergeburt 15, 22, 25
Wirkliche Tugend 67
Wissen *(abhidharma)* 128, 135, 156
Wissen 129f., 155

Wissensobjekt *(jñeya, shes bya)* 141, 164–169, 193
Wort des Buddha *(Buddhavacana, bKa')* 124f., 157, 176, 190

Yogācara-Svātantrika-Mādhyamika 180–190, 192
Yogācārin (siehe auch Cittamātrin) 105, 164
Yogas, die beiden 80
Yogī 10, 13, 23, 29, 85, 116, 121, 164, 188

Zehn Bodhisattva-Erden 128, 174ff., 205f.
Zeit siehe Drei Zeiten
Zorn 22, 64
Zuflucht 35, 37, 40, 42, 91, 93, 137
Zweifel 123, 153
Zwei Wahrheiten 113, 141, 144, 196
Zwölf Taten des Buddha 133